古典文獻研究輯刊

十三編

潘美月・杜潔祥 主編

第 10 冊

洪興祖《楚辭補注》研究

李溫良 著

國家圖書館出版品預行編目資料

洪興祖《楚辭補注》研究／李溫良 著 ── 初版 ── 新北市：花
木蘭文化出版社，2011〔民100〕

目 4+240 面；19×26 公分

（古典文獻研究輯刊 十三編；第 10 冊）

ISBN：978-986-254-631-4（精裝）

1. 楚辭　2. 注釋

011.08　　　　　　　　　　　　　　　　　　100015557

ISBN-978-986-254-631-4

9 789862 546314

古典文獻研究輯刊

十三編　第 十 冊　　　　　　ISBN：978-986-254-631-4

洪興祖《楚辭補注》研究

作　　者　李溫良

主　　編　潘美月　杜潔祥

總 編 輯　杜潔祥

企劃出版　北京大學文化資源研究中心

出　　版　花木蘭文化出版社

發 行 所　花木蘭文化出版社

發 行 人　高小娟

聯絡地址　新北市永和區中正路五九五號七樓

　　　　　電話：02-2923-1455／傳真：02-2923-1452

網　　址　http://www.huamulan.tw 信箱 sut81518@gmail.com

印　　刷　普羅文化出版廣告事業

初　　版　2011 年 9 月

定　　價　十三編 20 冊（精裝）新台幣 31,000 元

洪興祖《楚辭補注》研究

李溫良　著

作者簡介

李溫良，1964 年生，台灣宜蘭人。1987 年畢業於師大國文系，任教於台北縣中和國中，1991 年考入成功大學中文研究所，跟從陳怡良教授研究楚辭，1994 年獲碩士學位，隨後返回母校宜蘭高中任教，十餘年來歷任導師、訓育組長、校長秘書等職務，現為國文科教師。

提　　要

　　本文內容凡分八章，首章為「緒論」，言撰作之旨與探究之法。次章為「洪興祖之時代環境與學術背景」，言作者所處之政治、經濟、社會環境為何，以明時代背景賦予其人之影響；同時又及於學術發展之探索，舉出疑辨思潮勃興、治學規模廣闊、教育事業盛行、雕印技術提升乃彼時學術蓬勃之實際風貌，以明洪氏所受之薰陶。三章為「洪興祖之生平與著述」，言作者之家世概況，以明其性情之養成，又述及仕宦歷程，以明其人格與思想，進而舉其著述成果，以明《楚辭補注》之撰作態度。四章為「《楚辭補注》之撰著與流傳」，言此書創作之動機，以明洪氏乃有所興寄，又述此書分合改易之跡，以明《考異》與《補注》之區分。五章為「《楚辭補注》之體例」，言此書之訓解補釋、詮釋用語、徵引典籍等原則，以明其體製義例。六章為「《楚辭補注》之成就與不足」，言此書之特色有八，而不足者有四，以明洪氏撰作之得失。七章為「《楚辭補注》之地位與價值」，言宋以來學者於此書所評為何，並考察後人承襲洪說之處，以明此書於《楚辭》研究中之貢獻。八章為「結論」，綜述二至七章之大旨，期能歸納洪書之特質。以上即本書撰作之大要。

目

次

第一章　緒　論

一、研究動機

　　歷來論及中國古典詩歌，多以《詩》《騷》之美爲探究其價值之標準，此因二者俱爲吾國詩歌創作之泉源，無論內容情感或藝術形式，於後世文學影響均大，故沈約云：「一世之士，各相慕習，源其飆流所始，莫不同祖風騷。」〔註1〕騷體既爲韻文典範之一，自漢以來，學者致力於注騷解騷者代不乏人，若以今存諸本觀之，王逸《楚辭章句》、洪興祖《楚辭補注》、朱熹《楚辭集注》、吳仁傑《離騷草木疏》及明清學者所作，均可謂成一家之言，就中《楚辭補注》一書，據《四庫全書總目》云：「漢人註書，大抵簡質，又往往舉其訓詁，而不備列其考據。興祖是編，列逸註於前，而一一疏通證明，補註於後，於逸註多所闡發，又皆以『補曰』二字別之，使與原文不亂，亦異乎明代諸人妄改古書，恣情損益，於楚辭諸註之中，特爲善本。故陳振孫稱其用力之勤，而朱子作集註，亦多取其說云。」〔註2〕然則洪氏之作，當屬《楚辭》研究不可或缺之一環。

　　第觀明清諸家所論，大抵視王逸、洪興祖之作爲「舊注」，病其未得屈賦之旨，如明何喬新云：「王、洪之注，隨文生義，未有能白作者之心也。」〔註

〔註1〕見沈約〈宋書謝靈運傳論〉，載《文選》卷五〇〈史論〉，（台北：華正書局，西元1982年11月初版），頁703。

〔註2〕見《四庫全書總目》卷一四八〈集部・楚辭類・楚辭補注〉，（台北：商務印書館，西元1986年3月出版），頁4。

〔註3〕見何喬新《椒丘文集》卷一一〈楚辭序〉，載《文淵閣四庫全書》集部一八八、別集類，頁138。

3〉又清梁機云：「騷之取類博而用物宏，王、洪二家舊註，其大略也。」〔註4〕
而陳本禮亦云：「迨王叔師《章句》出，而騷反晦，唐宋諸儒，不能闖其藩籬，
踵其悠謬，愈襲愈晦，使後之讀者望洋向若，莫之適從。」〔註5〕是皆以爲「舊
注」乃迂闊不實也，然而逕視洪書爲同於王注，果能切中肯綮否？此頗值商
榷矣。復次，《楚辭補注》書成之後，屢遭劫厄，入元之際已非原貌，宜其流
傳不若朱子《集注》之廣矣，明末毛表云：「今世所行《楚辭》，率皆紫陽注
本，而洪氏《補注》，絕不復見。」〔註6〕清初儲欣亦云：「余按漢淮南王後，
注騷者無慮百十家，今惟王叔師、朱考亭二注家有其書。」〔註7〕是故學者所
慮，輒以《集注》爲主，漸次略於洪氏《補注》；考朱注固爲重要注本，然其
取資於洪書者實多，〔註8〕今若一仍其舊，捨其所本而未予探求，於楚辭學史
而言，恐將損及完整，斯豈吾輩所樂見乎？

　　民國以來，學者研究《楚辭》者益夥，於拓展楚辭之領域成果甚著，唯
專力於洪書者蓋不多見，僅有少數篇章論及，如王先漢先生〈楚辭洪氏補注
義例〉、姜亮夫先生〈洪慶善楚辭補注所引釋文考〉、湯炳正先生〈洪興祖楚
辭考異散附楚辭補注問題〉及李大明先生〈洪興祖生平事蹟及著述考〉等文，
〔註9〕諸氏所言，語多可採，惜仍未就洪書之整體作一論述；至如已有之論文
專著則大致針對屈子人格、屈賦作品及《楚辭》特質而發，〔註10〕探究歷來

〔註4〕見梁機〈楚辭詳解序〉，引自《楚辭書目五種》，（台北：明倫出版社西元1971
　　　年10月出版），頁193。

〔註5〕見陳本禮《屈辭精義》自序，載《楚辭彙編》第五冊，（台北：新文豐出版公
　　　司，西元1986年3月臺一版），頁4。

〔註6〕見《惜陰軒叢書》仿汲古閣本《楚辭補註》毛表跋，（台北：藝文印書館，西
　　　元1986年12月七版），頁543。

〔註7〕見儲欣〈屈辭洗髓序〉，引同註4，頁137。

〔註8〕參見前引《四庫全書總目》，其已明言「朱子作《集註》，亦多取其說云」。又
　　　傅錫壬先生〈朱熹楚辭集注與王洪二家注的比較及其價值重估〉一文，亦指
　　　出〈離騷〉、〈九歌〉二篇中，朱注之訓詁因襲王洪二家者高達十四分之十三，
　　　並謂以訓詁而言，王洪二家注之價值自當超過朱注也。（見所著《山川寂寞衣
　　　冠淚──屈原的悲歌世界》，時報文化出版公司西元1987年6月初版）

〔註9〕王文見《中正學報》第2期（菲律賓中正學院，西元1967年12月出版）；姜
　　　文見所著《楚辭學論文集》（上海古籍出版社，西元1984年12月一版）；湯
　　　文見所著《楚辭類稿》（巴蜀書社，西元1988年1月一版）；李文見《四川師
　　　大學報》1989年第2期。

〔註10〕按國內自1965年至1991年之博碩士論文中，《楚辭》方面之作品有傅錫壬先
　　　生《楚辭語法研究》、施淑女先生《九歌天問二招的成立背景與楚辭精神的探
　　　討》、徐泉聲先生《楚辭研究》、王雪蘭先生《屈原及其作品研究》、王愛國先

重要注本者僅一見，即梁昇勳先生《朱子楚辭集注之研究》，其結論中亦指出朱子乃多據王、洪二家注而附以己意，爲《楚辭》箋注添入新精神。〔註11〕是以《楚辭補注》一書，其得失爲何？具有何種特色？於楚辭學史上之地位與價值爲何？凡此皆有探討之必要。故乃不揣淺陋，蒐羅相關材料，論述如後，冀能略窺此書之大概也。

二、研究方法

　　今傳《楚辭補注》一書，以《四部叢刊》本、《惜陰軒叢書》本及《四部備要》本爲通行，故本文即準此而論。首即圈點原書，並摘錄重點，以備分類排比，復引王逸《章句》加以比勘，以釐清「王注」、「考異」、「補注」三者；次則依姜亮夫先生《楚辭書目五種》、崔富章先生《楚辭書目五種續編》、饒宗頤先生《楚辭書錄》、史墨卿先生〈中國近三十年楚辭論文索引〉及〈中國近十年楚辭論文索引〉等所載，廣事蒐羅相關材料，以充實各章內容；再次乃循各章所示，分列條目，統之以節，期能綱舉目張，條理不紊；末藉分析、比較、演繹、歸納諸法，加以論述，以見洪書之梗概。

　　本文內容凡分八章，首章爲「緒論」，言撰作之旨與探究之法。次章爲「洪興祖之時代環境與學術背景」，言作者所處之政治、經濟、社會環境爲何，以明時代背景賦予其人之影響；同時又及於學術發展之探索，舉出疑辨思潮勃興、治學規模廣闊、教育事業盛行、雕印技術提升乃彼時學術蓬勃之實際風貌，以明洪氏所受之薰陶。三章爲「洪興祖之生平與著述」，言作者之家世概況，以明其性情之養成，又述及仕宦歷程，以明其人格與思想，進而舉其著述成果，以明《楚辭補注》之撰作態度。四章爲「《楚辭補注》之撰著與流傳」，言此書創作之動機，以明洪氏乃有所興寄，又述此書分合改易之跡，以明《考

生《楚辭招魂篇研究》、王家歆先生《楚辭九章集釋》、黃志高先生《六十年來之楚辭學》、王淑禎先生《離騷原論》、楊宿珍先生《屈子人格世界與騷歌藝術境界》、全英蘭先生《屈賦與鄭澈歌辭之比較研究》、張春榮先生《楚辭二招析論》、宣釘奎先生《楚辭神話之分類及其相關神話之研究》、高秋鳳先生《楚辭三九及後世以九名篇擬作之研探》、尹順先生《楚辭九歌巫儀之研究》、高秋鳳先生《天問研究》等，而專論重要《楚辭》注本者，僅梁昇勳先生《朱子楚辭集注研究》一文，顯見此範疇猶待開拓。（以上諸論文見《全國博碩士論文分類目錄》、《漢學研究通訊》）

〔註11〕參見梁昇勳先生《朱子楚辭集注研究》一文結論部分，（台北：國立台灣師範大學碩士論文，西元 1987 年），頁 227。

異》與《補注》之區分。五章爲「《楚辭補注》之體例」，言此書之訓解補釋、詮釋用語、徵引典籍等原則，以明其體製義例。六章爲「《楚辭補注》之成就與不足」，言此書之特色有八，而不足者有四，以明洪氏撰作之得失。七章爲「《楚辭補注》之地位與價值」，言宋以來學者於此書所評爲何，並考察後人承襲洪說之處，以明此書於《楚辭》研究中之貢獻。八章爲「結論」，綜述二至七章之大旨，期能歸納洪書之特質。以上即本文撰作之大要也。

第二章　洪興祖之時代環境與學術背景

　　有宋一代，其對外軍事固顯積弱不振，然其學術文化卻成就極大，二者之間實息息相關，此因宋室自始即苦於外患，仁宗以後政經局勢愈趨不穩，學者亟思經世以報國，復因疑經辨偽之風盛行，故學者所作，極富自由議論、重視思辨之時代精神，興祖身處其中，當亦受其影響。以下即依時代環境及學術背景二途，加以探討，用明《楚辭補注》一書之整體創作淵源。

第一節　時代環境

　　趙宋立國，實施強幹弱枝之中央集權政策，此舉固已消弭藩鎮割據之弊端，然於防禦外患一途，即顯積弱不振，致使契丹、西夏等邊族入寇不斷，燕雲故土亦收復無望。迨至神宗銳意革新，乃有熙寧變法之舉，秦觀稱當時局勢云：

> 嘉祐之後，習安玩治，爲日既久，大臣以厚重相高，小臣以苟簡自便，肉食者鄙，未能遠謀，誰能無偷，朝不及夕。故先帝即位之始，大講法度，作而新之，覈名實以興百辟，攘夷狄以布威靈，有司奉行於中，使者刺舉於外，此真得所謂以猛政救緩勢之術也。〔註1〕

可知因承平日久，國防、經濟、法度等已無開國之初新興進取之氣象，是以神宗與王安石推行青苗、市易、免役、保甲、保馬等新法，欲令國家轉趨富強，以雪國恥。無奈一則朝中大臣時有異議，一則實施之際或致擾民，上下既未能一心，其良法美意自無法達成，尤有甚者，影響日後之政經局勢殊深，茲分述哲宗以迄高宗之時代背景如下：

〔註1〕見秦觀《淮海集》卷一二〈治勢〉下，載《文淵閣四庫全書》集部五四、別集類，（台北：臺灣商務印書館，西元 1986 年 3 月初版），頁 485。

一、黨爭迭起，和戰未決

宋室爲防止宰相權力過大，以三司主財政，以樞密院掌軍事，同時鼓勵直言，擴充御史臺與諫院之職權，至仁宗時臺諫一脈已成爲重要之監察系統。〔註2〕言路暢通有利於朝政，然而朋黨之患亦起於此，近人劉伯驥云：

> 宋代元氣在臺諫，言路頗盛，可以論朝政，言婦寺，攻女謁，排戚畹，非議土木符瑞。然宋之言官，大部分在彈擊群臣，故好議論，夫議論異則門戶分；門戶分則朋黨立；朋黨立則恩怨結；恩怨結則排擠於朝廷。〔註3〕

好議論乃宋儒之特色，一旦事涉意氣，則非國家之幸。神宗變法之際，持正反意見者雖壁壘分明，尚能針對時事而論，哲宗元祐時期始流爲攻詰聚訟，朋黨之間勢如水火，朝政遂趨紊亂。元祐元年宣仁太后主政，司馬光等舊黨得勢，連罷蔡確、章惇等新黨大臣，又廢青苗、免役等法；〔註4〕同時，舊黨之內亦不和諧，洛黨、蜀黨、朔黨爭議頗劇，其領袖人物如程頤、蘇軾、劉摯意見多有不合，此元祐政局誠如劉摯所言：

> 元祐政事更首尾者零落無幾，獨吾與微仲在，餘者後至，遠者纔一年爾。雖不見其大異，然不得謂之趣向同也。……故政論不一，陰相向背爲朋，而呂相亦自都司吏額事後於吾有疑心。夫共政者六人，而有異志，同利害者纔二人而有疑心，則豈獨孤立之不易，實懼國事之有病也。〔註5〕

哲宗親政之後，改元紹聖，意欲興衰起敝，遂召章惇、蔡卞、蔡京、林希等居要職，而罷呂大防、劉摯、蘇轍、蘇軾、范純仁、程頤、劉奉世等元祐諸臣於嶺嶠之地；〔註6〕其制裁舊黨之措施尚不止於此，元符元年又興同文館之獄，羅織司馬光等密謀廢立之罪，直欲剷除舊黨勢力而後快。〔註7〕至其

〔註2〕參見陳植鍔《北宋文化史述論》第一章〈時代背景〉，（北京：中國社會科學出版社，西元1992年3月第一版），頁35至39。

〔註3〕見劉伯驥《宋代政教史》導言，（台北：中華書局，西元1971年12月初版），頁4。

〔註4〕參見脫脫《宋史》卷一七〈哲宗本紀一〉，（台北：新文豐出版公司，西元1975年4月初版），頁144。

〔註5〕見李燾《續資治通鑑長編》卷四四六〈哲宗元祐七年條〉，（台北：世界書局，西元1974年6月三版），頁4534。

〔註6〕參同註4，卷一八〈哲宗本紀二〉，頁152。

〔註7〕參見趙翼《二十二史箚記》卷二六〈同文館之獄〉，（台北：華世出版社，西

所建之元祐黨人碑，用意更不待言，可知此時政局充斥士大夫挾怨報復之爭鬥，卒令國家蒙受鉅害。

徽宗繼立，新舊黨爭並未停止，初則韓忠彥、李清臣、陳瓘等舊黨人士因向太后之力而位居宰執，於是舊黨勢盛，蔡卞、章惇、蔡京、邢恕等均被罷；其後徽宗改元崇寧，思以新法滅國，重用童貫、蔡京、安惇等新黨，並且禁元祐之法，以蔡京為相，遂更立元祐黨人碑，目為姦臣，貶竄殆盡。〔註 8〕蔡京既專相權，悖理虐民，營私聚斂，朝政益趨敗壞，復以玩樂宴遊眩惑人生，宮廷侈靡益甚，已而王黼、童貫相繼竊柄，府庫財帛，散用無存，內則民命危急，演為盜亂，外則開戰遼夏，自暴其短，卒於靖康二年釀成亡國之恨！

自徽欽二帝蒙塵後，高宗君臣起初頗思振作，欲以半壁江山與金人相互抗衡，時有宗澤、李綱等忠勤之士在朝，而李彥仙、王彥等亦統有義兵招撫中原，〔註 9〕情勢並非全不可為，後卻因高宗畏懼金人，又思偏安，乃從黃潛善，汪伯彥等人之議，臨幸東南，〔註 10〕從此形成和戰不定之局面。建炎年間金人曾三次南侵，幸賴宗澤、馬擴、岳飛、張俊、韓世忠等將領力戰拒之，稍得喘息；〔註 11〕紹興年間，先有僞齊劉豫之入寇，繼有金兀朮之南侵，然在南宋軍民逐年穩定及整編盜匪有成之激勵下，韓世忠、岳飛、劉光世、張俊等人屢立戰功，遏止金人吞宋之氣焰，〔註 12〕甚者直欲迾搗黃龍，恢復中原，惜因秦檜等主和派得勢，以及高宗猜忌武將、戀棧權位等因素之阻撓，北伐之計終成泡影，而名將忠臣或遭罷廢，或遭冤死，中興之望已無可能。高宗嘗言：

> 賢將與才將不同，賢將識君臣之義，知尊朝廷，不專於戰勝攻取，
> 惟以安社稷為事。至於才將，一意功名爵賞，專以戰勝攻取為能，
> 而未必識朝廷大體及久遠利害，要須駕馭用之。〔註 13〕

　　元 1977 年 9 月新一版），頁 561 至 562。
〔註 8〕參同註 4，卷一九〈徽宗本紀一〉，頁 160 至 166。
〔註 9〕參見李心傳《建炎以來年繫年要錄》卷六〈建炎元年六月己未〉條及卷一三
　　　〈建炎二年二月乙丑〉條，（台北：文海出版社，西元 1968 年 1 月初版），頁
　　　305 及 582。又徐夢莘《三朝北盟會編》卷一一三〈建炎元年十月二十九日乙
　　　西〉條，（台北：文海出版社，西元 1962 年 9 月初版），頁 361。
〔註 10〕參同註 9《三朝北盟會編》卷一一一〈建炎元年七月十五日癸卯〉條，頁 347。
〔註 11〕參同註 4，卷二五〈高宗本紀二〉，頁 205 至 215。
〔註 12〕參同註 4，卷二七〈高宗本紀四〉，頁 236 至 237。又卷二八〈高宗本紀五〉，
　　　頁 244。
〔註 13〕見熊克《中興小紀》卷二九〈紹興十一年三月庚子〉條，（台北：文海出版社，
　　　西元 1968 年 1 月初版），頁 734 至 735。

則其深懼武將坐大甚為明顯。觀其得秦檜所獻和議之策，乃至喜不能寐，絲毫不以社稷生靈為念，益明其縱容秦檜株鋤忠義之士，實皆源於私心所致。宋金締和後，秦檜地位愈為崇隆，故更形傾軋異己，興文字之獄，禁絕道學，不修兵事，〔註 14〕馴至上下苟安，士風頹靡，終高宗之世，遂不復有恢復之志。朱熹痛論紹興國勢云：

> 紹興之初，賢才並用，綱紀復張，諸將之兵，屢以捷告，恢復之勢，蓋已什八九成矣。虜人於是始露和親之議以沮吾計，而宰相秦檜歸自虜庭，力主其事。當此之時，人倫尚明，人心尚正，天下之人，無賢愚，無貴賤，交口合辭，以為不可，獨士大夫之頑鈍嗜利無恥者數輩，起而和之。……而檜乃獨以梓宮長樂為藉口，攘卻眾謀，熒惑主聽，然後所謂和議者，翕然以定而不可破。自是以來，二十餘年，國家忘仇敵之虜，而懷宴安之樂，檜亦因是藉權以專寵利，竊主柄以遂奸謀，而向者冒犯清議，希意迎合之人，無不夤緣驟至通顯，或乃踵檜用事，而君臣父子之大倫，天之經，地之義，所謂民彝者，不復聞於縉紳之間矣！〔註 15〕

由此可知南宋偏安江左之勢，乃成於秦檜與高宗之聯手，其影響所及，不唯當時賢臣多遭排斥，且斷送重光故土之良機，終金之祚，南宋僅堪自保，旋即與金先後亡於蒙古。

　　縱觀趙宋朝政由盛轉衰之關鍵，誠如劉伯驥所言，一為朋黨相爭，一為奸臣竊柄，〔註 16〕二者且與宋祚相始終。

二、財用趨緊，民生日絀

　　宋初集權中央，諸州財賦酌留部分以濟緩急，其餘均須繳歸京師，加以生齒未蕃，官制員額尚未冗濫，故府庫尚有餘裕。至仁宗慶曆年間，國用漸覺吃緊，余靖嘗奏言：「當今天下金穀之數，諸路州軍年支之外，悉充上供及別路經費，現在食庫，更無餘羨。」〔註 17〕良以軍隊輪番更戍，且與西夏

〔註 14〕參同註 4，卷四七三〈奸臣三・秦檜傳〉，頁 5617 至 5620。

〔註 15〕見《朱文公文集》卷七五〈戊午讜議序〉，載《四部叢刊初編》冊二三二，（台北：商務印書館，西元 1967 年 9 月臺二版）頁 1385。

〔註 16〕參同註 3。

〔註 17〕見余靖〈上仁宗論借支常平本錢〉一文，載趙汝愚《諸臣奏議》卷一○七〈財賦門〉，（台北：文海出版社，西元 1970 年 5 月初版），頁 3586。

屢開邊釁，而朝廷俸給沈重，恩賞又多，財賦豈有盈足之理？神宗時厲行新法，重點之一即為開源以充實財用，其成果雖則毀譽參半，多少具有提振經濟之正面意義。然而哲宗以後，由於黨爭激烈，政令無法統一，致使生產情況不佳，而徽宗崇寧、宣和之際朝廷重視享樂，大興土木，聚斂益夥，愈發使府庫空虛，比諸元祐時「一歲之入，不足以供一歲之出」〔註18〕猶有過之。財用既不足，取於百姓之賦稅自必橫苛，其大者據《宋史‧食貨志》所載即有公田之賦、民田之賦、城郭之賦、丁口之賦及雜變之賦，〔註19〕復因連年對湟州、西夏、契丹用兵，所需軍餉均輸自民間，以致舉國沸騰，盜賊紛起，後雖弭平方臘、宋江之亂，實則元氣已傷，民生已敝。宇文粹中所奏，適足說明靖康難前之北宋經濟情況：

> 近歲南伐蠻獠，北瞻幽燕，關陝綿茂，邊事日起，山東河北寇盜竊發，賦斂歲入有限，支梧繁夥，一切取足於民。陝西上戶多棄產而居京師，河東富人多棄產而居川蜀，河北衣被天下，而蠶織皆廢，山東頻遭大水，而耕稼失時。他路取辦，目前不務存恤，穀麥未登，已先表糴，歲賦已納，復理欠負，託應奉而買珍異奇寶，民積欠者一路至數十萬計，假上供而織文繡錦綺；役工女者一郡至百餘人。
> 〔註20〕

由上可知，軍費浩繁及官府搜括二者，實為破壞經濟、戕害民生之重要因素。而百姓之流徙，亦屬必然，仁宗時全國丁數二千餘萬，至徽宗時已增至四千餘萬，〔註21〕然受兵籍益廣、稅賦益眾、盜寇益夥之牽累，人民每輾轉離鄉，難以為繼。宋初舉國昇平、府庫滿溢之景象，已不復見。

南渡之後，以政局未趨穩定，建炎時期民生困疲之情況尤其嚴重，金人三度南下，破壞擄掠，田畝荒廢，百姓逃難猶且不及，何暇治產營生？紹興前期由於軍事稍振，先後擊退偽齊與金人之聯軍，〔註22〕是以民心漸定，朝廷勸以墾田減供等措施，經濟基礎始立。是時和議未成，諸將內須剿平盜匪，外須抵禦金人，故國家財力泰半施於養兵，賦斂又告日漸加重，張絢嘗奏云：

〔註18〕見蘇轍《欒城集》後集卷一五〈元祐會計錄〉敘，載《文淵閣四庫全書》集部五一、別集類，頁711。

〔註19〕參同註4，卷一七四〈食貨上二〉，頁1965。

〔註20〕見同註4，卷一七九〈食貨下一〉，頁2048。

〔註21〕參同註4，卷八五〈地理一〉，頁969。

〔註22〕參同註4，卷四七五〈叛臣上‧劉豫傳〉頁5636至5637。

伏見朝廷數年以來，財賦寖虛，用度日廣，廟堂責之戶部，戶部責
之漕臣，漕臣責之州，州責之縣，縣責之民而止。民力既困，膏血
將竭，則如之何？〔註23〕

李綱上疏亦云：

今降官告，結度牒，賣戶帖，理積欠，以至折帛博糴，預借和買，
名雖不同，其取民則一。〔註24〕

而財政之枯竭，又非單耗於軍需，冗員充斥亦屬其中一環，廖剛云：

劉晏以一千二百萬貫供中原之兵而有餘，今以三千六百萬貫供川陝
一軍而不足，川陝兵數六萬八千四百四十九人，內官員萬一千七
員，兵士所給錢，比官員不及十分之一，則冗員在官不在兵。〔註
25〕

員吏既冗，用度自然增加，而不肖者參雜其間，害民尤甚，李椿年云：

兵火之後，文籍散亡，戶口租稅，雖版曹尚無可稽考，況於州縣乎？
豪民猾吏，因緣爲姦，機巧多端，情僞萬況，以有爲無，以強吞弱，
有田者未必有稅，有稅者未必有田，富者日以兼併，貧者日以困弱。
〔註26〕

　　紹興十一年宋金和議締結，固然維持暫時之和平，朝廷卻因用人不當，
秦檜得以專政而盡力粉飾太平，從此偷安江左，不恤民事，賦斂未嘗稍減，
更且巧立名目如經制、月椿等錢，〔註27〕用以逞其私欲。故至紹興末期，人
民之生產力雖優於初渡之際，然而困於繁稅重賦，其生活基礎未見長足改
善；同時，國庫亦因耗費鉅大而常呈匱乏。

　　由上可知，自哲宗以迄高宗凡四帝七十餘年，乃宋室臣民由治而趨亂，
復由亂而稍定之重要歷程，其經濟情勢餒於納幣外族、冗員耗蠹與朝廷用
侈，以致民生日絀，又遭金人蹂躪，遂成難以扭轉之局，縱有江南肥沃膏壤，
亦不足以富國利民。揆其癥結所在，實又與政治未清環環相扣。

〔註23〕見同註9，卷八六〈紹興五年閏二月乙酉條〉，頁2755至2756。
〔註24〕見同註9，卷九九〈紹興六年己巳條〉，頁3169。
〔註25〕見同註4，卷三七四〈列傳第一三三・廖剛傳〉，頁4579。
〔註26〕見《宋會要輯稿》食貨部七〇之一二四〈經界雜錄〉，（台北：世界書局，西元
　　　　1964年6月初版），頁6432。
〔註27〕參魏了翁《鶴山先生大全文集》卷二一〈答館職策一道〉，載《四部叢刊初編》
　　　　冊二六四，（同註15），頁201。

三、佛道流行，安逸成習

　　宋自太祖立國，於佛道二教即未加以禁止，且時有尊崇寬容之舉，尤以太宗、眞宗兩朝爲著。太宗時重修佛寺，命梵僧譯經以付雕板，並編入《大藏》，同時禮遇道士，時有存問；眞宗時除修建道觀、別創道教之祖趙玄朗外，宮觀且有賜田以供其需，而《道藏》之重校又爲一大盛事，計達四千餘卷，至於佛教則持續發展，眞宗末年僧尼之數已有四十三萬人。〔註28〕

　　佛道信仰漸染人心，無論王公大賈或升斗小民均有敬奉者，其態勢大抵以前者爲盛，然而徽宗時情況則有變化。由於權相蔡京及林靈素等道士之鼓勵，徽宗遂深信道教而不疑，致和年間詔求仙經，且置道階道官，授道士以官職，並令天下普立宮觀，撥畝賜之，太學中且置博士以授黃、老、莊、列諸家之說。宣和之際，復改佛寺爲道觀，欲盡廢佛教，徽宗且由道士冊封爲「教主道君皇帝」。〔註29〕南渡後佛道發展依舊，道教勢力雖衰，至紹興末道士之數仍達一萬，而佛教宗派繁衍，寫經求法者所在多有，僧人且逾二十萬之譜。〔註30〕

　　佛道之信仰，亦不限於平民百姓，知識分子如富弼、王安石、蘇軾、蘇轍、晁補之、黃庭堅等均有不同程度之好佛傾向，從而表現於其著作之中。〔註31〕蘇轍嘗云：「予自十年來於佛法中漸有所悟，經歷憂患，皆主所希有，而眞心不亂，每得安樂。崇寧癸未，自許遷蔡，杜門幽坐，取《楞嚴經》翻覆熟讀，乃知諸併涅槃正路，從六根入。」〔註32〕可見文人學士與方外之人相交成習，其來有自。另外，道教經典中若干理論，亦爲知識分子所吸收，創爲各家新說，如邵雍之《先天圖》、周敦頤之《太極圖》，均與《道藏》中《太極先天之圖》有承繼之關係。〔註33〕

　　由於社會基礎穩固已久，大小型市鎮亦具規模，汴京、成都、杭州固然繁

〔註28〕參見李攸《宋朝事實》卷七〈道釋〉，（台北：文海出版社，西元 1967 年 1 月初版），頁 281 至 328。又楊仲良《通鑑長編紀事本末》卷一六〈王欽若校道藏經〉，（台北：文海出版社，西元 1967 年 11 月初版）頁 459 至 460。

〔註29〕參見顧炎武《日知錄》之餘，卷三〈改佛爲道條〉，（臺北：商務印書館，西元 1978 年 6 月臺一版），頁 63。

〔註30〕參同註 26，道釋部一之三四、一之三五，頁 7885、7886。

〔註31〕參同註 3，頁 708。

〔註32〕見同註 18，後集卷二一〈書楞嚴經一道〉，頁 756。

〔註33〕參見吳泰《宋朝史話》第十一章〈宋朝的科技思想和文化〉，（北京：北京出版社，西元 1987 年 9 月第一版），頁 337。

華，各地亦發展出新興商業網，北宋晚期諸多窮奢極欲之花費，部分即取自於商稅。大體言之，哲宗以後之宋代社會，已有腐化之跡象，邊防不修，士紳貪樂，首都汴京尤為豪奢，《東京夢華錄》云：

> 自宣德東去東角樓，乃皇城東南角也。……並是金銀綵帛交易之所，屋宇雄壯，門面廣闊，望之森然，每一交易，動即千萬，駭人聞見。……街南桑家瓦子，近北則中瓦，次則裏瓦，其中大小勾欄五十餘座，內中瓦子蓮花棚、牡丹棚，裏瓦子夜叉棚、象棚最大，，可容數千人。〔註34〕

類似此種遊藝之所頗多，如朱家橋瓦子、州西瓦子、州北瓦子等，率皆為貨藥、飲食、令曲、探卦之集中地，更有賭博之攤及酒店妓樓，引人遊蕩其中而不覺。司馬光嘗嘆時俗之低下云：

> 近歲風俗，尤為侈靡，走卒類士服，農夫躡絲履。……近日士大夫家，酒非內法，果肴非遠方珍異，食非多品，器皿非滿案，不敢會賓友。常數月營聚，然後敢發書。苟或不然，人爭非之，以為鄙吝，故不隨俗靡者鮮矣。〔註35〕

此耗費之風至徽宗時更厲，然則宋室之財政焉得不匱乏？欲軍民起而抗敵焉能如願？

　　整體言之，哲宗至高宗年間為宋祚存亡絕續之關鍵，儘管文化高度發展，政經情勢卻日益惡化，終至失去半壁江山，所幸有識之士力挽狂瀾，復因社會基礎尚在，故勉強能維持對峙之局。然而病根未除，加以君臣苟安，國勢實欲振乏力，誠足令忠貞之輩扼腕長嘆！其有抗顏直陳、寧觸權姦如洪興祖、胡銓者，輒遭貶斥流徙，斯豈國家之幸哉？

第二節　學術背景

　　陳寅恪先生嘗云：「華夏民族之文化，歷數千年之演變，造極於趙宋之世。」〔註36〕此論直陳宋代文化已達到空前之高峰，而此項成就，實與宋人潛心於

〔註34〕見孟元老《東京夢華錄》卷二〈東角樓街巷〉載《文淵閣四庫全書》史部三四七、地理類，頁133。

〔註35〕見司馬光《傳家集》卷六七〈訓儉示康〉一文，載《文淵閣四庫全書》集部三三、別集類，頁624。

〔註36〕見陳寅恪〈鄧廣銘宋史職官志考證序〉一文，載《陳寅恪先生文集》二《金明

學術密切相關。大凡一時代之學術研究愈深廣者，其時之思想風氣必然活躍，所呈現之整體文化亦必趨於繁榮；宋代文化之精緻與深微，適足彰顯其時代學術精神。

由於宋代學者極欲經世濟民，表現於學術上者即為儒學之振興。儒家學說雖經漢室之崇隆而定於一尊，然而一則其理論未經確實踐履，二則復遭佛道二家介入競爭，以故演變至隋唐時期，儒學之地位已大不如前，誠如蘇軾所言：「自漢以來，道術不出於孔氏而亂天下者多矣。晉以老莊亡，梁以佛亡，莫或正之。」〔註37〕知宋代學者深以儒學之承繼與發揚為要務。而亦基於此種積極態度，促使儒學研究之重點置於通經致用上，亦即以人生實際事物之改善為出發點，此不僅與唐代較重詩賦辭章有異，實亦有別於漢代之重章句訓詁。錢穆先生分析宋代學術即云：「宋學精神，厥有兩端：一曰革新政令，二曰創通經義。而精神之所寄，則在書院。」〔註38〕革新政令固已關乎人事，而創通經義，則非發明治道即闡揚性理，其所涉及者亦屬人事，此點實足以顯出宋人篤實之學風。唯其篤實，是以不尚駢文而代之以古文；唯其重思辨，是以排斥漢唐舊注之不合時宜者，另出新解以求上接孔道。

準此而來之宋代儒學風貌，具有如下之特點：首為重議論，並引為治國從政或教授講學之方法。其次為尚懷疑，認為聖賢經典確有不合義理處，遂由疑傳而至疑經。再次為主開創，擺脫先儒成說，以己意重新詮釋經義。末則為新教育，闡發孔孟，講求義理，促進思想之自由流通。〔註39〕上舉各點亦皆體現宋儒通經致用之抱負，試觀宋人王得臣之言，則此義愈明：

> 安定胡翼之，皇祐至和間國子直講，朝廷命主太學。時千餘士，日講《易》，予執經在諸生列。先生每以當世之事明之，至〈小畜〉，以謂：「畜，止也，以剛止君也。」已乃言及中令趙普相藝祖日，上令擇一諫臣，中令具名以聞，上卻之弗用。異日又問，中令復上前

館叢稿二編》，（臺北：里仁書局，西元1981年5月出版），頁245。

〔註37〕見《歐陽文忠公文集・居士集序》，載《四部叢刊初編》冊一九三，（臺北：商務印書館，西元1967年9月臺二版），頁26。

〔註38〕見錢穆《中國近三百年學術史》，（臺北：商務印書館，西元1968年4月台四版），頁6。

〔註39〕參見孫欽善〈從古文獻學看宋代思想文化的基本特徵〉一文，載《國際宋代文化研討會論文集》，（成都：四川大學出版社，西元1991年10月第一版），頁133至137。又董健橋〈略論宋初學術思想的演變〉一文，載《西北大學學報》第72期，（西元1991年6月），頁30至34。

札子，亦卻之。如此者三，仍碎其奏，擲於地，中令輒懷歸。它日
復問，中令仍補所碎札子呈於上，上乃大悟，卒用其人。」〔註40〕
此條記載說明宋儒以經世濟民為務，故於講經之際出以己意，並借時事以證
成己說──「以剛止君」，而捨棄傳統注疏──《易‧乾卦‧小畜》王弼注：
「未能行其施者，故可以懿文德而已。」胡瑗此舉實足反映宋代儒學重議論、
創造之實用風貌。宋人遂在思想自由及重視創新之氛圍中，藉著改革教育與
科舉之方法，培育出一批富有才學之儒者，為儒學乃至宋代整體學術齊盡心
力。王夫之《宋論》云：「宋自建隆，息五季之凶危，登斯民於袵席。」〔註
41〕宋人即在如此之基礎上，開展其豐富之學術內涵。而洪興祖生當兩宋之交，
實亦不能自外於整體學術環境之影響，茲分述洪氏所身處之學術環境於下。

一、疑辨思潮勃興

《宋史‧藝文志》統言有宋一代之學術云：「宋有天下先後三百餘年，考
其治化之污隆，風氣之離合，雖不足以儗倫三代，然其時君汲汲於道藝，輔
治之臣莫不以經術為先務，學士搢紳先生談道德性命之學不絕於口，豈不彬
彬乎進於周之文哉？」〔註42〕宋室君臣重視儒學之程度可見。北宋立國以來，
學者致力於經學研究，此因儒家學說自來以傳統經典為發揚闡釋之對象，宋
儒意欲紹述聖賢之道，亦不捨此而他求，唯其所採行之方法，實有異於漢唐
儒者，其後且蔚為一股疑辨風潮，逐漸形成著重「道德性命」之理學，令儒
學發展進入更深密之階段。以下即針對此一思潮賦予經學之變化加以論述。

（一）疑經學風之發展

宋初治經風尚，猶承唐代注疏之學，如《宋史‧儒林傳》稱太宗端拱時
以孔穎達五經正義詔國子監鏤板刊行，又真宗咸平之際復詔邢昺、孫奭等校
定《周禮》、《儀禮》等經義疏，故馬宗霍《中國經學史》云：

> 宋初經學，大都遵唐人之舊，九經注疏既鏤板國學著為功令矣，即
> 重定《孝經》《論語》《爾雅》三疏，亦確守唐人正義之法。……惟

〔註40〕見王得臣《麈史》卷一〈忠讜〉，載《文淵閣四庫全書》子部一六八、雜家類，
（臺北：商務印書館，西元 1986 年 3 月初版），頁 606。

〔註41〕見王夫之《宋論》卷一，（臺北：里仁書局，西元 1985 年 2 月出版），頁 25。

〔註42〕見脫脫《宋史》卷二○二〈藝文一〉，（臺北：新文豐出版公司，西元 1975 年
4 月初版），頁 2334。

是因襲雷同，既不出唐人正義之範，則宋初經學，猶是唐學，不得
謂之宋學。〔註43〕

至仁宗朝，經學風始爲之劇變。首由孫明復發其端，《宋史‧儒林傳》稱
其「學《春秋》，著《尊王發微》十二篇，大約本於陸淳而增新意」，陸淳之
春秋學據《舊唐書‧儒學傳》所述已與舊注有異，孫氏則又發爲此書，就中
「不惑傳注，不爲曲說以亂經」〔註44〕是其特點，並非斥傳注，以爲「專守
《左氏》、《公羊》、《穀梁》、杜、何、范氏之說而求於《春秋》……專守毛萇、
鄭康成之說而求於《詩》……專守孔氏之說而求於《書》……未見其能盡於
諸書之義」。〔註45〕影響所及，後儒紛起，大抵以不滿舊注之說爲主，如石介、
周堯卿諸人均屬之，而王令所論，足爲此時風尚之代表：

今夫章句之學，非徒不足以養材，而又善害人之材。今夫窮心盡力，
茫然日以雕刻爲事，而不暇外顧者，其成何哉？初豈無適道學古之
材，固爲章句之敗爾。〔註46〕

既已標舉不惑傳注，學者多欲直抒胸臆，以求發明經旨，慶曆、嘉祐間，此
風愈演愈盛，懷疑經典自身亦成爲重要內容，歐陽修即爲其關鍵人物。《四庫
總目提要‧經義類》稱，「唐以來說《詩》者，莫敢議毛鄭，雖老師宿儒亦謹
守小序，至宋而新義日增，舊說幾廢，推原所始，實發于修。」觀其所疑，
幾乎遍於群經，輔以其文壇政壇之地位，確能造成風氣，後之劉敞、李覯、
王安石、蘇軾諸人均受其影響而獨抒新見。王應麟《困學紀聞》即云：

自漢儒至於慶曆間，談經者守訓故而不鑿，《七經小傳》出而稍尚新奇
矣，至《三經義》行，視漢儒之學若土梗。……陸務觀曰：「唐及國初，
學者不敢議孔安國、鄭康成，況聖人乎？自慶曆後，諸儒發明經旨，
非前人所及，然排《繫辭》，毀《周禮》，疑《孟子》，譏《書》之〈胤
征〉、〈顧命〉，黜《詩》之序，不難於議經，況傳注乎！」〔註47〕

〔註43〕見馬宗霍《中國經學史》，（臺北：商務印書館，西元1986年2月臺七版），
　　　　頁109至110。

〔註44〕見《歐陽文忠公文集》卷二七〈孫明復先生墓誌銘〉，載《四部叢刊初編》冊
　　　　一九三，（臺北：商務印書館，1967年臺二版），頁220。

〔註45〕見孫復〈與范天章書〉，載《宋元學案》卷二〈泰山學案〉，（臺北：世界書局，
　　　　西元1961年11月初版），頁58。

〔註46〕見王令《廣陵集》卷二六〈答劉公著微之書〉，載《四庫全書》集部四五、別
　　　　集類，（西元1986年3月初版），頁532。

〔註47〕見王應麟《困學紀聞》卷八〈經說〉，（臺北：世界書局，西元1963年4月初

此外，邵雍、周敦頤、程顥、張載諸人亦循疑經辨古之途徑，捨去注疏解經之傳統方法，轉以議論、口述形式，與王安石、蘇軾等學者齊將傳統儒學推進至講求義理及心性之層次，形成所謂王學、洛學、關學、朔學，蜀學等各派競榮之局面，且延續至北宋終祚，其勢未衰。

宋室南渡，學者治經之風仍盛，更出新意者，時而有之，如鄭樵、朱熹、陸九淵、葉適、王柏、黃震等人，朱熹尤爲集大成者，《宋元學案》稱其「繼往聖將微之緒，啟前賢未發之機，辨諸儒之得失，辟異端之詖謬」。〔註48〕而其治學之法亦不盡同北宋諸家，大抵能汲取他人之長，以建構自身理論，《朱子語類》云：「某患學者讀書不求經旨，談說空妙，故欲先通文義，就文求意。」〔註49〕其「就文求意」之法即爲細讀注疏，嘗云：

> 治經必傳家法者，天下之理，固不外於人之一心，然聖賢之言，則有淵奧爾雅而不可以臆斷者，其制度名物，行事本末，又非今日之見聞能及也。故治經者，必因先儒已成之說而推之。借曰未必盡是，亦當究其所以得失之故，而後可以反求諸心而正其謬。〔註50〕

認爲注疏實可助學者掌握經文，從而理解聖賢之意，則其主張發揚義理與訓詁考據並行之義甚明，以故有義理爲「宏綱」而文義訓詁屬「細微之間」之論，〔註51〕此誠爲朱子一派治學之特點。疑經學風發展至此，可謂歷經成熟後之一種反思，南宋後期黃震、王應麟等人之學，即顯出不廢訓詁考據與名物典制之傾向。

（二）疑經學風之內容

自北宋景祐、慶曆間孫復正式開啟所謂「經學變古」風氣以來，至南宋紹興、淳熙年間朱陸並起，已大致勾勒出宋代經學發展之主要途徑，至於研

版），頁512。

〔註48〕見黃宗羲《宋元學案》卷四八〈晦翁學案上〉，頁851。

〔註49〕見《朱子語類》卷一二一，（臺北：文津出版社，西元1986年12月出版），頁2927。

〔註50〕見《朱文公文集》卷六九〈學校貢舉私議〉，載《四部叢刊初編》冊二三二，頁1275。

〔註51〕見同註50，卷四四〈答江德功〉，冊二二九，頁758，其文略云：「格物而至於物，則物理盡者也，物理皆盡，則吾之知識廓然貫通，無有蔽礙，而意無不誠心無不正矣。此大學本經之義而程子之說然也，其宏綱實用固已洞然無可疑者，而微細之間，主賓次第，文義訓詁，詳密精審，亦無一毫之不合，今不深考而必欲訓致知以窮理，則於主賓之分有所未安。」

治之方法，屈萬里先生嘗歸納其時疑經之說云：

　　宋代疑經之說大致可分三類，一是懷疑經義的不合理；二是懷疑先儒

　　所公認的經書的作者；三是懷疑經文的脫簡、錯簡、訛字等。〔註52〕

若再行細分，則由懷疑經義之不合理出發，宋人持自出新意之態度，亦有增
字爲釋或改經就義之現象，〔註53〕及其盛時，甚或發展出不依傳統經學之注
疏形式立言，而出之以論說或語錄。凡此諸般方法，實皆宋儒「以義理解經」
精神之高度發揚。準此而論之經學研究成果，實爲可觀，例如：

　　1、《易》

　　有胡瑗《易解》十二卷、石介《口義》十卷、邵雍《皇極經世》十二卷、
劉牧《新注周易》十一卷、歐陽修《易童子問》三卷等。

　　2、《書》

　　有程頤《堯典舜典解》一卷、王安石《新經書義》十三卷又《洪範傳》
一卷、蘇軾《書傳》十三卷、吳棫《書裨傳》十三卷。

　　3、《詩》

　　有歐陽修《詩本義》十六卷、蘇轍《詩解集傳》二十卷、王安石《新經
毛詩義》二十卷、張載《詩說》一卷、鄭樵《詩傳》二十卷又《辨妄》六卷、
朱熹《詩集傳》二十卷等。

　　4、《禮》

　　有王安石《新經周禮義》二十二卷、楊時《周禮義辨疑》一卷、朱熹《儀
禮經傳通解》二十三卷、陸佃《禮記解》四十卷、胡銓《禮記傳》十八卷等。

　　5、《春秋》

　　有孫復《春秋尊王發微》十二卷、劉敞《春秋傳》十五卷又《春秋權衡》
十七卷、晁補之《左氏春秋傳雜論》一卷、程頤《春秋傳》一卷等。

　　6、《孝經》

　　有司馬光《古文孝經指解》一卷、范祖禹《古文孝經說》一卷、吉觀國
《孝經新義》、朱熹《孝經刊誤》一卷等。

〔註52〕 見屈萬里先生〈宋代疑經風氣〉一文，載《大陸雜誌史學叢書》第二輯第二
　　　　 冊，頁17。

〔註53〕 參見陳植鍔《北宋文化史述論》第二章〈宋學及其發展諸階段〉，（北京：中
　　　　 國社會科學出版社，西元1992年3月第一版），頁201。

7、《論語》

有王安石《論語通類》一卷、程頤《論語說》一卷、蘇軾《論語解》四卷、蘇轍《論語拾遺》一卷等。

8、《爾雅》

有陸佃《爾雅新義》二十卷又《埤雅》二十卷、鄭樵《爾雅注》三卷、羅願《爾雅翼》三十二卷等。

9、《孟子》

有程頤《孟子解》四卷、呂大臨《孟子講義》十四卷、司馬光《疑孟》一卷、朱熹《孟子集注》十四卷等。

上舉諸書,乃據《宋史‧藝文志》、《郡齋讀書志》及《直齋書錄解題》之著錄而來,若復參酌《經義考》或《通志堂經解》等書,則愈能知悉宋人研治經學之風貌。誠然,敢於懷疑及勇於創造二者形成疑辨思潮之特色,並賦予此期經學豐富之活力,宋代學術之多樣成就亦緣此而開展。

二、治學規模廣闊

蘇軾云:

> 幽居默處而觀萬物之變,盡其自然之理而斷之于中,其所不然者,
> 雖古人之所謂聖賢之說,亦有所不取。〔註54〕

東坡強調欲知萬物自然之理,則有賴深思熟慮,並窮其所以然之道,如此方得真知。就中所透露者,即為主動求知之態度,其發揮至極處,縱令與前人成說相忤,亦不輕言放棄。朱熹更云:「不敢輕議前輩,不敢妄立論之類,皆中怠惰之意。」〔註55〕其不以「輕」、「妄」為戒,反而隨處提倡,正顯示北宋以來文人學士普遍具有之雄大氣魄。

此氣魄與宋人強烈之使命感相互激盪,遂與疑辨思潮合拍,進而推動全體學術文化之進步,是以不唯經學展現新貌,其他學術範疇亦反映出獨立自主之時代精神。近人祝振玉先生嘗指出宋人之疑辨風氣蘊含兩項意義,一為

〔註54〕見郎曄《經進東坡文集事略》卷四一〈上曾丞相書〉,載《四部叢刊初編》冊二○六,(臺北:商務印書館,西元1967年9月臺二版),頁259。

〔註55〕見《朱子語類》卷一一,(臺北:文津出版社,西元1986年12月出版),頁190。

時代精神之確立，二爲學術文化轉變之契機；〔註56〕換言之，宋人秉持理性而自立之態度，於經學之外，復將其觸角伸展至史學、哲學、文學等各方面。以下即略述各不同學科之發展成就，以愈掌握洪興祖所身處之學術研究背景：

（一）哲　學

此期哲學之探究以理學爲中心，而理學之興盛實又與經學之闡發密切相關。《宋史・道學傳》云：

> 文王周公既沒，孔子有德無位，既不能使是道之用漸被斯世，退而
> 與其徒定禮樂，明憲章，刪《詩》，修《春秋》，讚易象，討論墳典，
> 期使三五聖人之道昭明於無窮。〔註57〕

可知理學家所欲宣揚之「道」，即是蘊藏於儒家經典中之「聖人之道」，所不同者，理學家於論述之際，無可避免地受有佛學心性說及老學宇宙觀之多重影響，亦因如此，反提升並擴充傳統儒家學說之深度與廣度，促使其理論更形細密完備，此皆理學家之卓越貢獻。據《宋史・道學傳》所列，均屬言性命道德之有成者，就中周敦頤、張載、邵雍、程顥、程頤號爲「北宋五子」，而稍晚於洪興祖之朱熹則乃集大成者。周敦頤著有《太極圖說》及《通書》，張載著有《正蒙》、《經學理窟》、《易說》，邵雍著有《皇極經世》，程顥著有〈識仁篇〉、〈定性書〉等，程頤著有《易傳》、《春秋傳》，其理論多見於《二程集》，朱熹著有《周易本義》、《詩集傳》、《大學中庸章句》、《論語集注》、《孟子集注》、《太極圖解》等。北宋理學發展至此，兼有廣大與細密二長，爲儒家哲學體系建立更爲融通之基礎。

（二）史　學

宋代史學直如劉知幾所謂「諸史之作，不恆厥體」，〔註58〕於體裁及精神諸方面均有特出之表現，究其原因，治經風尚所帶來之影響頗深。由於學者重視《春秋》大義之闡發，故史家秉筆之際，一則參用褒貶筆削之形式，一則反映儒家思想之內容，所成之作，務使彰明治亂之本，提供借鑒之道，故其時史論之重點，據近人劉復生先生所指，一爲崇尚三代以寄託政治理想，二爲正統之

〔註56〕參見祝振玉〈宋代疑古主義與文學批評〉一文，載《文學評論》1992 年第 5
　　　　期，（北京：中國社會科學院，西元 1992 年 10 月），頁 103 至 104。
〔註57〕見脫脫《宋史》卷四二七（道學一），（臺北：新文豐出版公司，西元 1975 年
　　　　4 月初版），頁 5126。
〔註58〕見劉知幾《史通》卷一，（臺北：里仁書局，西元 1980 年 9 月出版），頁 1。

辨。〔註59〕準此而生之史學風貌，不僅有辨正舊史是非之功，且使史著進一步確立獨立批判之精神。

北宋以來，史料之整理與編纂頗為頻繁，無論舊史或當代歷史，均可見出宋人之心力，以下即分項列舉之：

1、重修舊史

五代時所修之《舊唐書》及宋初所修之《舊五代史》，由於脫漏過甚且紀次蕪雜，引致後人紛予重修，據趙翼所考便有十餘家，〔註60〕其後歐陽修獨力完成《五代史記》，並與宋祁合修《新唐書》，二書價值均高於舊史，《五代史記》尤為趙翼稱許，云其「文直事核，所以稱良史也」。〔註61〕

2、考證舊史

針對舊史進行補釋訂正，亦為史家所重，如劉敞等所作《漢書標注》，劉攽著有《漢書刊誤》，熊方則有《補後漢書年表》等。至於時人新成之史著，亦在訂偽考辨之列，如《宋史‧藝文志》所錄之吳縝《新唐書糾謬》、《五代史纂誤》，韓子中《新唐書辨惑》等。凡此皆能提高原史之功能，使其更近於歷史真實。

3、編纂長篇編年史

司馬光於英宗至神宗年間，主編《資治通鑑》，書中材料豐贍，輔以劉攽、劉恕、范祖禹等人之力，遂能由粗繁至於精簡，並且反映儒家思想之綱常倫理及禮樂教化。司馬光另有《通鑑綱目》及《通鑑考異》，前者可佐閱覽之便，而後者更可據以推知史實之不同面貌與作者去取之標準。同屬編年體而篇幅較小者有孫甫《唐史記》、范祖禹《唐鑑》等，孫書頗以春秋筆法為要，〔註62〕而范書重視議論，程頤稱其「三代以后，無此議論」，〔註63〕可知均受有經學論辨之影響。

〔註59〕參見劉復生〈論北宋中期儒學嬗變與史學的變化〉一文，載《史學史研究》1993年第2期，（北京：師大出版社，西元1993年6月），頁51。

〔註60〕參見趙翼《二十二史箚記》卷二一〈歐史不專據薛史舊本〉條，（臺北：華世出版社，西元1977年9月新一版），頁454。

〔註61〕同註60。

〔註62〕參見王鳴盛《十七史商榷》卷九二〈唐史論斷〉條，（臺北：廣文書局，西元1971年5月再版），頁668。

〔註63〕見《程氏外書》卷一二，載《四部備要》冊三六六《二程全書》內，（臺北：中華書局，西元1981年6月一版），葉一七。

4、創作紀傳體通史

鄭樵效法史遷之例，而又推陳出新，編寫成《通志》一書，其內容可粗分為敘述人事及典章制度兩項，而菁華乃在後者，幾已概括歷來學術之內容，而其作史之重點亦在於此。《通志·總序》即云：「夫史者，國之大典也，而當職之人不知留意於憲章，徒相尚於語言。」〔註64〕所謂「憲章」，即指歷來典制學藝之足資經世致用者。由此亦知鄭樵之史學識見，有異於前人之褒貶借鑒。

5、新闢紀事本末體史書

袁樞作《通鑑紀事本末》，擷取紀事編年之長，將千餘年史跡，勒爲二百餘事，使其綱舉目張，不相殽亂。《四庫總目提要》云：「袁樞自出新意，因司馬光《資治通鑑》區別門目，以類排纂，每事各詳起訖，自爲標題，每篇各編年月，自爲首尾。……遂使紀傳編年貫通爲一，實前古之所未見也。」〔註65〕其後明清學者效者頗多，如陳邦瞻作《宋史紀事本末》，高士奇作《左傳紀事本末》，皆源於此。

6、整理當代史料

近人張舜徽先生云：「宋代史學的最大特色，便是詳於當代史跡的記述，能夠及時地把現實的社會變化和政治得失編寫成書。」〔註66〕誠如所言，據《宋史·藝文志》及《文獻通考·經籍考》所載，宋人所作之當代史著，卷帙浩繁，其中官修者有《三朝國史》、《兩朝國史》、《四朝國史》、《太祖實錄》、《太宗實錄》、《仁宗實錄》、《徽宗實錄》等，此外復有「日歷」、「會要」、「敕令」、「御集」與「寶訓」之類。〔註67〕至於私人修撰部分，則有略晚於洪興祖之李燾、李心傳等人，前者著有《續資治通鑑長編》，敘述北宋九朝史事，後者則有《建炎以來繫年要錄》，專力於高宗一朝。大體而言，宋立國後學者感於家國之危，愈發盡心於時事之記載與編纂，不唯彰顯社會實況，亦足與正史所言相印證，此實爲宋代史學之一特色。

〔註64〕見鄭樵《通志》總序，《十通》第四種，（臺北：商務印書館，西元1987年12月臺一版），頁1。

〔註65〕見《四庫全書總目》卷四九，（臺北：商務印書館，西元1986年3月初版），頁93。

〔註66〕見張舜徽《訒庵學術講論集》，（長沙：嶽麓書社，西元1992年5月第一版），頁282。

〔註67〕參見馬端臨《文獻通考》卷一九三〈經籍考二十·建隆編〉下陳傅良自序，《十通》第七種，頁1638。

（三）文　學

宋人於詩、詞、文、賦等傳統文學方面創作頗豐，亦有其獨特成就，諸如詩之深微內斂，詞之幽婉清雋，而古文至宋卓然興盛，賦體亦朝散文賦方向發展。尤值一提者，其文學批評亦展現出異於前人之風貌，直與經學研究同一趨勢。

沈洵《韻語陽秋》序云：「觀古人文辭者，必先質其事而揆之以理，言與事乖，事與理違，雖記言之正史，如《書》之〈武成〉，或謂不可盡信；質于事而合，揆之理而然，則雖閭巷之談，童稚之謠，或足傳信後世，而況文士之詞章哉？」〔註68〕宋人之從事文學評論，所抱持之態度正是如此，故無論詩話、文集、筆記或題跋之類，皆儘量提出一己之見，而不隨前代之臧否起舞。緣此而產生之文學批評特點，一則顯現於詩文之考據辨誤，一則反映於優秀作品之重新選輯。〔註69〕黃庭堅嘗云：「隨人作計終後人，自成一家始逼真。」〔註70〕力求跳出古人窠臼，所言雖為創作而發，亦可視為其時文學批評之原則，創作與批評相互激盪，遂形成自立自主之文學精神。

（四）目錄學

自《漢志》、《隋志》以來，簿錄群書漸為人所重，宋時已成專門之學，〔註71〕且編著之途徑有三：一為官錄，二為史志，三為私錄。官錄方面如《崇文總目》，係於仁宗時由王堯臣、歐陽修等奉詔編成，依經史子集四部分置群書，每條之下具有論說，共定著三萬六百六十九卷，區分為四十五類，將仁宗朝之圖書做有系統之整理。史志方面如鄭樵《通志·藝文略》，其最大特點乃在衝破四部藩籬，自創十二類之分法，以為「學術之苟且，由源流之不分；書籍之散亡，由編次之無紀」（《通志總序》），故總分群書為經、禮、樂、小學、史、諸子、天文、五行、藝術、醫方、類書、文共十二類，且每類之下復有細目，可謂詳贍。至於私錄方面，稍後於洪興祖之晁公武撰有《郡齋讀書志》，

〔註68〕見沈洵《韻語陽秋》序，引自祝振玉〈宋代疑古主義與文學批評〉一文，頁103。

〔註69〕參同註56，頁109。作者以為宋人不唯對經部典籍致疑，即使對集部諸書亦持證誤之態度。

〔註70〕見黃庭堅《豫章黃先生文集》卷二八〈題樂毅論後〉，載《四部叢刊初編》冊二一二，頁311。

〔註71〕參見呂紹虞《中國目錄學史稿》，（臺北：丹青圖書公司，西元1986年臺一版），頁83至97。又姚名達《中國目錄學史》，（臺北：商務印書館，西元1988年2月臺九版），頁196、197、218。

此書仍依四部分法，書首有總序，每部並有小序言明其學術源流及發展特徵，各書均有提要，敘述作者事跡與作品內容，考釋甚多，足供參考。私家編目之風一開，後繼者不乏其人，如尤袤作《遂初堂書目》，陳振孫作《直齋書錄解題》，或長於板本，或精於提要，皆足代表目錄學之蓬勃發展。

（五）校勘學

仁宗以來印刷術進步，書籍流通迅速，舛誤亦日多，學者於校勘文字、補正刊誤等方面，用力逐勤，成果頗著，如《宋史·藝文志》錄有趙抃《新校前漢書》一百卷、余靖《漢書刊誤》三十卷、劉攽《漢書刊誤》四卷等。鄭樵更撰有〈校讎略〉，論述校定古籍、編次必謹類例與編次必記亡書諸般問題，將校勘學與目錄學相聯繫，輔助後人釐清學術發展之源流。南宋晚期復發展出輯佚之學，《宋志》載有王應麟《周易鄭注》一卷及《三家詩考》五卷，以上所述，顯見部分學者並未忽略古籍之考證。

此外如金石之學、天文之學、地理之學、生物之學等，亦有顯著之成就，〔註 72〕然則宋人勇於求新之研究精神，以及經世致用之積極態度，倘若單以「狂妄」或「臆斷」批評此期學術，恐非持平之論。

三、教育事業發達

宋代教育事業興盛，無論在朝在野，均有興學之舉，究其發展型態，有官學、私學兩類，自宋初迄於紹興年間，其大略情形如下：

（一）官　學

北宋慶曆年間施行新政，依范仲淹等人之議，仁宗詔令州縣立學，天下之學於是大興；〔註 73〕實則在此之前，已有興學之舉措，而且行之有漸。據近人陳植鍔先生指出，自景祐元年至寶元二年，州郡立學者達四十二處，若復包括天聖年間所立者，為數愈夥，足以證明慶曆之際並非興學之始。〔註 74〕準此而言，北宋時期官方興學計四次：一為仁宗天聖、景祐年間大興州縣之

〔註 72〕 參見《宋史》卷二○二〈藝文志〉、卷三三一〈沈括傳〉、卷三四○〈蘇頌傳〉、《夢溪筆談》卷七。

〔註 73〕 參見《歐陽文忠公文集》卷三九〈吉州學記〉，載《四部叢刊初編》冊一九四，（臺北：商務印書館，1967 年 9 月臺一版），頁 297。

〔註 74〕 參見陳植鍔《北宋文化史述論》第一章〈時代背景〉，（北京：中國社會科學出版社，西元 1992 年 3 月第一版），頁 120 至 126。

學；二爲慶曆、嘉祐年間興辦太學；三爲熙寧、元豐年間推行三舍法；四爲徽宗崇寧之後以學校考選制代科舉制。〔註75〕

　　《宋會要輯稿‧崇儒》云：「慶曆四年三月，詔諸路府軍監，除舊有學外，餘並各令立學。〔註76〕於是州縣之學益形興盛。爲求安置並鼓勵學優士子，遂有徹底改革中央官學之舉，是年四月更四門學爲太學，收八品以下及庶人子弟，而國子學則收七品以上子第。〔註77〕如此一來，太學之地位日受士民重視。熙寧八年復推行太學三舍法，亦即「生員釐爲三等，始入學爲外舍，初不限員，後定額七百人；外舍生內舍，員二百；內舍升上舍，員百；各執一經，從所講官受學」，〔註78〕而其學行卓異者，並可由直講推薦以任官。其後徽宗崇寧三年復下詔推廣三舍法，《宋會要輯稿‧崇儒》云：「并罷州郡發解及省試法，其取士并由學校升貢。」〔註79〕換言之，下至州縣學，上至太學，均有考選取士之責，此法後雖因宣和年間「詔罷天下州縣學三舍法，惟太學用之課試，開封府及諸路并以科舉取士」〔註80〕而未續行，然而太學之成爲官學體系之樞紐，並隨之影響州縣學之推動，已是既定事實。《宋史‧選舉志》云：「自仁宗命郡縣建學，而熙寧以來其法寖備，學校之設遍天下，而海內文治彬彬矣。」〔註81〕其意當即本此。

（二）私　學

　　宋代書院之興起，早於官學，爲私學之主體。而書院制度之產生，據近人吳萬居先生所論，乃始於秦漢，正名於隋唐，醞釀於五代，而成立於兩宋，〔註82〕可知宋初書院之存在，實則承襲前代成果而來。

　　宋初著名之書院，如白鹿洞、嵩陽、嶽麓、應天府、石鼓等書院，均獲有宋室之鼓勵，呂祖謙《東萊集》云：

〔註75〕參同註74，頁125至134。

〔註76〕見《宋會要輯稿》崇儒部二之四，（臺北：世界書局，西元1964年6月出版），頁2189。

〔註77〕參見脫脫《宋史》卷一五七〈選舉三〉，（臺北：新文豐出版公司，西元1975年4月初版），頁1708。

〔註78〕見同註77，頁1709。

〔註79〕見同註76，〈崇儒部〉二之十，頁2193。

〔註80〕見同註77，頁1713。

〔註81〕見同註77，卷一五五〈選舉一〉，頁1689。

〔註82〕參見吳萬居《宋代書院與宋代學術之關係》，（臺北：文史哲出版社，西元1991年9月初版），頁24至38。

> 國初斯民新脫五季鋒鏑之阨，學者尚寡，海內承平，文風日起，儒
> 生往往依山林、即閒曠以講授，大率多至數百人。……祖宗尊右儒
> 術，分之官書，命之祿秩，錫之扁榜，所以寵綏者甚備。〔註83〕

於是一面藉著舊有基礎，一面仰仗政府獎掖，加以士人興學之渴望，太宗、
真宗之際書院之發達誠為日後教育普及之力量。是以書院所在，講習甚盛。
至仁宗朝，如前段所言，詔令天下州縣皆設立學校，於是已有之書院勢必因
之產生變化，或即改為官學，或即與他院合併，〔註84〕神宗時復下詔：

> 詔州學已差教授處，管下有書院並縣學舊有錢糧者，並撥入本學，
> 補試生員，選差職掌，餘官毋得干預，從國子監請也。〔註85〕

書院發展至此，確有漸趨沈寂之貌，然並非意味從此不起。仁宗、神宗時地
方官學與中央官學並盛之際，仍有繼續創設書院之舉，如仁宗時之濂山書院、
鹿岡書院、默山書院，及神宗時之瀛山書院、清獻書院等。〔註86〕北宋晚期
以降，由於科舉依舊有若干取士之缺點，致使士人之心無法盡嚮聖賢之義，
徒然敗壞學風，競逐利祿，有心問道者豈甘留此？於是書院復乘勢而起，至
南宋時期，據學者所言已逾百所，〔註87〕可謂達於鼎盛。

至於此期教育之特色，一曰通經致用，儒家向以治經為要務，宋儒尤欲
於經典中體悟修己治人之道，以應付亂世危局，故無論官學私學，有志者均
以通曉經義，發揚義理，培養仁德，用事濟民為己任，彼此相勉相勵，呈現
出救亡圖存之積極態度。宋初三先生之一胡瑗，其入太學之前曾於湖州州學
講授，分學子為經義、治事二齋，於前者「時召之使論其所學，為定其理，
或自出一義使人人以對，為可否之，當時政事俾之折衷」，〔註88〕後者乃「學
者有欲明治道者，講之于中，如治兵、治民、水利，算數之類」，〔註89〕教法

〔註83〕見呂祖謙《東萊集》卷六〈白鹿洞書院記〉，載《文淵閣四庫全書》集部八九、
別集類，（臺北：商務印書館，西元1986年3月初版），頁54。
〔註84〕參見洪邁《容齋隨筆‧三筆》卷五〈州郡書院〉條，載《四部叢刊續編》冊
九一，（臺北：商務印書館，西元1966年10月臺一版），葉八。
〔註85〕見李燾《續資治通鑑長編》卷二五二〈神宗熙寧七年四月己巳〉條，（臺北：
世界書局，西元1974年6月三版），頁2646。
〔註86〕參見註82，頁301、305、313、314、315。
〔註87〕參同註82，其〈附錄一〉所計書院創於南宋者有四六七所，頁298至337。
又頁65所引孫彥民《宋代書院制度之研究》一書中則謂有一四七所。
〔註88〕見《河南程氏遺書》卷二上，載《四部備要》冊三六五《二程全書》內，（臺
北：中華書局，西元1981年6月一版），葉四。
〔註89〕見同註88。

可謂靈活且務實，無怪歐陽修稱其「教學之法最備」；〔註90〕其後於太學亦沿用此法，令好經術、兵戰、文藝、節義者各得其所，爲國培養多樣人才，以達致用之目的。

二曰自由議論，慶曆新政之中堅人物如范仲淹、歐陽修，自來即以好議論著名，《宋史‧范仲淹傳》稱其「每感激論天下事，奮不顧身」，而葉適《習學記言序目》卷三十九則云「歐陽氏爲本朝議論之宗」，二者引領學壇，造就風氣，實不容忽視。另一方面，胡瑗、孫復、石介、邵雍、張載、二程等大儒於講學之際，或重啓發，或憑講演，甚者師弟友朋相互問難，運用自由議論之方法，體現其治國救民之理想，同時亦確立其爲宋代學術精神之一環。

三曰學行兼重，宋儒強調「內聖外王」之工夫，欲學子修明其德以完備一己之價值，故極重視人格之培育。培育之法首在提振師道，其次爲揭示教養之規，師生互勉互勵，程顥云：「古之教人，莫非使之成己。自洒掃應對上，便可到聖人事。」〔註91〕乃以日常生活教育爲起點，欲學子躬行實踐，逐日體悟，並進而恪守孝弟、忠信、篤誠、守義等美德，以涵養人格，止於至善之地。故知宋代教育不獨探求學術，更且落實於淬勵品行，誠屬學行並取之質樸學風。

四、雕印技術提升

有宋立國，皇室有心提高儒學地位，遂承襲五代刊刻九經三傳之舉，由國子監統籌其事，將諸經義疏分別付梓，旁及諸史、子書與集部，風氣所及，司、庫、州、軍、府、縣等地方官署亦參與之。熙寧以還，禁刻之令廢止，私家與書坊刊刻之風於焉復起，〔註92〕南渡之後，更與官刻同時並進，促使宋代刻書達於極盛。

以下即依典籍之刊刻概況與其所致之影響，略述太祖開寶年間迄於紹興年間（西元 968～1162 年），約莫百餘年之雕印事業。

（一）官私刊刻之概況

葉德輝《書林清話》敘云：

〔註90〕見同註73，卷二五〈胡先生墓表〉，載《四部叢刊初編》冊一九三，頁205。
〔註91〕見朱熹《近思錄》卷一一，載《文淵閣四庫全書》子部五、儒家類，頁108。
〔註92〕參見吳萬居《宋代書院與宋代學術之關係》，（台北：文史哲出版社，西元1991年9月初版），頁74至77。又李清志《古書板本鑑定研究》，（臺北：文史哲出版社，西元1986年9月初版），頁41。

> 書籍自唐時鏤板以來，至天水一朝號爲極盛，而其間分三類，曰官
> 刻本，曰私宅本，曰坊行本。〔註93〕

其中官刻復有中央與地方之別，故詳言之則有四類，今據《玉海》、《麟臺故事》、《五代兩宋監本考》及《書目叢編》所載，分列於下：〔註94〕

1、中央官刊本

（1）國子監本

太宗端拱元年刻《周易》、《尙書》、《毛詩》、《禮記》、《左傳》等五經正義一百八十卷；眞宗咸平四年刻《周禮》、《儀禮》、《公羊傳》、《穀梁傳》、《論語》、《孝經》、《爾雅》等七經正義一百六十五卷；眞宗景德二年覆刻後唐長興三年《九經三傳》。太宗淳化五年刻《史記》一百三十卷、《漢書》一百卷、《後漢書》九十卷；仁宗天聖二年刻《南史》八十卷、《北史》一百卷、《隋書》八十五卷；神宗熙寧五年後刻《五代史記》七十五卷。太宗太平興國六年刻《太平廣記》五百卷；眞宗大中祥符元年刻《南華眞經》十卷；眞宗天禧二年刻《齊民要術》十卷；英宗治平二年刻《新編金匱要略方論》三卷、《傷寒論》十卷。眞宗大中祥符四年刻《文選》六十卷、《文苑英華》一千卷。又高宗紹興九年及二十一年分別重刻盛本（取諸臨安府及州郡刻本）。

（2）崇文院本

眞宗咸平三年刻《吳志》三十卷；仁宗天聖七年刻《律文》十二卷《音義》一卷；仁宗寶元二年刻《群經音辨》七卷。

2、地方官刊本

（1）兩浙東路茶鹽司本

神宗熙寧二年刻《外臺秘要方》四十卷；高宗紹興三年刻《資治通鑑》

〔註93〕　見葉德輝《書林清話》敘，（臺北：文史哲出版社，西元 1973 年 12 月初版），頁 5。

〔註94〕　參見王應麟《玉海》卷四三〈藝文〉，（台北：華文書局，西元 1964 年 1 月初版），頁 849 至 856。又程俱《麟臺故事》卷二〈修纂〉，載文淵閣四庫全書史部三五三，（台北：商務印書館，西元 1986 年 3 月初版），頁 312。又王國維《五代兩宋監本考》，（台北：商務印書館，西元 1976 年 12 月臺一版），頁 13 至 129。又喬衍琯《書目叢編》及《續編》中之黃丕烈《蕘圃藏書題識》、陸心源《皕宋樓藏書志》、楊守敬《日本訪書志》、瞿鏞《鐵琴銅劍樓藏書目錄》、于敏中等《天祿琳琅書目》、丁丙《善本書室藏書志》、繆荃孫《藝風藏書記》、傅增湘《藏園群書題識》、楊紹和《楹書隅錄》、張鈞衡《適園藏書志》等，（台北：廣文書局，西元 1967 年 8 月初版、西元 1968 年 3 月初版）。

二百九十四卷；紹興六年刻《事類賦》三十卷；又紹興年間刻有《周易》、《尚書》、《周禮》之注疏合刊本。〔註95〕

（2）公使庫本

徽宗宣和四年吉州公使庫刻《歐陽文忠六一居士集》五十卷又續刻五十卷；高宗紹興十九年明州公使庫刻《騎省徐公集》三十卷。

（3）州軍學本

高宗紹興十年宣州軍學刻梅聖俞《宛陵集》六十卷；紹興十七年刻王禹偁《小畜集》三十卷、婺州州學刻蘇洵《嘉祐集》十六卷。

3、私家刊本

（1）京臺岳氏本

仁宗慶曆六刻《詩品》三卷。

（2）建安蔡子文東塾本

英宗治平三年刻郡雍《擊壤集》十五卷。

4、書坊刊本

（1）杭州大隱坊

徽宗政和八年刻朱肱《南陽活人集》十八卷。

（2）建陽麻沙書坊

高宗紹興十年刻曾慥《類說》五十卷；紹興二十三年刻《皇宋事實類苑》七十八卷。

（二）典籍流佈之影響

根據上述，知宋承五代刻書之緒，秉持右文政策而致力乎典籍，遂有郁郁之文化。《續資治通鑑長編》載刑昺答眞宗所問書板一事云：

> 國初不及四千，今十餘萬，經史正義皆具。臣少時業儒，觀學徒能
> 具經術者百無一二，蓋傳寫不給。今板本大備，士庶家皆有之，斯
> 乃儒者逢時之幸也。〔註96〕

〔註95〕參見屈萬里〈十三經注疏板刻述略〉一文，載《中國圖書文獻學論集》，（台北：明文書局，西元1983年9月初版），頁303。

〔註96〕見李燾《續資治通鑑長編》卷六○〈景德二年五月戊辰〉條，楊家駱編《中國學術名著》第三輯《國史彙編》冊二，（台北：世界書局，西元1974年6月三版），葉一。

由「傳寫不給」至「士庶家皆有之」，其間之變化可謂鉅大。其後雖因靖康之難而令圖籍遭厄，然高宗復詔求遺書重行鏤板，以期恢復舊觀，故至孝宗朝館閣編錄書目之際，已有四萬四千餘卷，尤有進者，民間刊刻之風更盛，實非前代所及。

雕印大行之餘，即足以影響學術之發展，例如：

1、維繫學術命脈

我國典籍之保存，殊為不易，一因天災人禍，避之無方，一因成書耗時，無法廣佈，故自漢至唐，典籍亡佚者頗多，清匡源〈玉函山房輯佚書序〉云：

> 自漢時劉歆、班固錄書，序六藝為九種，歷代因之，史官列有經籍、
> 藝文志，大率敘其篇次存亡，以備稽考。……《隋志》修於唐初，
> 所著錄漢儒舊籍，視班書篇目，十已亡其六七；其倖而存者，魏晉
> 諸子，卷數雖繁，然有其名無其書者尤多也。蓋自書遭秦火，至隋
> 而已更五厄，及其後凋零磨滅，不可勝數。〔註97〕

可知書籍受戰亂或政策性焚毀之害最鉅，宋代雖號右文，然而兵燹無情，書厄仍存，幸因北宋以來雕板印刷盛行，書籍大量印行而流通於各地，不再僅存於中央秘閣，縱遇戰亂亦不致全部亡佚，而印刷術普及所帶來之諸般效益，亦可由此窺其一端。此舉對於學術命脈之維繫，實功不可沒。

2、帶動圖書之學

由於書籍流通較前代迅速，故有志者莫不盡力搜羅以充實己學，然而刊刻者眾，良莠不齊，舛誤遺漏之處滲雜其中，頗令學者困擾，於是日漸發展出鑑別板本、精審細校之專門學問，亦即板本學與校勘學，二者又與簿錄群書之目錄學互相聯繫，故宋代圖書之流傳，實已促進新興學術之研究。

仁宗時嘗命宋祁等校訂群書於崇文院，刪其誤謬，並補其差漏，後由王堯臣等撰成《崇文總目》；至孝宗時又有陳騤進上《中興館閣書目》，皆為宋代館臣運用板本、校勘、目錄等學董理群書之成就。而私人之研究與成果，除本章第二章所述之外，南宋兵珂於刊行九經三傳之際，所投注之心力亦充分顯出學者善用新方法之研究趨勢。〔註98〕宋人致力於校理書籍，並進而比較諸家板本，

〔註97〕見匡源〈玉函山房佚書序〉，（京都：中文出版社，西元 1979 年 9 月出版），
　　　　頁 1。
〔註98〕見錢泰吉《曝書雜記》卷一，載《書目叢編》，（台北：廣文書局，西元 1967
　　　　年 8 月初版），頁 5。其云：「刊九經三傳，以家塾所藏諸刻，並興國于氏、建

取其精者汰其粗者，是以考異、舉正、刊誤及論述板本優劣之書相繼出現，啓迪後代學者之處實多。

3、促進論學之風

典籍之流佈有利於學術之論辯，從而促使學術朝深層發展。皮錫瑞云：

> 漢人無無師之學，訓詁句讀皆由口授，非若後世之書，可視簡而誦也。書皆竹簡，得之甚難，若不從師，無從寫錄，非若後世之書，購買極易，可兼而載也。〔註99〕

皮氏之論，愈發道盡印刷術普及前後學者治學之不同環境，宋人憑藉物質條件之改善，能據書以探求其理，非若昔日僅能依照師之口授而亦步亦趨，不敢稍有逾越。其次，書院中師弟雖相待以禮，然而實際教學之法卻極自由，重視啓發之教育，加以書院中有固定藏書可供閱讀，故彼此問難，相互申論之情形頗多，〔註100〕並由書院影響太學，逐漸提高學者自身思辨能力，配合當時政治求革新與學術重創造之力量相互激發，遂形成訴諸議論、獨抒創見之風尚，進而促成各種學派之林立，令理學之體系更加完備。大抵典籍聚藏之所，均有部分學者能體現此一時代精神，推源其本，雕印技術提升乃成因之一。

綜上可知，洪興祖所受學術環境之薰陶亦頗明顯，就時代思潮言，洪氏具有疑辨創新之觀念，故發為《春秋本旨》等論述己見之作；就治學方向言，範圍包含經、史、子、集，且方法不拘一端，或為闡發義理如《論語說》，或由考據入手如《韓文辨證》，而其傳世之作《楚辭補注》則兼二者之長，顯示其為學層面之廣；就處世態度言，洪氏不畏權相，唯務濟民，實與出身太學，慕道殷切有關。故知洪氏一生述作，受到當代學術環境之影響者既深且鉅矣。

安余仁仲本，凡二十本，又以越中舊本注疏、建本有音釋注疏、蜀注疏，合二十三本，專屬本經名士反覆參訂，始命良工入梓。其所撰《相臺書塾刊正九經三傳沿革例》，於書本字畫注文音釋句讀脫簡考異，皆羅列條目，詳審精確。」可知岳氏融合板本、校勘等專門之學，故能成此鉅作。

〔註99〕見皮錫瑞《經學歷史》，（台北：河洛出版社，西元1974年9月初版），頁131。

〔註100〕見黃宗羲《宋元學案》卷二七〈和靖學案〉，（台北：世界書局，西元1973年6月三版），頁582。其云：「伊川與和靖論義命，和靖曰：『命為中人以下說，若聖人只有一個義。』伊川曰：『何謂也？』和靖曰：『行一不義，殺一不辜，而得天下者，不為也，悉以命為？』伊川大賞之。」見其師弟之間不拘名分，但求義理，是以講學論道之風不墜。

第三章　洪興祖之生平與著述

　　洪興祖身歷哲宗、徽宗、欽宗、高宗四朝，目睹山河易色，國祚多舛，故其行止頗受時代環境之影響，從而表現出學行兼備、治績顯著之風範。以下試由生平事略及重要著述二方面加以論說，期能明瞭洪氏之行誼。

第一節　生平事略

　　洪興祖為有宋一治績顯著、著作斐然之從政文人，其生平雖見載於《宋史・儒林列傳》，然以該書編纂之際，延宕再三，且於最後倉促定稿，〔註 1〕故時有脫漏之憾，《四庫全書總目提要》即云「及證以他書，則宋史諸傳多不足憑」，〔註 2〕是以欲考興祖事跡，尚須旁及他書，相互參證，以求對之有更詳盡之了解。以下特依家世概況及仕宦歷程等方面，分項探討之：

一、家世概況

　　洪興祖，字慶善，號練塘，〔註 3〕鎮江丹陽人（今江蘇省丹陽縣）。其生年《宋史》未詳言，僅云其卒年「六十有六」，〔註 4〕今據《建炎以來繫年要

〔註 1〕見楊家駱〈宋史述要〉一文，載《新校本宋史並附編三種》，（台北：鼎文書局，西元 1983 年 11 月三版），頁 1、2。

〔註 2〕見《四庫全書總目》卷四六，（台北：商務印書館，西元 1986 年 3 月初版），頁 37。

〔註 3〕參王梓材等《宋元學案補遺》卷一〈洪氏家學〉條，（台北：世界書局，西元 1962 年 6 月初版），葉八〇。其言：「雲濠謹案：胡澹庵為程愚翁尚書墓誌云：公（程瑀）酷嗜《論語》，研精覃思，隨所見疏於冊，練塘洪先生興祖，早以是書從公難疑辨惑者二十年，晚得公所說，即為序冠其首。是尚書為先生講友，練塘其號也。」

〔註 4〕見《宋史》卷四三三〈儒林列傳・洪興祖〉，（台北：新文豐出版公司，西元

錄》所載，知其卒於紹興二十五年（西元 1155 年）八月，〔註5〕則其生年當
為哲宗元祐五年（西元 1090 年）左右。里籍丹陽，屬鎮江府，為浙西路所統
轄。丹陽古稱雲陽，秦時改名曲阿，吳時復名雲陽，晉時又改為曲阿，至唐
天寶年間更名為丹陽，屬潤州縣邑，宋徽宗政和三年則升潤州為鎮江府，治
丹徒、丹陽、金壇三縣；〔註6〕其地東西五十三里，南北六十五里，〔註7〕與
丹徒、金壇二縣並稱「揚州之都會，京口之重鎮，六代之風流人物綜萃於斯，
三吳之山川林泉肇發於此，高深自改，氣象常存」，〔註8〕乃為隋唐以來東南
之要地。尤有進者，宋仁宗寶元年間范仲淹嘗守潤州，期間興學立校，勤於
教養，「請賜以閒田，具經史傳疏諸子書，聘江南處士李泰伯，使講說以教養
其州之子弟」，〔註9〕是以士民相勉於善，風俗趨厚，孕育不少人才。

　　《至順鎮江志》一書，著重考獻，並備錄故事，其中正有可補宋元史志
之遺者，其載此地人才之盛云：

> 上下千數百年，名公鉅卿，鴻儒碩彥，項背相望；或以節義勵俗，或
> 以政事裕民，或以武略定亂，或以文學垂範，至於高蹈物表，遠引方
> 外，亦皆清儁卓絕之士，是其遺風逸塵，霑被無極，故雖閭閻細民，
> 亦或有以孝行自見。〔註10〕

觀其卷十八〈人材〉所列科舉、仕進、節義、孝友等項，足見其地靈而人傑，
就中興祖一門即佔有數位，傳為鄉里中之美談。興祖之先本為弘姓，避南唐
諱而改今姓，〔註11〕祖父名固，未曾入仕，但以賢德能文，且教子有方，蒙
朝廷恩賜，贈為通奉大夫、右金紫光祿大夫等銜，程俱譽其「種德在躬，委
慶厥嗣，歷踐高顯，甚賢而文」，〔註12〕洵為一高潔之士。祖母鄧氏，「恭而

1975 年 4 月出版），頁 5197。

〔註 5〕參李心傳《建炎以來繫年要錄》卷一六九〈紹興二十五年八月癸巳〉條，（台
　　　　北：文海出版社，西元 1968 年 1 月初版），5403。

〔註 6〕參《至順鎮江志》卷首，載《宋元地方志叢書》，（台北：大化書局，西元 1987
　　　　年 10 月再版），頁 3109 至 3112。

〔註 7〕參《嘉定鎮江志》卷一〈地理〉，載《宋元地方志叢書》，頁 2831。

〔註 8〕見徐鉉《騎省集》卷二八〈潤州甘露寺新建舍利塔記〉，載《四庫全書》集部
　　　　二四、別集類，（台北：商務印書館，西元 1986 年 3 月初版），頁 218。

〔註 9〕見同註 6，卷三〈風俗〉，頁 3139。

〔註 10〕見同註 6，卷一八〈人材〉敘，頁 3346。

〔註 11〕參《宋史》卷三八一〈洪擬傳〉，頁 4657。

〔註 12〕見程俱《北山集》卷二三〈給事中洪擬明堂大禮封贈父贈通議大夫固贈通奉
　　　　大夫〉，載《文淵閣四庫全書》集部六九、別集類，（台北：商務印書館，西

立德，儉以飭躬，慈惠宜其家人，柔嘉克配君子」，〔註13〕後以慈祥淑慎，齊家睦族，獲贈為永寧郡夫人。興祖之父母行止，史傳未載，無由得知，然尚可依其叔父居官為人之出處大旨，稍窺一二。其叔洪擬，字成季，登紹聖元年進士甲科，先後歷國子博士、鄆州通判、監察御史、殿中侍御史、龍圖閣待制知溫州，徽猷閣直學士提舉江州太平觀，而終於知溫州提舉亳州明道宮一職，〔註14〕升降之頻繁，多與宰執有關。擬為官清謹，不以私紊公，方其任殿中侍御史，「時王黼蔡京更用事，京且復相，以擬不為黼所用，意且附己，使人微撼之，擬笑曰：『唯之與阿，何以相遠？吾知中立而已！』」，〔註15〕以故得罪權臣，出知海州，然心未稍動，可見其志。南渡後形勢猶險，高宗求弭盜之術，擬乃獻言為政之道云：

> 兵興累年，饋餉悉出於民，無屋而責屋稅，無丁而責丁稅，不時之須，無名之斂，殆無虛日，民所以去而為盜。今閩中之盜不可急，急則變益大，宜講所以消之；江表之盜不可緩，緩則勢益張，宜求所以滅之。〔註16〕

具見其深諳民瘼，故乃建議以緩急之法平治盜亂，其謀國之誠，由此可知。惜因群姦當道，終以直言之故而得禍，《宋史》本傳謂：「始擬兄子駕部郎官興祖與擬上封事，侵在位者，故父子俱罷。」〔註17〕叔姪同朝為官，皆因敢言而被黜，知其氣節之高，實乃誠樸家風所致。此外，擬亦頗具文釆，《宋詩紀事補遺》嘗選錄其作數首，於平淡中富有自然之趣，詩前序云：

> 伏睹三兄文會之樂，皆見於詩，不肖屏居山間，頗以不獲陪末坐為歉，輒寄高韻，聊以自敘云爾。〔註18〕

由此可知興祖之父亦好風雅，兄弟之間時有文會相酬之舉，興祖耳濡目染，發為日後之著書立說，其創作之源泉，可謂其來有自。

元 1986 年 3 月初版），頁 234。

〔註13〕見張擴《東窗集》卷七〈母鄧氏贈永寧郡夫人制〉，載《文淵閣四庫全書》集部六八、別集類，頁 61。

〔註14〕參同註 11。

〔註15〕見《京口耆舊傳》卷四〈洪擬傳〉，載《文淵閣四庫全書》史部二〇九、傳記類，頁 161。

〔註16〕見同註 15。

〔註17〕見同註 11。

〔註18〕見陸心源《宋詩紀事補遺》卷三〇〈洪擬〉條，（台北：鼎文書局，西元 1971年 9 月初版），頁 1334。

　　至於興祖之同輩中，立志向學且揚名科舉者有數位，如洪擬次子懷祖「爲通直郎，賜緋魚袋」，〔註19〕兄則升朝籍，弟亦補京秩；又興祖另一從兄洪造，擢政和戊戌上舍第，造之弟洪邁登崇寧二年進士第，幼弟洪逵中政和五年進士第，〔註20〕誠屬書香世家。就中洪造最具高義，《至順鎮江志》錄其抗賊事跡云：

> 　　（造）授歙州黟縣尉，方臘起睦州，連陷郡縣，造據原嶺拒賊。……
> 蘄門尉王秀淵據安坑嶺敗走，造獨引所部與賊相持，會假守不察，
> 以安坑失守爲造罪，遂繫之而遣他將拒戰，旋敗，賊入城，首出造
> 於獄，擊殺之，曰：「是復能拒戰否？」聞者泣下。〔註21〕

洪造力退賊寇而蒙冤被殺，爲識者所不忍，幸賴其弟訴於朝廷，卒追贈爲通直郎，其忘身殉國之英勇志節，令人感佩。觀興祖一門，長者有德而少者有爲，詩書傳家且忠義爲懷，堪稱丹陽之清流，社稷之良臣。

二、仕宦歷程

　　興祖之仕途始自徽宗宣和以後（西元 1119 年），若以高宗紹興三年八月爲斷，大致可分爲升降二期，而後者尤爲重要。

　　《宋史》本傳云：

> 　　（興祖）登政和上舍第，爲湖州士曹，改宣教郎。〔註22〕

此節敘述過於疏略，《京口耆舊傳》則云：

> 　　政和八年擢進士第，賜上舍出身，主陳州商水簿試，中教官，除汾州
> 教授，改越州，未赴。攝太學博士丐便親除湖州司士曹，用薦者改秩，
> 就除州學教授，俄拜太常博士。〔註23〕

二者均謂興祖於政和間登第，然內容稍異。按《歷代統紀表》載徽宗政和共歷七年，第八年即書重和元年（西元 1118 年），歲次戊戌；〔註24〕且《宋史·

〔註19〕見樓鑰《攻媿集》卷一〇〇〈盛夫人墓誌銘〉，載《文淵閣四庫全書》集部九二、別集類，頁 541。

〔註20〕參同註 6，卷一八〈人材〉，頁 3349、3350：又卷一九〈人材〉，頁 3365。

〔註21〕見同註 15，卷四〈洪造傳〉，頁 163。

〔註22〕見同註 4。

〔註23〕見同註 15，卷四〈洪興祖傳〉，頁 162。

〔註24〕參段長基《歷代統紀表》卷一一，（台北：中華書局，西元 1966 年臺一版），葉九四。

徽宗本紀》言「重和元年春正月甲申朔，受定命寶于大慶殿。……己丑，赦天下」，〔註25〕則改元當即此時，故不應有「政和八年」之謂。又興祖所第者究屬何者？按《宋史・選舉志》謂神宗熙寧四年（西元1071年）行太學三舍法，月考其課，上舍生之優者得奏而除官；至徽宗崇寧三年（西元1104年）更詔取士悉由學校升貢，州郡發解及禮部考試均止，於是歲試改行諸上舍，科舉乃暫罷。〔註26〕而興祖入太學後，當經外舍、內舍、上舍之階段，並於政和年間（或即重和元年）春試之際，與辟雍貢士混合通考，成爲「中選入上等者，升差遣兩等，賜上舍出身」〔註27〕之新科進士。其後出任湖州士曹，主到罷批書及婚田鬥訟諸事；〔註28〕繼之，任該州州學教授，依胡瑗所立之教學法，作育子弟，「以經術行義訓導諸生，掌其課試之事而糾正不如規者」。〔註29〕復以治州學有功，遷爲宣教郎，屬文散官之職。〔註30〕不久，拜爲太常博士，〔註31〕掌「講定五禮儀式，有改革則據經審議，凡於法應謚者，考

〔註25〕 參同註4，卷二一〈徽宗本紀三〉，頁178。
〔註26〕 參同註4，卷一五七〈選舉三〉，頁1709至1711。
〔註27〕 見同註4，卷一五七〈選舉三〉，頁1712。又陳騤《南宋館閣錄》卷七〈官聯〉言興祖任著作佐郎，乃「嘉王榜上舍出身」，載《文淵閣四庫全書》史部一二、職官類，頁451。
〔註28〕 參同註4，卷一六六〈職官六〉頁1847。
〔註29〕 見同註4，卷一六七〈職官七〉，頁1863。
〔註30〕 參馬端臨《文獻通考》卷六四〈職官一八〉。
〔註31〕 關於洪興祖於北宋末年所任官職，《宋史》未明言，而謂其於南渡後先任秘書省正字，再改太常博士；又李大明〈洪興祖生平事跡及著述考〉一文（載《四川師範大學學報》西元1989年第2期，頁47至52），則引陳振孫《直齋書錄解題》所謂「《續史館故事》一卷，著作佐郎曲阿洪興祖慶善撰」，以及《韓子年譜序》中興祖自云「宣和乙巳夏四月四日」書成之言，推測興祖於宣和七年仍爲著作佐郎。按《韓子年譜序》之年月，僅足説明成書時間，並未能直接證明當時身任著作佐郎，因考訂年譜並非供職秘書省者方得完成。又據《京口耆舊傳》卷四所言，興祖任太常博士，後丁父憂而去職，事在任秘書省正字之前，此與《宋史》互異：考《南宋館閣錄》卷七卷八載有興祖任秘書省正字、著作佐郎、駕部員外郎之時間，分別爲紹興二年十二月、三年正月、三年五月，此項記錄符合《京口耆舊傳》所云之「半歲三遷」，倘依《宋史》，則興祖於紹興二年任秘書省正字，後又改太常博士，此時不幸而丁憂，如何能不守父喪且續任著作佐郎、駕部員外郎？是以其任太常博士當在爲秘書省正字之前，亦即在經高宗召試之前，至其何以須蒙軍頭司之引見，可能其時興祖守喪去職，而朝廷正值用人，故有此機會。由此觀之，興祖於宣和年間入仕，歷湖州士曹、宣教郎等職，至北宋末年，應即如《京口耆舊傳》所云「俄拜太常博士，丁父憂」，時值南北宋交替之際；至建炎年間，先經軍頭司引見而面聖，並待紹興元年秘書省重置之後，由高宗召試於學士院，親

其行狀撰定諡文,有祠事則監視儀物」諸事,〔註 32〕因關心時局,故上疏乞
「收人心,納謀策,安民情,壯國威」,〔註33〕後丁父憂,遂解吏職,此時當
值南渡前後。

《宋史》本傳續云:

> 高宗時在揚州,庶事草創,選人改秩,軍頭司引見曰興祖。始召試
> 授秘書省正字。〔註34〕

據《建炎以來繫年要錄》所載,建炎元年冬至建炎三年春(西元 1127 年至西
元 1129 年),高宗駐蹕揚州,〔註35〕時用人方殷,故興祖得被引見。《宋史‧
職官志》云:

> 渡江後,制作未遑,紹興元年始詔置秘書省,權以秘監或少監一員,
> 丞、著作郎、佐各一員,校書、正字各二員爲額,續又參酌舊制。校
> 書郎、正字召試學士院而後命之。〔註36〕

知興祖乃於紹興元年(西元 1131 年)之後經高宗召試於學士院,以其讜直擢
爲第一,〔註 37〕遂出任秘書省正字一職,負責探求闕文、補綴漏逸之事。旋
遷著作佐郎,掌日歷所,「以宰執時政記、左右史起居注所書會集修撰,爲一
代之典」。〔註38〕未幾,又遷尙書省駕部員外郎,掌輿輦、車馬、驛置、廄牧
之事。〔註39〕據《南宋館閣錄》所言,興祖任此三職乃在紹興二年十二月、
三年正月及三年五月,〔註 40〕半歲之中連續三遷,旁人均以爲榮,興祖獨思
何以報國,絲毫不因名利而縈懷,其丹心赤忱,概可想見。

《宋史》本傳又云:

> 紹興四年,蘇湖地震,興祖時爲駕部郎官,應詔上疏,具言朝廷紀

署第一,紹興二年十二月始任秘書省正字一職。

〔註32〕見同註4,卷一六四〈職官四〉,頁 1819。

〔註33〕見同註4。

〔註34〕見同註4。

〔註35〕參同註5,卷十〈建炎元年十月癸未〉條,頁 486;又卷十九〈建炎三年春正
月庚辰〉條,頁 761。

〔註36〕見同註4,卷一六四〈職官四〉,頁 1815。

〔註37〕參王德毅《宋人傳記資料索引》,〈洪興祖〉條,(台北:鼎文書局,西元 1984
年 4 月增訂二版),頁 1520,其言:「紹興中與孔端明、張炳、周林四人俱召
試,帝覽策曰:『興祖讜直當第一!』」。

〔註38〕見同註36。

〔註39〕參同註4,卷一六三〈職官三〉,頁 1806。

〔註40〕參陳騤《南宋館閣錄》卷七〈官聯上〉,頁 451;又卷八〈官聯下〉頁 456。

綱之失，爲時宰所惡，主管太平觀。〔註41〕

蘇湖地震，據《高宗本紀》當在紹興三年八月，〔註42〕加以泉州水溢及四川霖雨等天災，高宗乃下詔求直言，以息此禍，興祖與其叔擬遂同上封事，慷慨陳述時政之弊，欲起沈疴而振國勢，熟料觸怒宰臣，叔姪俱貶爲提舉江州太平觀之閑職，〔註43〕興祖且被誣以「席益所私」之罪，〔註44〕幸經查明而改任他職，此誠爲興祖仕途陷入逆境之開端，然其志終不稍改。

《宋史》本傳又云：

> 起知廣德軍，視水原爲陂塘六百餘所，民無旱憂。一新學舍，因定從祀，自十哲曾子而下七十有一人，又列先儒左丘明而下二十有六人。擢提點江東刑獄。〔註45〕

興祖知廣德軍（當今安徽省廣德縣），當在紹興五年以後，〔註46〕時旱潦頻仍，興祖見所隸二邑，「田多高印，常以旱告，……即相原隰，量遠近，興陂塘六百三十有四，歲以屢豐」，〔註47〕頗能體恤民命，去其疾苦。又於興學立校一事，加意促成，期能爲國舉才，汪藻《浮溪集·范文正公祠堂記》云：

> 公卒二十年，而高郵孫覺莘老爲廣德軍，始以詩志公之事而刻之亭中。又六十九年丹陽洪興祖慶善來守，讀莘老之詩而慕之。……慶善乃求公之遺像，繪而置之學宮，使學者世祀之。……慶善爲政而首及公，可謂知所本矣。柔亦不茹，剛亦不吐，文正公有焉；好賢如〈緇衣〉，慶善有焉。〔註48〕

〔註41〕見同註4。
〔註42〕參同註4，卷二七〈高宗本紀四〉，頁233。又李大明先生〈洪興祖生平事跡及著述考〉亦引《宋史·五行志》及《建炎以來繫年要錄》所載，辨之甚詳，知乃《宋史》本傳致誤。
〔註43〕參同註4，卷一七○〈職官十〉，頁1907。其言：「宋制，設祠祿之官以佚老優賢。……（熙寧以後）時朝廷方經理時政，患疲老不任事者廢職，欲悉罷之，乃使任宮觀以食其祿，王安石亦欲以此處異議者。」
〔註44〕參《宋會要輯稿》職官部七○之一三〈黜降七〉，（台北：世界書局，西元1964年6月初版），頁3951。其言：「紹興四年二月十一日：駕部員外郎洪興祖，比部員外郎范振，樞密院編修官許世厚並放罷。以臣僚言皆席益所私厚故也。」
〔註45〕見同註4。
〔註46〕參同註31所引李大明先生一文，頁47。其言：「〈地理志〉及〈五行志〉謂紹興五年六月江東、湖南遇旱，廣德軍即屬江南東路，禍本不免，賴興祖廣治水塘而安然度過，故《宋史》本傳特書之。」其說可從。
〔註47〕見同註15，卷四〈洪興祖傳〉，頁162。
〔註48〕見汪藻〈范文正公祠堂記〉，《浮溪集》卷一八，載《文淵閣四庫全書》集部

此文成於紹興九年六月，於興祖之為政首重教育，特予稱許。又葛勝仲《丹陽集·軍學記》云：

> 歲在戊午，丹陽洪侯自臺郎出守，始用幣先聖，視荊棘瓦礫之墟，愀然弗怡，慷慨自念：古之學凡蒞禮、閱樂、習射、考藝、養老、受成、獻馘、告馘無不即焉，政治不可以一日弛，則學宜亦如之，豈當計時之險夷而為緩急崇替哉？故〈魯頌〉修泮宮，而〈鄭刺〉廢學校，吾豈可諱勞愛費以毀墉傾屋，累後人邪？……凡樽爵豆登籩洗之屬，傳經考古更製而簿正者，無慮數百器，斥閒田之在官者為永業，以食來學者，聚古今墳籍且萬卷，以迪多聞之益。〔註49〕

由上可知興祖奮然建學，不事因循之為政態度，而其勉力教民，不圖權勢之作為，又源於其能持誠守志。是以興祖知廣德軍期間，舉凡季課月試，均親自考論學子，明其升降，以求日進有功，以致旁郡學子多有慕名而就學者。〔註50〕上引葛文成於紹興十年三月，其後興祖因政聲卓著，稍遷為提點江東刑獄，「掌察所部之獄訟，而平其曲直，所至審問囚徒，詳覆案牘，凡禁繫淹延而不決，盜竊逋竄不獲，皆劾以聞」。〔註51〕後又改知饒州，會母憂而不赴。

《宋史》本傳又云：

> 知眞州，州當兵衝，瘡痍未瘳。興祖始至，請復一年租，從之。明年再請，又從之。自是流民復業，墾闢荒田至七萬餘畝。〔註52〕

眞州當今之江蘇省儀徵縣，自來為兵家要地，宋南渡後屢受戰禍，民多轉徙，興祖鑒於民生已苦，欲重加安撫，故先上疏請除田租，並招民勸耕，以漸裕庫食，嘗親作勸農之詩〈拂雲亭〉云：

> 黃雲收盡綠針齊，江北江南水拍堤，野老扶攜相告語，兒童今始識鋤犁。〔註53〕

六七、別集類，頁 159。

〔註49〕見葛勝仲《丹陽集》卷八〈軍學記〉，載《文淵閣四庫全書》集部六六、別集類，頁 486。

〔註50〕參同註49。

〔註51〕見同註4，卷一六七〈職官七〉，頁 1858。

〔註52〕見同註4。

〔註53〕見《儀眞縣志》卷一〇，載《稀見中國地方志匯刊》冊一三，（北京：中國書店，西元 1992 年 12 月第一版），頁 841。又《宋詩紀事補遺》卷三八亦載此詩。

此外，復刊行陳旉所撰之《農書》三卷，以廣爲流傳，使民皆致力於耕稼，
其爲該書所作之序云：

> （西山陳居士）紹興己巳自西山來，訪予於儀眞，時年七十四，出
> 所著《農書》三卷，曰：「此吾閑中事業，不足拈出，然使沮溺、耦
> 耕之徒見之，必有忻然相契處。……」僕喜其言，取其書讀之三復，
> 曰：「如居士者，可謂士矣！」因以儀眞勸農文附其後，俾屬邑刻而
> 傳之。〔註54〕

則興祖不僅喜其書，且敬其爲人，故爲之鏤梓，時爲紹興十九年（西元 1149
年）。而前此之教民戮力農桑，亦有顯著之成果，《宋史・五行志》謂紹興十
八年「浙東西旱，紹興府大旱」，〔註55〕卒賴眞州之糧，使浙右饑民得以相攜
就食。〔註56〕計興祖之知眞州，於振興農業上貢獻實大。

《宋史》本傳又云：

> 徙知饒州，先夢持六刀，覺曰：「三刀爲益，今倍之，其饒乎？」已
> 而果然。是時秦檜當國，諫官多檜門下，爭彈劾以媚檜，興祖坐嘗
> 作故龍圖閣學士程瑀《論語解》序，語涉怨望，編管昭州，卒年六
> 十有六。〔註57〕

興祖改任此職，當在紹興二十年（西元 1150 年）之後，其始至饒州（當今之
江西省鄱陽縣），即剗除惡習，還民公道，《京口耆舊傳》云：

> 舊例民有婚葬，官抑使市酒吏緣爲姦小，不慊，有破家者；民不堪，
> 則寧因循不舉。興祖知之，下車即弛其禁，於是同日婚葬者至數百
> 家。〔註58〕

可知興祖每至一地，必先謀治民生之急務，故能爲百姓所感戴。然而興祖雖
素有治績，當政者囿於利欲，卻屢次打擊此輩忠直之士，甚而佈建爪牙伺機
攻訐，致興祖終不免於橫禍。此事肇端於程瑀所注《論語》一書，瑀性直鯁，
勇於任事，被胡安國等譽爲「忠信可以備獻納，正直可以司風憲」，〔註59〕嘗
以《論語解》示興祖，時興祖尚知眞州，因此書發明聖人之意且有補時政，

〔註54〕見陳旉《農書》後序，載《文淵閣四庫全書》子部三六、農家類，頁192。
〔註55〕見同註4，卷六六〈五行志四〉，頁691。
〔註56〕參同註47。
〔註57〕見同註4。
〔註58〕參同註47。
〔註59〕見同註4，卷三八一〈程瑀傳〉，頁4654。

故樂於爲序。〔註60〕至紹興二十四年（西元 1154 年），秦檜與其黨右正言王
珉見京西運判魏安行所鏤之板，檜於是大怒，深疑瑀及興祖二人託經以議己，
遂興文字之獄，《建炎以來繫年要錄》載王珉十一月十三日所上之疏云：

> 故龍圖閣學士程瑀，……輒取先聖問答之書，肆爲臆說，至引王質
> 斷獄以釋弋不射宿，全失解經之體，於周公謂魯公之語而流涕，不
> 無怨望之意。……其子弟又私結父之黨與，其竊世之譽如洪興祖者，
> 則爲文以冠其首，魏安行者則鏤板以廣其傳，朋比之惡，蓋極於此。
> 〔註61〕

欲以無中生有之詞，遂行彼等私願。復因檜與興祖向不合，又命王珉進讒云：

> 興祖天姿陰險，趨向不正，如程瑀妄人之雄者，興祖傾心附之，……
> 將瑀書爲之序引，謬加稱賞，以欺後世，如所謂「感發於孔子之一
> 射，流涕於周公之四言」，此何語也哉！……興祖今知饒州，人皆怨
> 嗟，日望其去，乃敢共懷異議，肆爲不靖，如不痛懲，恐爲亂階。
> 伏望聖斷，將興祖、安行編置遠方，以禦魑魅。〔註62〕

據李心傳於《要錄》此卷中之自注，知興祖驟聞此謗，嘗自乞奉祠台州崇道
觀（當今之浙江省臨海縣），而饒州父老且「欲其留，列治狀以叩外臺者，日
數千人，外臺以聞，詔令復任；未幾，昭州之命下」，〔註63〕可見檜黨深忌興
祖，故甘犯民意，以求徹底清除異己，卒於十二月八日促成「左朝散郎魏安
行送欽州編管；左朝散大夫主管台州崇道觀洪興祖送昭州編管」，〔註64〕於是
朝中賢良愈空。二十五年（西元 1155 年）八月，興祖至昭州（當今廣西省平
樂縣）半年而卒，享年六十六歲。

《宋史》本傳又云：

> 明年，詔復其官直敷文閣。〔註65〕

〔註60〕興祖此序原文已不可知，熊克《中興小紀》卷三六據〈興祖墓誌〉云：「摘取
　　　　瑀發明聖人忠厚之言，所謂『不使大臣怨乎不以』者，表而稱之。」（頁 930）
　　　　又《宋元學案補遺》卷一〈練塘講友〉條亦稍有提及，其云：「洪練塘序《論
　　　　語說》曰：『養孝弟之本原，明忠孝之不二；感發於孔子之一射，流涕於周公
　　　　之四言。』」（葉八一）
〔註61〕見同註5，卷一六七〈紹興二十四年十二月丙戌〉條，頁 5352。
〔註62〕見同註61，頁 5354。
〔註63〕見同註47。
〔註64〕見同註61。
〔註65〕見同註4。

興祖等含冤莫白，俟秦檜死後，〔註66〕其子洪葳方得上告。《宋會要輯稿》，
先後載錄云：「（紹興）二十五年十月十六日，詔左朝散大夫洪興祖昨錄罪犯
編管昭州卒，許歸葬。從其子葳請也。」〔註67〕又云：「（紹興）二十七年五
月二日，故左朝散大夫洪興祖男葳，以父興祖先嘗編纂徽宗皇帝御集七十二
卷上之，已降付史館，未蒙推恩，詔興祖特贈直敷文閣。」〔註68〕可知興祖
此次遭陷，當引起不少注意，迨檜勢稍止，議論紛出，〔註69〕故高宗乃從眾
議而追贈上職。〔註70〕

　　今觀興祖之入仕，於民而言，則是勤政慈愛，教養備至；於君而言，則是
忠貞謀國，擘畫不懈。若能蒙上拔擢，未始不能與其餘有志之士共圖恢復之舉，
惜因貪君佞臣在位，以故壯志不遂；然猶鼓其至誠，盡心於民，致令土饒物豐，
百姓感戴。其奮力進取，雖斥不退之節，較諸京檜等人，何啻天壤！

第二節　重要著述

　　洪興祖一生著作頗豐，經、史、子、集各方面均有涉獵，尤以《楚辭補
注》最享盛名。《宋史》本傳稱：「興祖好古博學，自少至老未嘗一日去書。」
〔註71〕《京口耆舊傳》亦云：「興祖經學明甚，……其說《論語》、注《楚辭》，
近世侍講朱熹多采用之。」〔註72〕朱子博學多聞，為宋代大儒，治學周密嚴
謹，至講定《楚辭》等二書，猶且參酌洪說，可見興祖學養之深厚。

　　王梓材《宋元學案補遺》卷一收錄興祖事誼，列名「洪氏家學」，並引其
為程瑀所作《論語解》序云：「養孝弟之本原，明忠孝之不二，感發於孔子之

〔註66〕見同註4，卷四七三〈姦臣三・秦檜傳〉，頁5620謂檜卒於紹興二十五年十月。

〔註67〕見同44，選舉部三二之二三〈憫恤舊族〉，頁4754。

〔註68〕見同註44，崇儒部五之三五〈從官贈職〉，頁2264。又《建炎以來繫年要錄》
卷一七一則云：「（紹興二十六年正月）甲子，故左朝散大夫昭州編管洪興祖
特贈直敷文閣。」頁5493。

〔註69〕參同註47，頁163。其言：「興祖經學明甚，議者謂早以此名譽，晚以此賈奇
禍。」

〔註70〕參同註4，卷一六二〈職官二〉，頁1789。其言：「敷文閣學士　直學士　待
制　紹興十年置，藏徽宗聖制，置學士等官。」興祖嘗與修《徽宗皇帝御集》，
故卒贈此職。

〔註71〕見脫脫《宋史》卷四三三〈儒林列傳・洪興祖〉，（台北：新文豐出版公司，
西元1975年4月初版），頁5197。

〔註72〕見《京口耆舊傳》卷四〈洪興祖傳〉，載《文淵閣四庫全書》史部二○九、傳
記類，頁163。

一射，流涕於周公之四言。」〔註73〕實則此種篤志守誠之風範，亦爲興祖所嚮往。其自少即習《禮》，以入於經典之門，復由〈中庸〉得悟性命之理，而與時代學風相涵泳，是以蘊含出兼蓄古今、考述並重之著作特色；而其心之所趨，更在藉學以勵行，由行以養學，必至學行合一，方爲人生之極致。前節所引〈軍學記〉載興祖立學一事，有謂「凡樽爵豆登籩洗之屬，傳經考古更製者，無慮數百器」，〔註74〕知興祖熟於《禮》，且能利用新興之考古學重製古器，以之用於教學，自有事半功倍之便，此亦體現其學以致用之精神。故葛勝仲於文末稱許之云：「（興祖）於書無不窺，尤邃於《春秋》、二《禮》，皆著爲義說，推其素學而施有政宜，不紊於次第也。」（同上）唯其能推所學而及於政，是以治無空泛之弊，民有殷實之樂。周麟之奉高宗命所作之制文嘗云：

> 爾閎辯洽聞，淹貫今古，頃在庠序，業精於勤；凡先朝之睿文，無不
> 手自纂綴，汔以奏篇之備，遂新廣內之儲。〔註75〕

頗能說明興祖淵博之才，無怪四庫館臣亦以「文學」冠於其上，使與沈括同列。〔註76〕

　　興祖之各種著作，於今散佚泰半，欲知其全貌而不可得，以下依宋代書目等之載錄，分項列舉之，期能進一步了解其爲學內容：

一、經部著述

（一）《繫辭要旨》

　　《宋史》本傳錄之，未言卷數；同書〈藝文一・經類〉中「《易樞十卷》」下錄有「《繫辭要旨》一卷」，雖曰不知作者，與本傳參證，當即興祖之作。〔註77〕今已亡佚。

〔註73〕見王梓材等《宋元學案補遺》卷一〈練塘講友〉，（台北：世界書局，西元1962 6月初版），葉八一。

〔註74〕見葛勝仲《丹陽集》卷八〈軍學記〉，載《文淵閣四庫全書》集部六六、別集類，頁486。

〔註75〕見周麟之《海陵集》卷二十〈洪興祖特贈直敷文閣〉，載《文淵閣四庫全書》集部八一、別集類，頁159。

〔註76〕參同註72，《京口耆舊傳》卷前提要，頁119。

〔註77〕參李大明先生〈洪興祖生平事跡及著述考〉一文，載《四川師範大學學報》1989年第2期，頁50。其亦以《宋史・藝文志》所云「不知作者」乃與本傳自相矛盾。

（二）《周易通義》

　　《宋史》本傳錄之，未言卷數。《京口耆舊傳》卷四亦著錄，云「《周易義》二十卷」，當同爲一書。今已亡佚。

（三）《易古經考異釋疑》

　　《宋史・藝文一・經類》錄之，云「洪興祖《易古經考異釋疑》一卷。」王應麟《玉海》卷三六亦著錄，其云：

> 洪興祖謂漢以來諸儒之所傳，各有師承；唐陸德明著《音義》，兼存別本。諸儒各以所見去取，今以一行所纂古子夏《傳》爲正，而以諸書附著其下，爲《易古經考異釋疑》一卷。〔註78〕

知此書乃興祖以子夏《易傳》爲主，旁校以諸儒所傳之本，並將文字異同注於其下，且加釋語，殆屬考訂之作。今已亡佚。

（四）《古今易總志》

　　《京口耆舊傳》卷四錄之，云「《古今易總志》三卷」。今已亡佚。

（五）《春秋本旨》

　　《宋史・藝文一・經類》錄之，云「《春秋本旨》五卷」，下曰不知作者。《京口耆舊傳》卷四錄之，云「《春秋本旨》二十卷」。《玉海》卷四〇亦著錄，云「洪興祖《春秋本旨》二十卷」。《直齋書錄解題》卷三則錄云：

> 《春秋本旨》二十卷，知饒州丹陽洪興祖慶善撰。其序言三代各立一王之法，其末皆有弊；《春秋》，經世之大法，通萬世而無弊。又言《春秋》本無例，學者因行事之跡以爲例，猶天本無度，歷者即周天之數以爲度。又言屬辭比事，《春秋》教也，學者獨求于義，則其失迂而鑿；獨求于例，則其失拘而淺。若此類多先儒所未發，其解經義精而通矣。〔註79〕

自來學者著重探究《春秋》之義例，以爲非是則不足以明聖人著作之旨，而興祖於義例之外，復謂「屬辭比事」之學亦不可輕廢，當與義例之鑽研同時並進，方能免去一偏之病。則其治經之態度，可謂周密而不疏，故能創發新見。此書今已亡佚。

〔註78〕見王應麟《玉海》卷三六〈藝文・易類〉下〈右易五家〉條，（台北：華文出版社，西元 1964 年 1 月初版），頁 725。

〔註79〕見陳振孫《直齋書錄解題》卷三〈春秋類〉，（台北：廣文書局，西元 1968 年 3 月初版），頁 155、156。

（六）《左氏通解》

《京口耆舊傳》卷四錄之，云「《左氏通解》十卷」，今已亡佚。

（七）《口義發題》

《宋史・藝文一・經類》錄之，云「洪興祖《口義發題》一卷」，爲發揮《尚書》大旨之作，今已亡佚。

（八）《論語說》

《宋史・藝文一・經類》錄之，云「洪興祖《論語說》十卷」。《玉海》卷四一亦著錄，下注云「此書始於『不慍』，終於『知命蓋君子儒』」，〔註80〕知興祖論述〈學而〉至〈雍也〉諸篇要義，且其中多有創獲，《宋元學案補遺》卷一云：

> 胡澹庵爲程愚翁尚書墓誌云：「公（程瑀）酷嗜《論語》，研精覃思，
> 隨所見疏於冊；練塘洪先生興祖，早以是書從公難疑辨惑者二十年，
> 晚得公所說，即爲序冠其首。〔註81〕

此處所記雖指程瑀，而興祖於是書之往復論辨，亦可看出，故得因義理精湛而爲朱熹所採據。此書今已亡佚。

（九）《古文孝經序贊》

《宋史》本傳錄之，未言卷數。《京口耆舊傳》亦著錄，云「《孝經序讚》一卷」。今已亡佚。

二、史部著述

（一）《續史館故事》

尤袤《遂初堂書目》職官類錄之，未言撰人及卷數；《直齋書錄解題》卷六亦著錄，其云「《續史館故事》一卷」，下解曰：

> 著作佐郎曲阿洪興祖慶善撰，記國朝史館事跡，以續舊編。〔註82〕

興祖任職於秘書省，得與典籍、國史等重要圖書，故董理史館編修實錄與史傳之重要始末，以成是書。蓋前人亦有類此之作，如《直齋書錄解題》同卷所錄之「《史館故事錄》三卷」，其內容「凡爲六門，曰敘事、史例、編修、

〔註80〕見同註78，卷四一〈藝文・論語類〉下〈論語說〉條，頁810。
〔註81〕見同註73，卷一〈洪氏家學〉條，葉八〇。
〔註82〕見同註79，卷六〈職官類〉，頁408。

直筆、曲筆，而終之以雜錄」，〔註83〕興祖當於此有所去取，而專述本朝事跡，故陳振孫謂「以續舊編」，今已亡佚。

（二）《闕里譜裔》

《京口耆舊傳》卷四錄之，云「編次《闕里譜裔》一卷」。晁公武《郡齋讀書志》卷九嘗著錄「《闕里世系》一卷」，其中有及於興祖此書者，其言云：

> 右皇朝孔宗翰重修孔子家譜也，唐《藝文志》有《孔子系葉傳》，今亡；其家所藏譜雖曰古本，止敘承襲者一人，故多疏略。宗翰元豐末知洪州，刊於牘。紹興中端朝者續之，止於四十九代；洪興祖又以《史記》并孔光、孔僖傳及太子賢《注》，與唐宰相《世系》諸家校正，且作年譜列於卷首。〔註84〕

知興祖蒐集別本孔子家譜之相關資料，以與孔宗翰本相互參校，並補其不足，此即《京口耆舊傳》所錄之《闕里譜裔》一卷。今已亡佚。

三、子部著述

（一）《聖賢眼目》

《宋史・藝文四・子類》錄之，云「洪興祖《聖賢眼目》一卷」。《直齋書錄解題》亦著錄，云「《聖賢眼目》一卷」，並曰：

> 曲阿洪興祖慶善撰，摘取經子數十條，以己見發明之。

〔註85〕

興祖受時代學風之影響，故有此議論之作，今已亡佚。

（二）《語林》

《宋史・藝文四・子類》錄之，云「洪興祖《語林》五卷」。而《郡齋讀書志》卷十三錄有「《唐語林》十卷」，云「效世說體，分門記唐世名言」；〔註86〕又見載於《直齋書錄解題》卷十一，乃「以唐小說五十家做《世說》分門三十五，又益十七為五十二門」。〔註87〕興祖此書是否與《唐語林》同屬小說類之著

〔註83〕同上，頁400。
〔註84〕見晁公武《郡齋讀書志》卷九〈譜牒類〉，（台北：廣文書局，西元1967年12月初版），頁629、630。
〔註85〕見同註79，卷十〈雜家類〉，頁679。
〔註86〕見同註84，卷十三〈小說類〉，頁771。
〔註87〕見同註79，卷十一〈小說類〉，頁722。

作，則不得而知，其書今亡。

（三）《老莊本旨》

《宋史》本傳錄之，他書均未錄，不明卷數。當與前引《春秋本旨》同一性質，俱爲推闡義理，申述心得之作，〔註88〕今已亡佚。

（四）《黃庭內外經》

《京口耆舊傳》卷四錄之，云「注《黃庭內外經》二卷」。據《郡齋讀書志》卷十六所錄「《黃庭內景經》一卷」及「《黃庭外景經》三卷」觀之，均屬言神仙學道之書，〔註89〕興祖蓋亦嘗留意於此，今已亡佚。

四、集部著述

（一）《離騷》、《楚詞考異》

《宋史》本傳錄之，《宋史·藝文七·集類》亦錄云「洪興祖《補注楚辭》十七卷　《考異》一卷」，餘如《郡齋讀書志》、《直齋書錄解題》等均著錄之，詳見下章。

（二）《杜詩辨證》

《宋史·藝文七·集類》錄之，云「洪興祖《杜詩辨證》二卷」，今已亡佚。

（三）《韓文年譜》

《宋史·藝文七·集類》錄之，云「洪興祖《韓文年譜》一卷」；《宋史·藝文二·史類》則錄云「《韓子年譜》一卷」。又《直齋書錄解題》卷十六亦著錄「《昌黎集》四十卷《外集》一卷《附錄》五卷《年譜》一卷《舉正》十卷《外抄》八卷」，並云：

> 《年譜》，洪興祖撰，莆田方崧卿增考且撰《舉正》，以校其同異。
> 〔註90〕

興祖編此《年譜》，參考之板本甚夥，據伍崇曜編《粵雅堂叢書》所載〈韓子年譜序〉，興祖自言：

> 顏之推云：「觀天下書未遍，不得妄下雌黃。」信哉斯言，予校韓文，

〔註88〕李大明先生〈洪興祖生平事跡及著述考〉一文嘗引洪邁《容齋續筆》卷七論「靈台有持」一節，認爲洪邁所載「此一章謂持心有道，苟爲不知其所以持之，則不復可持矣」云云，即興祖《老莊本旨》書中語也。參該文頁50。

〔註89〕見同註84，卷十六〈神仙類〉，頁912、913。

〔註90〕見同註79，卷十六〈別集類〉，頁985。

> 以唐本、監本、柳開、劉燁、朱台符、呂夏卿、宋景文、歐陽公、
> 宋宣獻、王仲，至孫元忠、鮑欽止及近世所行諸本參定，不敢以私
> 意改易，凡諸本異同者兼存之。考歲月之先後，驗前史之是非，作
> 年譜一卷。〔註91〕

其以諸本各有所長故兼存之，大異於明季刻書擅改原文之惡習，可見興祖治
學態度之嚴謹，以及校勘之精詳。

（四）《韓文辨證》

《宋史・藝文七・集類》錄之，云「洪興祖《韓文辨證》一卷」。前引興
祖〈韓子年譜序〉亦云：

> 作年譜一卷，其不可以歲月繫者，作辨證一卷。所不知者，闕之。
> 〔註92〕

知興祖於韓文中有無法確定其創作年月者，又專闢一卷論述之，期能探究事
實真貌。惜乎今已亡佚。

右舉洪興祖十九種著述中，經部居多，此符合《京口耆舊傳》卷四所謂
「興祖經學明甚，議者謂其早以此名譽」〔註93〕之言。同時，由《易古經考
異釋疑》、《論語說》及《韓文年譜》等三部著作觀之，其參考諸家板本之多，
與審辨學者異說之勤，堪稱篤實；而由《春秋本旨》、《聖賢眼目》等著作觀
之，又見其出入前修，獨抒新意之時代精神，可謂有得。故《宋元學案補遺》
稱：「《萬姓統譜》引朱子評近代考訂訓釋之學，惟吳才老及先生（興祖）為
優云。」〔註94〕興祖之治學，成就斐然，以其出乎至誠，是以處世亦無愧於
天地，南宋陸游嘗嘆云：

> 某兒童時，以先少師之命，獲給掃洒丹陽先生之門，退與子威講學，
> 則兄弟如也。每見子威言洪成季、慶善學行，然皆不及識，今獲觀
> 遺墨，亦足少慰。〔註95〕

由此可知興祖身後，以其學有專精，行兼忠義，故深為後人所景仰。

〔註91〕見魏仲舉輯《韓文類譜卷》第三《韓子年譜》洪興祖自序，載《粵雅堂叢書》，
　　　　（台北：華文書局，西元1965年5月出版），頁6683。
〔註92〕同上，頁6709。
〔註93〕見同註72。
〔註94〕見同註73，葉79。
〔註95〕見陸游《渭南文集》卷二九〈跋洪慶善帖〉，載《文淵閣四庫全書》集部一○
　　　　二、別集類，頁534。

第四章 《楚辭補注》之撰著與流傳

　　《楚辭補注》為洪興祖傾力之作，不僅補王逸《楚辭章句》之未備，且藉是書以寄託自身憂國憂民之情懷，可謂為感時之作。此書完成之後，即因政治因素而橫遭干擾，致令興祖之名湮沒不聞；其後又為書賈更動內容，遂使原貌不復可知，然則興祖之作，實亦與其命運同稱多舛。其書幸經明人繙刻而流傳，為後世《楚辭》之研究添一絕大助力，以下特就《楚辭補注》之撰著因由，成書過程及重要板本加以論述，以對其獲致更深入之了解。

第一節　撰著因由

　　據《直齋書錄解題》卷十五載云「楚辭十七卷……知饒州曲阿洪興祖慶善補注」，可明今本《楚辭補注》乃成於興祖知饒州之時，而此書由蘊釀以迄完成，實經過漫長之歷程，此由陳振孫所言「興祖少時得東坡手校《楚辭》十卷……」等語可以推知。〔註1〕至其創作之原因為何，依上章所述之生平與著作觀之，當有如下四點：一曰慕屈子之忠節；二曰痛朝政之不修；三曰感己身之遭貶；四曰補前賢之不足。茲分項論之如後：

一、慕屈子之忠節

　　屈子生當戰國秦楚爭霸之際，其所承擔者適為革新圖強之大業，無奈內有姦佞掣肘，外有說客橫阻，以致國君背信而棄己，局勢益加不可為，屈子時而疾呼：「怨靈脩之浩蕩兮，終不察夫民心。」（〈離騷〉）時而低吟：「羌靈

〔註1〕見《直齋書錄解題》卷一五〈楚辭考異一卷〉條，載《書目續編》第二十四集，（台北：廣文書局，西元 1968 年 3 月初版），葉二。

魂之欲歸兮，何須臾而忘反。」(〈九章・哀郢〉)於悲苦惻怛之餘申言:「天命反側，何罰何佑?」(〈天問〉)而暫離現實之後則云:「僕夫懷余心悲兮，邊馬顧而不行。」(〈遠游〉)實則無論施政於朝，或擯斥在野，屈子忠君愛國之意未遑稍減，而其自沈汨羅，愈令後之愛國志士奉爲楷模，興祖即爲諸多仰慕者之一。

觀興祖之世，可以「由治趨亂，姦小橫行」之語形容之。彼時不僅黨爭劇烈，大傷國力，且致民生凋敝，恢復無望，興祖秉性忠鯁，焉能不圖救亡之道?溯自興祖少時，宋室即已積弱甚久，契丹所據之燕雲十六州非但蒙塵如昔，西夏羌人之剽掠寇邊亦且無力討平，〔註2〕國格受辱之餘，百姓橫遭蹂躪最令有志者痛心;依上引陳振孫所言，知興祖自少即景慕屈子之高潔亢行，是以致力蒐集屈賦，並勤加研讀，窺其所抱持之志，厥爲正己而後治人，治人而後興邦，故當其目睹社稷傾危，屈子忠君愛國之耿介形象便油然而生，且成爲興祖書生報國之典範。換言之，興祖深受屈子「知死不可讓，願勿愛兮。明告君子，吾將以爲類兮」(〈九章・懷沙〉)之偉大精神所感召，遂以發揚此愛國情操爲職志，冀能激起宋室臣民奮起之心，戮力於恢復之壯舉。若由其所闡發之屈賦要旨觀之，愈能體悟其熱切之意，如〈離騷〉「延佇乎吾將反」句下補曰:

> 佇，直呂切，久立也。異姓事君，不合則去，同姓事君，有死而已，
> 屈原去之，則是不察於同姓事君之道，故悔而欲反也。〔註3〕

又「蘭芷變而不芳兮，荃蕙化而爲茅」句下亦云:

> 上云「謂幽蘭其不可佩」，以幽蘭之別於艾也:「謂申椒其不芳」，以
> 申椒之別於糞壤也。今曰蘭芷不芳，荃蕙爲茅，則更與其俱化矣。
> 當是時，守死而不變者，楚國一人而已，屈子是也。〔註4〕

知興祖感屈子之赤忱，故緊扣其忠愛之情加以申述，首先承襲王逸所論「同姓事君」之義，言明屈子所以不去舊鄉之大節，進而推崇屈子不與群小合流，堅守清白之高行，且譽爲「楚國一人而已」，則興祖之本意，實不單在贊頌屈子，

〔註2〕參見《宋史》卷二一、卷二二〈徽宗本紀三、四〉，(台北:新文豐出版公司，西元1975年4月出版)。又《三朝北盟會編》卷五、卷六，(台北:文海出版社，西元1962年9月初版)。

〔註3〕見《惜陰軒叢書》本《楚辭補註》卷一，(台北:藝文印書館，西元1986年12月七版)，頁34。

〔註4〕同上，頁72。

更隱含深沈之悲痛與期許：興祖所憂者乃在上下逸安，不圖進取，而所冀者正為君民同心，再造盛世。屈子具有愛鄉愛國之熱忱與大是大非之觀念，以之為針砭時弊之良方，實乃興祖之至願，是以其廣蒐眾本，集畢生之力以闡發屈子忠貞之節，可謂用意至深。

二、痛朝政之不修

興祖自於徽宗朝入仕以來，適值宋祚危急之秋，耳聞目睹者俱屬傾毀社稷之事，則其憂心扼腕，亟欲匡時濟世，殆可想見。顧其時讒佞肆行，而忠直閉路，如《三朝北盟會編》卷四九錄云：

> 京務興事功，窮極奢侈，以蠹國之財賦。……專事聲色，起土木，運花石，以媚惑人生，而威福大權盡歸於京矣。〔註5〕

蔡京於崇寧至宣和年間四度拜相，專政達二十年，卒使宋政漸趨式微。又《中興姓氏姦邪錄》云：

> 貫已貴而驕，不恤將士，賞罰不明，紀律尤亂。僕役皆為顯官，胥吏李宗振、門客范訥皆節度使，……其家園林池沼甲於京師，金玉數十萬計，服食無異御府，故天下怨之。〔註6〕

知童貫恃寵而驕，兼以總攬兵權，故徇私舞弊，擅開邊釁，終令山河易主，生民塗炭。凡此均令識者所痛惜，興祖且曾上疏極言「收人心，納謀策，安民情，壯國威」，〔註7〕無奈沈疴難起，北宋終至淪亡。

南渡之後，雖有李綱、宗澤等具謀略之才，但因受梗於黃潛善、汪伯彥等僥倖之徒，故而相繼去職。而黃、汪二人遂狠持國柄，嫉害忠良，《宋史》卷四七三云：

> 潛善拜右僕射兼中書侍郎，綱遂罷御史，張所言潛善姦邪，恐害新政，左遷所尚書郎，尋謫江州。太學生陳東論李綱不可去，潛善、伯彥不可任，潛善恚；會歐陽澈上書詆時事，語侵宮掖，帝謂其言不實，潛善乘間殺澈并東誅之。識與不識皆垂涕，帝悔焉。〔註8〕

〔註5〕見徐夢莘《三朝北盟會編》卷四九〈靖康元年七月二十一日乙酉〉條，（台北：文海出版社，西元1962年9月初版），頁341。

〔註6〕同上，卷五二，頁356。

〔註7〕見脫脫《宋史》卷四三三〈儒林列傳・洪興祖〉，（台北：新文豐出版公司，西元1975年4月初版），頁5197。

〔註8〕同上，卷四七三〈姦臣傳三〉，頁5609。

朝中正直之士除上引李綱、張所外，餘如邵成章、馬伸、許景衡等人均遭貶死，甚至連代表清流之太學領袖陳東亦坐其難，如此一來，恢復之機運已失，而朝政之敗亂復現，興祖得無絲毫悲切之意？紹興以降，和議倡自秦檜，朝中苟安之聲漸起，興祖憂心政事將趨糜爛，適逢江南旱潦頻傳，災禍連年，高宗下詔徵求直言以裨民生，興祖於是挺身而出，痛論朝廷紀綱之病，不料一番忠忱卻遭宰臣席益、朱勝非、呂頤浩等斥爲僭越，幾乎被誣陷入罪，其雖重獲起用，但實已外放，興祖內心之不平可知。

迨至紹興八年三月，秦檜拜右僕射同中書門下平章事，乃迎合高宗厭戰之心，曲意掩飾其賣國之計，令其黨羽專司臺諫，凡有不附和議者一律削職，《宋史》卷四七三載其時政壇之洶洶云：

> 司勳員外郎朱松、館職胡珵、張擴、凌景、夏常明、范如圭同上一疏，言：「金人以和之一字得志於我者十有二年。以覆我王室，以弛我邊備，以竭我國力，以懈緩我不共戴天之讎，以絕望我中國謳吟思漢之赤子，以詔諭江南爲名，要陛下以稽首之禮：自公卿大夫至六軍萬姓，莫不扼腕憤怒，豈肯聽陛下北面爲仇敵之臣哉？天下將有仗大義問相公之罪者。」……中書舍人勾龍如淵抗言於檜曰：「邪說橫起，胡不擇臺官擊去之。」檜遂奏如淵爲御史中丞，首劾銓。〔註9〕

可知秦檜爲遂一己之私，寧負天下公議，罷黜無數清流名士，其爲禍社稷實烈於黃潛善輩。是時反對和議諸聲中，有謂「不信亦信，其然豈然；雖虞舜之十二州皆歸王化，然商於之六百里當念爾欺」，〔註10〕則是舉戰國時代秦楚兩國爭雄之際，楚被秦威逼利誘終至亡國之教訓爲例，盼能撼動上聽，卒見識者均以爲金人不足爲信，豈可重蹈懷、襄之覆轍？由此言之諤諤，可以想像彼等乃欲效法屈原之愛國精神，以致寧鳴而死，不默而生；而興祖之憐惜屈原，並補注《楚辭》一書，當亦痛於朝政之不修，且又見言路壅塞，故轉而致力於此，以寄託己志者也。

三、感己身之遭貶

《史記‧太史公自序》言：「昔西伯拘羑里，演《周易》；孔子戹陳蔡，作《春秋》；屈原放逐，著《離騷》；左丘失明，厥有《國語》；孫子臏腳，而

〔註9〕同上，頁5614。
〔註10〕同上，頁5615。

論《兵法》；不韋遷蜀，世傳《呂覽》；韓非囚秦，《說難》《孤憤》；《詩》三百篇，大抵賢聖發憤之所爲作也。」〔註11〕史遷指出作品與作者境遇之緊密關係，而興祖此書亦屬上意之延伸。蓋紹興四年興祖外放之後，其仕途即呈現不穩定之發展，儘管其爲政素有令譽，但因秉性端直，一向不爲權貴所喜，故始終擔任外職，無法盡情發揮長才，則其內心之鬱結必然深厚。

方其任職眞州之前，嘗與秦檜面爭經義，不遑稍讓，《京口耆舊傳》載此事云：

> 初紹興十七年，秦檜當國，興祖見之私第，坐間論乾坤二卦，至「坤上六，陰疑於陽，必戰」，興祖謂：「陰終不可勝陽，猶臣終不可勝君，嫌於無陽，惡夫干正者。」檜以爲譏己，大怒，謂興祖曰：「前輩自有成說，今後不須著書。」聞者知其必重得罪，而興祖自視無愧，處之恬然。〔註12〕

其氣節之高亢，與臨事之坦然，正基於其守正不阿之襟懷，然而不附權貴，乃至嚴詞以對，終於加深秦檜之忌恨，故日後興祖之橫遭貶斥，實其來有自；而興祖之人格操守，亦著乎此。

據《直齋書錄解題》所載，興祖不僅恪遵己志，且景慕其餘抗行之士，卷十八云：

> 《丹陽集》四十二卷後集四十二卷　顯謨閣待制江陰葛勝仲魯卿撰，紹聖四年進士，元符三年詞科，洪慶善序其文有所謂「絕郭天信、拒朱勔、慚盛章而怒李彥」者，蓋其平生出處之略也。〔註13〕

《宋史》謂朱勔、李彥等均貪婪之徒，且專寵於上，葛勝仲獨能力斥其非，是以興祖引爲同道。〔註14〕又嘗爲程瑀《論語解》作序，稱揚有加，而程瑀爲人清廉，不事依傍，實亦與勝仲相仿，〔註15〕故知興祖所結納者俱屬忠貞之輩，凡此皆令檜黨欲除之而後快。趙翼《二十二史箚記》即云：

> 秦檜贊成和議，自以爲功，唯恐人議己，遂興文字之獄，以傾陷善

〔註11〕見《史記會注考證》卷一三〇〈太史公自序〉，（台北：洪氏出版社，西元1982年10月10日再版），頁1372。

〔註12〕見《京口耆舊傳》卷四，載《文淵閣四庫全書》史部二〇九・傳記類，（台北：商務印書館，西元1986年3月初版），頁162。

〔註13〕見陳振孫《直齋書錄解題》卷一八〈丹陽集〉，載《書目續編》第二十四集，（台北：廣文書局，西元1968年3月初版）頁1100。

〔註14〕參見《宋史》卷四七〇〈佞倖傳・朱勔傳〉；又卷四四五〈葛勝仲傳〉。

〔註15〕參見《宋史》卷三八一〈程瑀傳〉，頁4654。

類，因而附勢干進之徒，承望風旨，但有一言一字稍涉忌諱者，無
不爭先告訐，於是流毒遍天下。……故學士程瑀、知饒州洪興祖、
轉運使魏安行，以《論語》講解被猜，興祖昭州，安行欽州，俱編
管，瑀子孫并論罪。……第語言文字稍觸其忌，即橫遭誣禍，更不
可數計矣。〔註16〕

興祖正乃上述冤獄犧牲者之一，而其因憂國憂民之意，匯聚爲《楚辭補注》
一書，實乃深刻體悟屈原忠而被讒之心境，故能出之以嚴謹之筆，與夫深摯
之情也。

四、補前賢之不足

　　宋代學者留心《楚辭》者不乏其人，在興祖之前，如梅堯臣、陳說之、
蘇軾、晁補之等均有或深或淺之研究。興祖乃廣爲吸取眾家之長，盡力注解
《楚辭》，完成此一專門鉅著。

　　梅堯臣詩文創作豐富，以革除西崑體浮靡文風爲職志，其《答韓三子華
韓五持國韓六玉汝見贈述詩》中嘗云：

　　　聖人于詩言，曾不專其中。因事有所激，因物興以通。自下而磨上，
　　　是之謂國風。雅章及頌篇，刺美亦道同。不獨識鳥獸，而爲文字工。
　　　屈原作《離騷》，自哀其志窮，憤世疾邪意，寄在草木蟲。……〔註17〕

梅氏於詩中提出「刺美」之創作原則，並以屈原作品爲例，謂乃具有「哀志」、
「疾邪」等反映現實、撫慰人心之意義，則其對屈賦之文學特點實有一番深
刻之認識；興祖於《遠游》中云：「按〈騷經〉、〈九章〉皆托游天地之間，以
泄憤懣，卒從彭咸之所居，以畢其志。」，〔註18〕亦以「憤懣」比況屈原心志，
可謂與梅氏之說相互發明。

　　陳說之爲眞宗、仁宗時人，據朱熹《楚辭辯證》所言，亦曾整理《楚辭》
傳本，並提出己見，其文云：

〔註16〕見趙翼《二十二史劄記》卷二六〈秦檜文字之禍〉，（台北：華世出版社，西
　　　　元1977年9月新一版），頁563、564。
〔註17〕見梅堯臣《宛陵文集》卷二七〈答韓三子華韓五持國韓六玉汝見贈述記〉，載
　　　　《文淵閣四庫全書》集部三八、別集類，頁199。
〔註18〕見《楚辭補注》卷五〈遠游〉「超無爲以至清兮，與泰初而爲鄰」句下洪注，
　　　　載《四部叢刊正編》冊三〇，（台北：商務印書館，西元1979年11月臺一版），
　　　　頁93。

天聖十年陳說之序，以爲舊本篇第混並，首尾差互，乃考其人之先

後，重定其篇，然則今本說之所定也歟？〔註19〕

知《楚辭》於仁宗之前，其各篇次序不同於今見之《楚辭章句》或《楚辭補注》，約至陳說之重新編次後，漸爲世人所重視；而興祖補注《王逸章句》時，亦依照各篇作者之時代先後加以排列，並於目錄之後云：

〈九章〉第四，〈九辯〉第八，而王逸〈九章〉注云：「皆解於〈九

辯〉中。」知《釋文》篇第，蓋舊本也，後人始以作者先後次敘之

爾。〔註20〕

興祖參校之本眾多，其中如《楚辭釋文》之篇次即與他本有異，是以興祖可能一面參照陳氏所編，一面於各篇之下一一注明《釋文》篇次，俾令觀者知悉《楚辭》傳本不同之面貌。

蘇軾嘗校《楚辭》十卷，後爲興祖諸多校本之一，而其詩文創作中亦多少透露對屈賦之心得，其〈屈原廟賦〉即云：

浮扁舟以適楚兮，過屈原之遺宮；覽江上之重山兮，曰惟子之故鄉。

伊昔放逐兮，渡江濤而南遷；去家千里兮，生無所歸而死無以爲墳。

悲夫人固有一死兮，處死之爲難……生既不能力爭而強諫，死猶冀

其感發而改行。〔註21〕

點出屈原之死，乃爲國爲民，爲一己之理想而做此抉擇，非如揚雄所指淪爲不智之舉；興祖於〈離騷〉後敘之下亦接受蘇軾之論點，並云：

楚無人焉，原去則國從而亡，故雖身被放逐，猶徘徊而不忍去，生

不得力爭而強諫，死猶冀其感發而改行。……非死爲難，處死爲難，

屈原雖死，猶不死也。〔註22〕

可見興祖視屈之死，爲義所當爲之事，其中並無絲毫遺憾，而蘇軾所謂「處死爲難」，亦由興祖加以闡揚。〔註23〕

〔註19〕見朱熹《楚辭辯證》上〈目錄〉，載中央圖書館《善本叢刊》影印元天曆三年
　　　　陳忠甫宅刊本《楚辭集注》，（台北：中央圖書館，西元 1991 年 2 月出版），
　　　　頁 212。

〔註20〕見同註 15，卷前目錄，頁 2。

〔註21〕見郎曄編《經進東坡文集事略》卷一〈屈原廟賦〉，載《四部叢刊初編》冊二○
　　　　五，（台北：商務印書館，西元 1967 年 9 月台二版），頁 14。

〔註22〕見同註 18，卷一〈離騷〉後敘下洪注，頁 28。

〔註23〕參見易重廉《中國楚辭學史》宋代篇第二章〈詩文革新與楚辭〉，（長沙：湖
　　　　南出版社，西元 1991 年 5 月第一版），頁 244、245。但興祖非僅單純承襲蘇

　　至於晁補之，則致力編輯《楚辭》、《續楚辭》與《變離騷》等書，藉以表達其對屈賦及擬騷作品之看法，其《離騷新序》言：

　　　〈離騷〉，遭憂也。「終窶且貧，莫知我艱」，〈北門〉之志也；「何辜於天，我罪伊何」，〈小弁〉之情也。以附益六經之教，于《詩》最近。〔註24〕

晁氏以《詩經》中〈北門〉與〈小弁〉之情，說明〈離騷〉之創作精神，且謂〈離騷〉與《詩》同具化育人心之功能；而興祖於〈離騷〉「怨靈修之浩蕩兮，終不察夫民心」句下云：

　　　孔子曰：「詩可以怨。」孟子：「〈小弁〉之怨，親親也。親之過大而不怨，是愈疏也。」屈子於懷王，其猶〈小弁〉之怨乎？〔註25〕

興祖參考晁氏之說，並引孔孟論詩之言以發揮屈原「怨親」之義，可見其博採眾議，力求完善之態度。〔註26〕

　　由於北宋多位學者之努力，《楚辭》之研究愈見興盛，所給予後人之寶貴心得亦復不少，然而就全面性及精密性而言，代表作依舊付諸闕如，學者所憑藉者大抵仍以王逸《章句》為主。興祖鑒於王逸本流傳日久，文字多歧，更重要者，王注雖稱最古，實有若干疏漏與致誤之處，亟待後人加以補充與改正；興祖既痛朝政之不修，復因己身之遭貶而對屈原寄予崇高敬意與深刻感情，故而不畏權勢，不辭勞苦，盡力於「補王逸《章句》之未備者」，〔註27〕卒能完成是書，裨益後學。

第二節　成書過程

　　關於《楚辭補注》之撰作過程，歷來以晁公武《郡齋讀書志》及陳振孫《直齋書錄解題》為主要參據，且後者之說較詳。至於尤袤《遂初堂書目》則僅止於著錄，未加說明，而馬端臨《文獻通考‧經籍考》亦屬鈔撮晁、陳二書而成，

載「非死為難，處死為難」之論點，抑且更進一步，摒除全身遠禍之出世觀念，強調屈原之死乃盡其忠君愛國之誠也。

〔註24〕見晁補之《雞肋集》卷三六〈離騷新序〉，載《四部叢刊初編》冊二二〇，頁254。

〔註25〕見同註18，卷一，頁9。

〔註26〕易重廉《中國楚辭學史》宋代篇第三章談及晁補之研究楚辭之成果時，即舉興祖此言以說明晁氏論點之影響於後人者。見該書頁265。

〔註27〕見同註1。

並無新見，是故本節前段所述，重在以陳氏《書錄解題》為主要資料加以申論。此外，由於今傳《楚辭補注》各本之面貌，與宋時刊本有異，顯係後人有所改動，且改動之後復涉及宋時另一楚辭傳本《楚辭釋文》若干問題，故於本節後段一併探討之。

一、《補注》與《考異》之撰作

洪氏校補此書，當始於北宋晚期，而終於南宋紹興年間，總計浸淫其中達數十年，誠為費盡心力之作。據《直齋書錄解題》卷十五云：（下簡稱《陳錄》）

> 興祖少時從柳展如得東坡手校《楚辭》十卷，凡諸本異同，皆兩出
> 之；後得洪玉父而下本十四、五家參校，遂為定本，始補王逸《章
> 句》之未備者。書成，又得姚廷輝本，作《考異》，附古本《釋文》
> 之後；其末又得歐陽永叔、孫莘老、蘇子容本於關子東、葉少協，
> 校正以補《考異》之遺。洪於是書，用力亦以勤矣。〔註28〕

由於今存《楚辭補注》各本之中，已無法得見興祖原序，故陳氏所言，彌足珍貴。依上文可知，興祖之完成是書乃經歷如下各階段：

（一）參校各本

蘇軾為北宋時代研究《楚辭》有成者之一，興祖即以其親校之《楚辭》十卷為主，擷取其中所載各本異同之文字，進而與其時所傳諸本相互對勘，以得出較為完善之《楚辭》全貌。其所參考之對象除上引「洪玉父本」之外，由今存《楚辭補注》中知尚有「《文選》」、「《楚辭釋文》」、「《文苑》」、「鮑欽止本」、「林德祖本」、「鮑慎思本」等，〔註29〕以及所謂「古本」、「唐本」，〔註30〕又有「晁文元本」、「宋景文本」；〔註31〕倘若洪序未失，當愈能明瞭其所

〔註28〕見陳振孫《直齋書錄解題》卷一五《楚辭考異一卷》條，載《書目續編》第二十四集，（台北：廣文書局，西元1968年3月初版），葉二。

〔註29〕洪興祖所引《文選》異文見四部叢刊本《楚辭補注》卷一葉七「不撫壯而棄穢兮」下；《文苑》本異文見卷二葉二八「風颯颯兮木蕭蕭」下；又所參考之時人校本，如鮑欽止本，見卷四葉三九「草苴比而不芳」下；林德祖本亦同；鮑慎思本，見卷一三葉二四「謬諫」下。

〔註30〕古本異文見卷四葉三三「惜壅君之不昭」下；唐本異文見卷三葉三三「中央共牧，后何怒」下。

〔註31〕晁文元本及宋景文本見袁州本《昭德先生郡齋讀書志》卷四葉三《補注楚辭十七卷考異一卷》條下敘錄，載《四部叢刊續編》冊六五，（台北：商務印書館，西元1966年10月台一版）。

參校之全部內容。即便如此，由已知資料觀之，不難發現其蒐羅之範圍包含舊日傳本與時人藏本，前者如唐本或更早之六朝古本，後者則屬當時好書者珍秘之本，如以「晁文元本」爲例，據袁州本〈昭德先生郡齋讀書志序〉公武自云：

> 余家自文元公來，以翰墨顯者七世，故家多書，至於是正之功，世
> 無與讓。〔註32〕

知此「晁文元本」乃名家所藏，而興祖廣求異珍，實欲令眾本並陳，免生遺珠之憾。興祖於徽宗宣和年間所作之《韓子年譜》，其參校眾本之跡已如前文所提「以唐本、監本、柳開、劉燁……至孔元忠、鮑欽止及近世所行諸本參定，不敢以私意改易，凡諸本異同者兼存之」，〔註33〕至其校定《楚辭》時，亦賡續此種周密之態度，俾能遍錄異文，供後學參考。

（二）補正王注

諸本既經讎校，興祖於王逸之注體悟已多，遂乃專就注中亟需補正者加以整理，並發揮一己之創獲，完成〈離騷〉、〈九歌〉、〈天問〉、〈九章〉、〈遠游〉、〈卜居〉、〈漁父〉、〈九辯〉、〈招魂〉、〈大招〉、〈惜誓〉、〈招隱士〉、〈七諫〉、〈哀時命〉、〈九懷〉、〈九歎〉、〈九思〉共十七卷之注解；其體例與得失，將於後文論述之，而其考證之文字，則因閎博淹洽，向爲人所重視。興祖完帙之後，尚因他人之見而詳予修定，事見《容齋續筆》卷十五，〔註34〕洪邁云：

> 洪慶善注《楚辭·九歌·東君篇》「緪瑟兮交鼓，簫鐘兮瑤簴」，引
> 《儀禮·飲酒章》「乃閒，歌〈魚麗〉，笙〈由庚〉，歌〈南有嘉魚〉，
> 笙〈崇丘〉」爲此，云「簫鐘者，取二樂聲之相應者互奏之」。既鏤
> 板，置於墳庵，一蜀客過而見之曰：「一本簫作攏，《廣韻》訓爲擊
> 也，蓋是擊鐘，正與緪瑟爲對耳。」慶善謝而亟改之。〔註35〕

今傳《楚辭補注》並無洪邁所錄類似「一云攏鐘，擊鐘也」之釋語，此或因

〔註32〕同上，〈昭德先生郡齋讀書志序〉。

〔註33〕見《韓文類譜卷》第三洪興祖《韓子年譜》自序，載《粵雅堂叢書》冊一四，（台北：華文書局，西元 1965 年 5 月出版），頁 6665。

〔註34〕參見李大明先生〈洪興祖生平事跡及著述考〉一文，其引洪邁此語，意在證明興祖《補注》書成之後，續有修改。載《四川師範大學學報》1989 年第 2 期，頁 52。

〔註35〕見洪邁《容齋續筆》卷一五葉四〈注書難〉條，載《四部叢刊續編》冊九一。

《補注》之修改本並未刊行所致；〔註36〕要之，興祖並不因書已付梓便憚於
改正，由洪邁此條記載益知其治學之不苟，與後文所載安石刪削《詩經新義》
中之誤注，同稱允當之舉。此外，《韓子年譜》中有〈後記〉一篇，興祖自云：

> 僕初作昌黎《年譜》，敘〈淮西事宜狀〉在元和九年，伯野辨其非是，
>
> 乙巳歲再加考正而增廣之。〔註37〕

此處所言與孫伯野相互討論是正，與其修改《補注》均源於求眞之精神，故
洪邁所記，頗具參考價值，興祖當於《補注》成書後，續有修正，惜乎當時
未傳。

（三）撰錄《考異》

興祖完成《補注》後，復裒集昔日參校諸本，益以新得之姚廷輝本，詳
細比較各本異文，並加以載錄，不僅針對《楚辭》正文，即連王逸注文亦包
含在內，的確較能徹底展現《楚辭》之傳本。據陳錄所言此《楚辭考異》原
乃附於「古本釋文」之後，二者刊爲一書而問世，《四庫全書總目》卷一四八
云：

> 《楚辭補註》十七卷　內府藏本　宋洪興祖撰，興祖字慶善，……
> 陳振孫《書錄解題》列《補註楚辭》十七卷、《考異》一卷，稱興祖
> 少時從柳展如得東坡手校十卷……云云，則舊本兼載《釋文》，而《考
> 異》一卷附之，在《補註》十七卷之外。此本每卷之末有「汲古後
> 人毛表字奏叔依古本是正」印記，而《考異》已散入各句下，未知
> 誰所竄亂也。〔註38〕

上文中館臣以爲《釋文》與《考異》乃獨立於《補註》十七卷之外，此固無
誤，然其所云「舊本兼載《釋文》……」，實足啓人疑慮，蓋此處「舊本」若
謂宋時所刊之本，則因「兼」字之故，易令觀者誤爲宋人刊行興祖之書時，
即合刻《補注》十七卷、《楚辭釋文》一卷及《考異》一卷爲一書，如此一來，
適與《陳錄》所載「始補王逸《章句》之未備者，書成，又得姚廷輝本，作
《考異》，附古本《釋文》之後」中所指洪氏先完成《補注》一書，後方完成
《釋文》附《考異》一書，不盡相合。按陳振孫生當南宋晚期，據周密《齊

〔註36〕參同註34。
〔註37〕見同註33，頁6709。
〔註38〕見《四庫全書總目》卷一四八〈楚辭類・楚辭補註〉，載《文淵閣四庫全書》
　　　　總目四，（台北：商務印書館，西元1986年3月初版），頁3、4。

東野語》云：「近年惟直齋陳氏書最多，蓋嘗仕於莆，傳錄夾漈鄭氏、方氏、林氏、吳氏舊書至五萬一千一百八十卷，且仿讀書志作解題，極其精詳。」〔註39〕知其所著錄者源於家藏，且多當時刊本，其既分錄洪氏書爲二本：《楚辭》十七卷、《楚辭考異》一卷，則見當時《補注》與《考異》仍有分行之本，至於先前是否存有二者之合刻本（《補注》與《考異》合刻但分立），實無法確定。〔註40〕又館臣所見《楚辭補註》一書，其中《考異》已散入各句之下，此究竟起於何時，亦頗難曉，瞿鏞《鐵琴銅劍樓藏書目錄》卷十九云：

> 《楚辭補注》十七卷　明刊本　題「校書郎王逸上、曲阿洪興祖補注」，案陳氏書錄附《考異》一卷，本別爲一書，此乃散入各句下，非洪氏原本之舊，然猶是明繙宋刻，宋諱字俱減筆，知此書在宋時已竄亂矣。〔註41〕

瞿氏所錄即《四部叢刊》影印所據之本，雖與四庫所收之汲古閣本不盡相同，

〔註39〕見周密《齊東野語》卷一二〈書籍之厄〉條，載《文淵閣四庫全書》子部一七一、雜家類，頁758。

〔註40〕袁州本《郡齋讀書志》卷四著錄洪書爲「《補注楚辭》十七卷《考異》一卷」，衢州本卷十七亦同，均列爲單一條目，而《晁志》之著錄諸書之方式，據劉兆祐先生《晁公武及其郡齋讀書志》一書所言，乃是「若一書中含有兩種以上內容或有其他附錄，則一併詳爲著錄，如：《資治通鑑》二百九十四卷《目錄》三十卷《考異》三十卷」（頁54），由此觀之，晁氏所著錄之洪書，似應即爲一書，而含有不同之內容：然而考諸《陳錄》，可知《考異》實附於《楚辭釋文》一卷之後，何以晁氏不一併詳錄爲「《補注楚辭》十七卷《釋文》一卷《考異》一卷」，而獨漏列《楚辭釋文》？此是否意味晁氏此處所著錄之洪書形式，並不盡合於劉書所言之體制，亦即此種同列一條之著錄方式尚未能肯定洪氏之作乃是一書。又《晁志》爲最早著錄洪書者，而稍後鄭樵作《通志》亦嘗錄之，其〈藝文略〉七〈楚辭類〉云「《離騷章句》十七卷」，未言撰人，但依姜亮夫《楚辭書目五種》一書所考，謂即「洪書」，倘其說不誤，則鄭樵所錄之「洪書」十七卷，當爲《補注楚辭》十七卷，此因其時《考異》未散入《補注》中，故可推測鄭樵所見，乃《補注楚辭》十七卷之單行本，而《楚辭考異》一卷，附於《釋文》之後者，亦爲單行本，鄭樵或因未見而不錄爾。再者，《直齋書錄解題》成於南宋晚期（振孫約卒於西元1249年以後），而其著錄洪書之方式乃是分錄爲二書：《楚辭》十七卷及《楚辭考異》一卷，則其所列，正足以說明當時的確流傳有洪氏二書，故瞿鏞《鐵琴銅劍樓藏書目錄》言「陳氏書錄附《考異》一卷，本別爲一書」。由此觀之，洪書甫成不久，即經晁公武、鄭樵等人加以著錄，但因二者所錄不盡相同，且後來所流傳者確屬二書分立，非一書合刊，是以對洪書最初之形貌，仍需再行查考較宜。

〔註41〕見瞿鏞《鐵琴銅劍樓藏書目錄》卷一九，載《書目叢編》第九集，（台北：廣文書局，西元1967年8月初版），頁1061。

然其說可資參考，觀瞿本中之避諱情況，儘管非如引文所稱之嚴謹，〔註 42〕書中所避確屬宋諱，是以南宋時洪氏二書應已遭人改動，將《考異》內容散附於《補注》各相應句下而成今貌，且若陳振孫所收未有遺漏，則據其書卷十五僅錄「《楚辭集註》八卷《辯證》二卷」，而不錄「《楚辭集註》八卷《辯證》二卷《後語》六卷」觀之，由於後者乃朱鑑於宋理宗端平二年所刊（西元 1235 年），可以推測《陳錄》當完成於此年之前，故不及著錄；〔註 43〕準此，洪氏二書或有可能於理宗端平以後，方因閱讀求便而由後人改易刊行之。〔註 44〕

（四）校補《考異》

前項所提之《楚辭考異》，亦曾經過興祖再三校補，方始流傳，此因《考異》初稿甫畢，興祖復於關子東與葉少協處得觀歐陽永叔、孫莘老、蘇子容諸本，並以之與初稿參校，摘取其中新見而補充之。今由《楚辭辯證》所記，可知其一端，朱熹云：

> 古音能、孳代叶，又乃代。蓋於篇首發此一端，以見篇內凡韻皆叶，
> 非謂獨此字爲然，而它韻皆不必協也。故洪本載歐陽公、蘇子容、
> 孫莘老本，於「多艱」、「夕替」下注云：「徐鉉云：『古之字音多與

〔註 42〕 據李清志《古書板本鑑定研究》第五章〈歷代寫刻書籍之避諱研究〉所論，知南宋紹興以後避諱又漸嚴謹，約自理宗後半期始，國勢趨衰，避諱亦漸鬆懈（見該書頁 188 至 198）；以此覈諸四部叢刊本《楚辭補注》，若其避諱嚴密，則「玄朗貞殷匡筐恒貞曙桓構購慎敦廓昀筠」等宋諱字均須避之，然觀其書「匡胤曙弘殷玄朗淳敦慎讓」等字均不避，至「恒桓敬徵貞」等字則避之，可見其避諱情況不嚴密，而且稍嫌雜亂，無法確實考定此明人所繙刻之宋代原本，究係刊於何時，大抵如瞿氏所謂南宋末期爲宜，若證諸《陳錄》之成書年代及前引李說，又知其當在理宗端平以後方始可能刊行。

〔註 43〕 關於朱鑑刊本，參見鄭振鐸《楚辭集注》跋語，（台北：文津出版社，西元 1987 年 10 月出版），頁 309。又《書目續編‧直齋書錄解題》喬衍琯序引鄭元慶《湖錄》謂陳振孫於理宗淳祐九年（西元 1249 年）致仕，未幾卒於家；因此若謂《陳錄》完成於理宗端平二年（西元 1235 年）以前，亦能符合振孫自云「晚得鄭子敬書目」（音樂類小序）一語所透露之《解題》成於晚年之意旨。

〔註 44〕 《郡齋讀書志》載有司馬光「資治通鑑」二百九十四卷《目錄》三十卷《考異》三十卷」，其中《考異》乃注明該書史料取材之異同；至南宋李燾作《續資治通鑑長編》，及李心傳作《建炎以來繫年要錄》，二者亦作有考異之文字，唯已將之散附於各條之下。又朱熹作《韓集考異》，據《四書全書總目》謂此書原乃特書欲校之文字於前，下以小注爲之，與韓集分行，至南宋末王伯大始以之散附於韓集各句之下，以其易於省覽，故流布甚廣。則南宋時刊行《考異》一類之書，確有顧及讀者之便而將《考異》散入原書之中者。

今異，如苞亦音香，乃亦音仍，他皆放此。」蓋古今失傳，不可詳
究，如『艱』與『替』之類，亦應叶，但失其傳耳。」夫騷韻於俗
音不叶者多，而三家之本獨於此字立說，則是他字皆可類推，而獨
此爲未合也。〔註45〕

文中朱子引用其所見之《楚辭考異》本有關歐陽修等三家之注語，以說明楚
騷叶韻之情形，若由探究《考異》之流傳而言，則可得出以下各點：

1、《考異》之注語位於「多艱」、「夕替」之下，而非於「哀民生之多艱」、
「謇朝誶而夕替」之下，此種特出欲考之語詞於前之形式，與興祖《韓
文辨證》中之體例相類，〔註46〕可知朱子所見《考異》尚爲獨立之本，
仍未經人散附於《補注》各句之下。

2、今傳《楚辭補注》各本，均不見朱子所引之三家注文，何以南宋時得
見而至明人繙刻後卻無此段文字？推其原因，或於宋末散附《考異》
入《補注》之際不慎而刊漏，或於明代刊行時誤校而脫失。〔註47〕

要之，興祖於《楚辭章句》一書用力甚久，其詳校眾本，繼之補正王注，
復撰作《考異》，並加以補遺，至遲約於紹興二十一年之前完成；〔註48〕儘管

〔註45〕見朱熹《楚辭辨證》上〈離騷經〉，載中央圖書館《善本叢刊》影印元天曆三
　　　　年陳忠甫宅刊本《楚辭集注》，（台北：中央圖書館，西元1991年2月出版），
　　　　頁217、218。

〔註46〕朱熹《韓集考異》嘗徵引洪興祖《韓文辨證》，題爲「洪云」，觀其所引如卷一
　　　　「警動」下云：「警或作驚，方云：『洪曰：驚，流俗妄改也，《史記》：尊寵樂
　　　　毅以警動燕齊。義當用此。』」以及卷二「齊玫」下云：「玫，或作收，非是。
　　　　洪云：『謂火齊玫瑰也。』」知洪氏《韓文辨證》之體例與朱子《韓集考異》相
　　　　仿，均單出欲考之韓文語詞於前，而後以小注爲之，並非作於韓文各句之下。

〔註47〕參同註34。

〔註48〕洪書最早著錄於晁公武《郡齋讀書志》，而《晁志》之創作年代，依《書目續
　　　　編，郡齋讀書志》喬衍琯序所考，可知晁氏最初完成者乃四卷，其後始有衢
　　　　州本與袁州本等之演變。此四卷今可見於袁州本之前四卷，且其中卷四即錄
　　　　有「補注楚辭十七卷考異一卷」，顯見晁氏已親見此書，並加敍錄：袁州本所
　　　　載公武自序雖云其校書之始末，然未署時日於後，但此書另附有衢州本公武
　　　　自序，末云：「紹興二十一年元日昭德晁公武序」倘若衢本此序無誤，則洪氏
　　　　之書當於此年之前完成，證諸興祖生平，其於紹興十九年時尚任職眞州，後
　　　　乃改知饒州，據《陳錄》所載洪書即成於「知饒州」任上，故與衢本自序亦
　　　　不相悖，可見興祖之書當於紹興二十一年以前知饒州之際完成，其時興祖雖
　　　　尚未獲罪，但其與秦檜力爭，又與程瑀等相善，政治生涯實滿佈兇險，是以
　　　　其書甫刊，或即爲人削去其名以避免文字之禍，致公武不詳作者，而稍後鄭
　　　　樵《通志‧藝文略》，亦錄有「《離騷章句》十七卷」（依姜亮夫《楚辭書目五

其後有若干修改處（如前引蜀客所言者）未見流傳，且所成二書又經改動而佚失完整面貌，然對後代楚辭學之研究依舊極具貢獻。

二、《補注》與《考異》之分合

由今傳《楚辭補注》各本觀之，《考異》已散入《補注》之中，若與《楚辭章句》本互相比勘，則《考異》之內容約略得以釐出。大體而言，《考異》乃以考錄興祖所見之各本異文為主，旨在說明當時《楚辭》傳本之異同，例如〈離騷・前敘〉「王乃疏屈原」句，下曰「疏，一作逐」；又同篇「皇覽揆余初度兮」句，下曰「覽，一作鑒。一本『余』下有『于』字」；而「又申之以攬茞」句，下亦曰「一云：『又申之攬茞』」；三處所載皆為各本異文，分別出以「一作……」、「一云……」、「一本……」等形式，知此當屬《考異》之文字。

然而問題尚不止於此，觀《楚辭補注》中王逸注文以下，實由「補曰」二字構築為洪氏撰作之主體，其中「補曰」之上，包含「一作」、「一云」等考異文字，以及《釋文》之異文與音切，同時亦出現不少「五臣注」；而「補曰」之下，則大部分為補正王注之內容，至於《釋文》及「五臣注」仍間有引用。面對上述情形，可以推知後人散附《考異》於《補注》中時，當有某些誤失，方才導致如此複雜之面貌。以下試依不同方向加以分析：

（一）《楚辭釋文》與《楚辭補注》

《楚辭補注》中引及《釋文》之處，除卷前目錄下與〈七諫・謬諫〉下有關篇次篇名之論述外，尚有一百二十二則，〔註49〕知此書於興祖心中頗具參考價值。《釋文》一書，《隋書・經籍志》、新舊唐書《藝文志》、《崇文總目》等均未著錄，至晁公武《郡齋讀書志》始云：「《楚辭釋文》一卷，右未詳撰人，其篇次不與世行本同。」〔註50〕陳振孫《直齋書錄解題》續云：「《離騷釋文》一

種》所考，此當即洪書），但仍不署作者之名，可知興祖受政治之累頗深。

〔註49〕今本《楚辭補注》中所錄之《楚辭釋文》，學者嘗有不同說法，如游國恩先生《學術論文集》謂有七十七條（該書頁264）；又劉永濟先生《屈賦通箋・箋屈餘義》謂有九十三條（該書頁244）；又姜亮夫先生《楚辭學論文集》謂有一一八條（該書頁402）；至張來芳先生〈楚辭釋文補苴〉一文，則謂有一二二則（《江西大學學報》社科版，西元1991年第4期）。證諸四部叢刊本《楚辭補注》，當依張說為是。

〔註50〕見同註31，卷四《楚辭釋文一卷》條下敘錄。

卷，古本，無名氏。洪氏得之吳郡林慮德祖，其篇次不與今本同。」〔註51〕二
書雖著錄但不明作者，而余嘉錫據《宋史・藝文志》斷曰：「考《宋史・藝文志・
總集類》，有王勉《楚辭章句》二卷、《楚辭釋文》一卷、《離騷約》二卷，在宋
遵度《群書麗藻》之後，徐鍇《賦苑》之前，則作者姓名，具有可考。……王
勉雖不知何時人，然既廁於遵度與鍇之間，疑亦南唐人也。」〔註52〕其說雖為
近代學者劉永濟與日本楚辭專家竹治貞夫所疑，〔註53〕然而宋時此書必曾傳
世，是以林慮、洪興祖、晁公武及陳振孫等得而見之。興祖既得《釋文》本，
先後運用於撰作《補注》及《考異》之中，前者如卷前目錄所謂「《釋文》第幾」
與其後之案語「知《釋文》篇第，蓋舊本也」之類，有時因補注所需，亦偶引
若干《釋文》音義藉以說明（詳後）；後者如卷中「補曰」前所見之「《釋文》
作某」、「《釋文》音某」等；可知興祖取資於《釋文》者頗多。

近人姜亮夫先生嘗就《楚辭補注》中出現之《釋文》加以整理，共得一
百一十八則（其中第一○七則當如姜氏所疑，非《釋文》之本文，故實為一一
七則），並總結云：

> 此百十八則，有兩種錄法，而以洪氏「補曰」為關鍵。凡在「補曰」
> 前者，必洪氏錄用所據二十餘家校本之舊文，大體在《文選》五臣
> 注之下，或緊接「補曰」者，於量為最多。其在「補曰」後者，則
> 為洪氏直採《釋文》本書者，多以為校正本文字形字音之助，或以
> 駁正《釋文》之誤者，於量為最少。此可證明《釋文》在南宋初尚
> 未佚失，故洪氏得以為考異，故其亡當在元明之間，惜哉！〔註54〕

換言之，姜氏以為「補曰」之前凡「《釋文》作某」、「《釋文》作某，某某切」、
「《釋文》作某，音某」等內容，乃洪氏逐錄諸家校本之舊文而來，至於「補曰」

〔註51〕見同註28，卷一五《離騷釋文一卷》條下敘錄。

〔註52〕見余嘉錫《四庫提要辨證》卷二○〈集部一・楚辭類・楚辭章句十七卷〉，載
《四庫全書總目》冊八，（台北：藝文印書館，西元1989年1月六版），頁1224。

〔註53〕劉永濟先生《屈賦通箋・箋屈餘義》謂余氏之說猶有可議者三，一曰王勉所
作《釋文》是否即洪氏所見《釋文》；二曰林德祖自中秘抄出《釋文》，不應
獨遺作者名氏；三曰洪氏既不出《釋文》之作者，而陳振孫亦然，但稱為古
本，顯示此書作者失傳已久。見該書頁243、244。又竹治貞夫〈楚辭釋文作
者考〉一文，則以陸善經為可能之作者，見傅錫壬先生《山川寂寞衣冠淚——
屈原的悲歌世界》一書所載譯文，頁327至366。

〔註54〕見姜亮夫先生《楚辭學論文集》中〈洪慶善所引楚辭釋文作者考〉一文，（上
海：上海古籍出版社，西元1984年12月第一版），頁402。

之後，引有「《釋文》某，某某切」者，姜氏則謂乃興祖引以證《釋文》之誤，或藉以訓解正文之字形字音等。姜亮夫先生總括此一一八則爲三類：字形之變異、字音之反切、字義之訓解，並謂「《釋文》內容雖不盡知，然不涉文物、典制、史實、事理、文理、詞氣，可知此書大例，僅在考文字字形、音韻而已」，〔註55〕若以陸德明《經典釋文》與此百餘則相較，則知二者性質相似，均屬訓釋字形、字音、字義之書。針對上引姜氏諸說，其言「補曰」前後所引《釋文》之來源與意義，誠屬重要之見，然其中猶有若干仍待商榷處：

其一，姜氏謂「補曰」前之《釋文》爲興祖依各家所校而迻寫，由此看來，似乎其乃專就各家校本所引之《釋文》加以傳錄，並非親以《釋文》本與諸本對勘，然則興祖既自林德祖處得《釋文》本，以其嚴謹之治學態度，當是以之與諸家校本復行校閱，以求盡善，何以單憑他本所言而捨棄正本？再者，今見《釋文》共百餘則，視諸《楚辭補注》全書實僅佔一小部分，觀《釋文》篇第，自〈離騷〉至〈九思〉，首尾俱全，不應只以百餘則即構成一書，想必經過興祖一番去取所致；亦即洪氏參校眾本，凡《釋文》與他本相同者，則不另出《釋文》內容，而僅云「一本作某」或「一作某」以概括之，至於《釋文》與他本相異者，則明言「《釋文》作某」，或附切語及釋義，藉以強調之，〔註56〕是故如今所見並非《釋文》全貌。

其二，姜氏謂「補曰」後之《釋文》爲興祖用以說明本文字形字音或駁正《釋文》之誤者，與「補曰」前之校語同屬《考異》之內容，〔註57〕據姜氏所出一一八則（實爲一一七則）及張來芳所補五則觀之，洪氏所引《釋文》確有補正字形字音之功，然而「補曰」之後所引《釋文》，似乎並非全屬《考異》。緣以興祖作《補注》之前，即已獲《釋文》以備參校，待其補正王注時，未必不可能利用該書資料以輔助之，下舉諸例中《釋文》內容均出現於「補曰」後，然細繹「補曰」前後之文章，實不關乎校正異文，而乃專爲《補注》中訓解字音、字形而發，如：

1、〈九章·懷沙〉：「鳳皇在笯兮。」

王注：「笯，籠落也。」

〔註55〕同上，頁 421。

〔註56〕參同註 53 所引竹治貞夫一文註 31，見傅書頁 359 末，（台北：時報文化出版公司，西元 1987 年 6 月出版）。

〔註57〕見同註 54，頁 402 及 421。

洪注：「徐廣曰：笯，一作郊。補曰：笯，音暮，《釋文》音奴，又女家切。
　　　《說文》曰：籠也，南楚謂之笯。」

按：洪氏旨在釋「笯」字，其中「徐廣曰：笯，一作郊」當屬《考異》，而
　　「補曰」之後云云則屬《補注》，就其內容可知《釋文》亦作「笯」，
　　但音切有異，故洪氏引其說「音奴，又女家切」以補充之。縱觀全條，
　　《釋文》之徵引純為補充「笯」字尚有他音而來，與《考異》實不相
　　涉。

2、〈招隱士〉：「硍磈魂碗。」

　　王注：「崔嵬嶒嶙。」

　　洪注：「補曰：硍，綺矜切，《釋文》苦本切，非也，硍，從困；硍，從困。
　　　　　磈，七冰切。魂，於鬼切。碗，魚毀切。並石皃。」

　　按：洪氏注分釋「硍」「磈」、「魂」、「碗」四字，「補曰」前未見《考異》，
　　　　而《補注》中洪氏訓解「硍」字時，即引《釋文》「苦本切」以證明當
　　　　作「綺矜切」，由此看出洪氏作《補注》之際，實有採自《釋文》者以
　　　　為輔助。

3、〈哀時命〉：「氣涫灗其若波。」

　　王注：「言己心憂宛轉，而不能臥，愁夜之長，氣為涫灗，若水之波也。」

　　洪注：「其，一作而。波，一作湯。補曰：涫，沸也，《釋文》音館，《集韻》
　　　　　官、貫二音。灗，與沸同。」

　　按：洪氏注分釋「其」、「波」、「涫」、「灗」等字，其中「其，一作而。波，
　　　　一作湯」當屬《考異》，而「補曰」後則屬《補注》，洪氏訓解「涫」
　　　　字時，特引《釋文》及《集韻》以明其音讀，實與《考異》之文無關。

4、〈九懷・通路〉：「從蝦兮遊渚。」

　　王注：「小人並進，在朝廷也。鯨鱣，大魚也。蝦，小魚也。」

　　洪注：「陼，一作渚。補曰：蝦，《釋文》音遐，《說文》云：蝦，蟆也。一
　　　　　曰：蝦，虫與水母游。」

　　按：洪氏注分釋「陼」、「蝦」等字，其中「陼，一作渚」當屬《考異》，而
　　　　「補曰」後則屬《補注》，洪氏訓解「蝦」字時，引《釋文》以明其音
　　　　讀，而《考異》乃云「陼」字，二者並未相關。

5、〈九思・怨上〉：「菽藟兮蔓衍。」

王注：「菽藟，小草也。蔓衍，廣延也。」

洪注：「補曰：菽，《釋文》音焦。藟，力水切。」

按：洪氏注分釋「菽」、「藟」等字，「補曰」無前《考異》，而《補注》中洪氏引《釋文》「音焦」以明其音讀，實乃借助《釋文》，與《考異》無關甚為明顯。

由以上諸例可知，興祖不僅借重《釋文》以成《考異》，其先前作《補注》時亦曾參用之。試觀其完成《考異》之際，即將之附於《釋文》之後而刊行，推其因由，或以《釋文》篇第猶存舊本之跡，實堪保留；或以《釋文》中載有異文及相關音義，足與《考異》相互補充，然而必須辨明者，為《楚辭補注》中凡出現《釋文》之部分，恐非全屬《考異》內容。

不過，今見一二二則含有《釋文》內容之文句中，實亦存有若干例子，其若依洪注中之上下文意考之，當以前後語意相關而同屬《考異》，只因其被置於「補曰」之後，遂易令人視為《補注》中語，姜氏殆即據此現象而謂《釋文》云云均屬《考異》也。此類被分隔且內容涉及《釋文》之《考異》，如：

1、〈離騷〉：「忍尤而攘詬。」

王注：「尤，過也。攘，除也。詬，恥也。……如孔子誅少正卯也。」

洪注：「《釋文》詬作訽。補曰：詬、訽並呼漏切，又古豆切。《禮記》曰：以儒相詬病。詬病，恥辱也。」

按：「《釋文》詬作訽」當即《考異》，而「補曰」後言「詬、訽並呼漏切，又古豆切」，若視為《補注》中語，則「訽」由何而來？且「並」如何解釋？若與《釋文》「詬作訽」齊觀，可知具有上下相承之關係，實當同屬《考異》之文。

2、〈九懷・株昭〉：「蹇驢服駕兮。」

王注：「駑鈍之徒，為輔翼也。」

洪注：「服，一作般，《釋文》作舨。補曰：般、舨，並與服同。」

按：洪注中「補曰」前者當即《考異》，「補曰」之後言「般、舨，並與服同」者，因前無所承，有之則自《考異》中來，故當亦屬《考異》之文。

3、〈大招〉：「鼎臑盈望，和致芳只。」

王注：「臑，熟也。致，致鹹酸也。芳，謂椒薑也。……望之滿案，有行列

也。」

洪注：「臑，一作腩，《釋文》作腩，徒南切。補曰：腩，臑也。」

按：洪注中「補曰」前者當即《考異》，「補曰」後言「腩，臑也」實承《考異》中「腩」字而來，否則即顯突兀。又此處「腩，臑也」似亦屬《釋文》中語，乃《釋文》言及字義之少數例子之一。〔註58〕

4、〈九辯〉：「老冉冉而愈弛。」

王注：「年命逝往，促急危也。」

洪注：「老，一作壽。愈，一作俞。《釋文》弛作施。補曰：俞與愈同。施與弛同。」

按：洪注中「補曰」前者當即《考異》，而「補曰」後所言實均與《考異》中「俞」、「施」等字上下相承，當亦屬《考異》。

5、〈九懷·陶壅〉：「意曉陽兮燎寤。」

王注：「心中燎明，內自覺也。」

洪注：「燎，一作半，《釋文》作憭。補曰：憭音了。」

按：洪注中「補曰」前當即《考異》，而「補曰」後所言，實承上文「憭」字而來，故當同屬《考異》。

實際而言，不唯上舉諸例遭此分隔，其餘不含《釋文》之《考異》內容亦有類似之例，如：

1、〈離騷〉：「乘騏驥以馳騁兮。」

王注：「騏驥，駿馬也，以喻賢智。言乘駿馬一日可致千里，以言任賢智則可成於治也。」

洪注：「乘，一作椉，《文選》作策。馳，一作駝。補曰：駝即馳字，下同。」

按：洪注中「補曰」前當即《考異》，而「補曰」後所言「駝即馳字，下同」之「駝」字，不知何據？蓋依《陳錄》知洪氏先作《補注》，後成《考異》，故《補注》不當針對《考異》內容另加補正，而此條「補曰」後之「駝」字顯係承自「馳，一作駝」而來，則當同屬《考異》之文，否則即顯突兀。

〔註58〕洪氏所引《釋文》諸則中，大部分以字形、字音之內容為多，兼及字義者僅在少數，如〈九章·懷沙〉「重華不可遌兮」下云：「……《釋文》：『遌，五各切，心不欲見而見曰遌。』……」又〈九章·悲回風〉「草苴比而不芳」下云：「……苴，《釋文》七古切，茅藉祭也。……」等是。

2、〈離騷〉:「溘吾游此春宮兮。」

　　王注:「溘,奄也。春宮,東方青帝舍也。」

　　洪注:「溘,一作壒。補曰:壒,塵也,無奄忽義。」

　　按:「溘,一作壒」當即《考異》,而「補曰」後所言「壒」字,實承自《考異》而來;洪氏謂「無奄忽義」云云,旨在駁正他本作「壒」之誤,知其於《考異》中不單列舉異文,遇有明顯誤字,亦予修正之。

3、〈九章・惜往日〉:「妒佳冶之芬芳兮。」

　　王注:「嫉害美善之婉容也。」

　　洪注:「佳,一作娃。補曰:娃,於佳切。吳楚之間謂好曰娃。冶,妖冶,女態。《易》曰:冶容誨淫。」

　　按:「佳,一作娃」當即《考異》,而「補曰」後所言「娃」字。乃承自《考異》而來。

4、〈天問〉:「胡為嗜不同味,而快黿飽。」

　　王注:「言禹治水道娶者,憂無繼嗣耳,何特與眾人同嗜欲,苟欲飽快一朝之情乎?……而有啓也。」

　　洪注:「一本嗜下有欲字,快下有一字。一云:胡維嗜欲同味。維,一作為。黿一作晁,一作朝。補曰:黿、晁並音朝莫之朝。此言禹之所嗜與眾人異味,眾人所嗜,以厭足其情欲,禹所嗜者,極民之溺爾。」

　　按:洪注中「補曰」前當即《考異》,而「補曰」後言「黿、晁並音朝莫之朝」者,知其乃上承「一作晁,一作朝」而來,故當同屬《考異》。

5、〈九章・悲回風〉:「重任石之何益。」

　　王注:「任,負也。百二十斤為石。言己數諫君而不見聽,雖欲自任以重石,終無益於萬分也。」

　　洪注:「一云:任重石。石,一作秙。補曰:『秙,當作秙,音石,百二十斤也。稻一秙為粟二十升,禾黍一秙為粟十六升,大升半;又三十斤為鈞,四鈞為石。秙,音庫,禾不實也,義與此異。』《文選・江賦》云:悲靈均之任石。注引:重任石之何益、懷沙礫而自沈,懷沙即任石也。與逸說不同。」

　　按:洪注中「補曰」前當即《考異》,而「補曰」後言「秙,當作秙。……義與此異」者,均乃上承「石,一作秙」而來,並加以考證,明指他

本作「秙」實不宜，當作「秙」爲是。故此段亦當原屬《考異》。

綜觀今本《楚辭補注》，除《漁父》之外，幾乎均可經由文意之相承與否，發現同於上舉十例之複雜情況，而文意取決之關鍵，又在於《補注》本身不當有針對《考異》所發之補充或修正。此關鍵性論點之提出，自與《陳錄》息息相關，《陳錄》所言據《晁志》之記載，乃是依興祖之自序，〔註59〕設若此項論點推演無誤，則後人散附《考異》於《補注》相應各句之際，極可能曾產生偏失，誤將《考異》部分內容置於「補曰」之後矣。近人湯炳正先生亦嘗就此問題加以論述，其引〈九懷‧尊嘉〉「東注兮磑磑」、〈九思‧逢尤〉「憃悵立兮涕滂沱」及〈九歎‧遠游〉「悉靈圉而來謁」爲例，謂「原本《考異》中之異文與音切，或本相連成文，而散附者強爲割裂於『補曰』之前後」，〔註60〕知其已覺今本《楚辭補注》中《考異》與《補注》二者，恐不能僅依「補曰」便足分辨之。

（二）「五臣注」與《楚辭補注》

今傳《楚辭補注》各篇中，〈離騷〉、〈九歌〉、〈九章〉、〈卜居〉、〈漁父〉、〈九辯〉、〈招魂〉、〈招隱士〉均引有或多或少之五臣注，總數超過《釋文》，顯見《文選》亦受興祖之重視。然而或因其在《楚辭補注》中常居於王注之後，「補曰」之前，正與洪氏《考異》之文相間，故令人疑其爲後人增補之文字，而非洪氏所親引。〔註61〕關於此項說法，可經由下列兩點加以檢視：

其一，興祖於參校各本時曾利用《文選》之板本，如〈離騷〉「扈江離與辟芷兮」句下云：「《文選》離作蘺。」又同篇「索藑茅以筳篿兮」句下亦云：「《文選》藑作瓊。」知其時《文選》因甚通行，故興祖亦參考之。

其二，興祖於《楚辭補注》之中曾針對五臣注加以駁正，或兼引李善注藉以訓釋，前者如〈離騷〉「朕皇考曰伯庸」句，「補曰」後云：「蔡邕云：『朕，

〔註59〕參同註31，晁公武云：「……自序云：以歐陽永叔、蘇子瞻、晁文元、宋景文家本參校之，遂爲定本。……」故知陳振孫所言洪書之創作過程，乃據書中原有之自序而來。

〔註60〕參見湯炳正先生《楚辭類稿》中〈楚辭考異散附楚辭補注〉一節，（成都：巴蜀書社，西元1988年1月第一版），頁98至101。其中所論如《釋文》與《考異》，以及「五臣注」與《補注》諸問題，均提出新見，極具啓發性。

〔註61〕如北京中華書局於1983年重印之點校本《楚辭補注》，其〈出版說明〉中即云：「但補字以上除了王逸注外，還有後人的增補，如引《文選》李善及五臣注是，究爲何人所補，除所補外是否悉爲王逸原文，尚待考證。」

我也。古者上下共之，咎繇與帝舜言稱朕，屈原曰：朕皇考。至秦獨以爲尊稱，漢遂因之。』唐五臣注《文選》云：『古人質，與君同稱朕。』又以伯庸爲屈原父名，皆非也，原爲人子，忍斥其父名乎？」後者如〈招魂〉「挫糟凍飲」句，「補曰」前云：「五臣云：『糟，酒滓也。』李善云：『凍，冷也』」知無論是援引，抑或駁斥，興祖於五臣注本及李善注本均詳加運用。

由上文看來，所謂「五臣注及李善注究爲何人所補」之問題，似仍以歸諸洪氏爲宜，況且〈離騷〉中「謇吾法夫前修兮」下，興祖注云：「世所傳《楚詞》，唯王逸本最古，凡諸本異同，皆當以此爲正，又李善注本有以世爲時爲代，以民爲人之類，皆避唐諱，當從舊本。」更顯其參據《文選》之跡。不過，揆諸五臣注所出現之位置，亦與《考異》一般，分廁於「補曰」前後，其具體情形如下：

1、五臣注居「補曰」之前，內容旨在解釋正文字詞或句義，如：

（1）〈九歌‧東皇太一〉：「疏緩節兮安歌。」

　　王注：「疏，希也。言肴膳酒醴既具，不敢寧處，親舉枹擊鼓，使靈巫緩節而舞，徐歌相和以樂神也。」

　　洪注：「五臣云：使曲節希緩而安音清歌。補曰：疏與疎同。」

　　按：五臣注乃解釋全句之義。

（2）〈招隱士〉：「山氣巃嵷兮。」

　　王注：「岑崟參嵯，雲溶鬱也。」

　　洪注：「巃，一作嚨。五臣云：巃嵷，雲氣兒。補曰：巃，力孔切。嵷，音惣，山孤兒。」

　　按：五臣注乃解釋「巃嵷」一詞之義。

（3）〈九章‧涉江〉：「駕青虯兮驂白螭。」

　　王注：「虯、螭，神獸，宜於駕乘。以喻賢人清白，宜可信任也。」

　　洪注：「五臣云：虯、螭皆龍類。補曰：虯見〈騷經〉，螭見〈九歌〉。」

　　按：五臣注乃解釋「虯」、「螭」之字義。

2、五臣注居「補曰」之後，內容亦為解釋正文字詞或句義，如：

（1）〈離騷〉：「朝吾將濟於白水兮。」

　　王注：「濟，渡也。《淮南子》言：白水出崑崙之山，飲之不死。」

　　洪注：「於，一作乎。補曰：《河圖》曰：崑山出五色流水，其白水入中國，

名為河也。五臣云：白水，神泉。」

按：五臣注乃解釋「白水」一詞之義。

（2）〈九歌・湘夫人〉：「繚之兮杜衡。」

王注：「繚，縛束也。杜衡，香草。」

洪注：「一本兮下有以字。衡，一作蘅。補曰：繚，音了，纏也。謂以荷為屋，以芷覆之，又以杜衡繚之也。五臣云：束縛杜衡，置於水中。非是。」

按：五臣注乃解釋全句之義，但興祖引之實欲以明其非是。

（3）〈卜居〉：「將突梯滑稽。」

王注：「轉隨俗也。」

洪注：「補曰：《文選》注云：突，吐忽切，滑也。滑，音骨。稽，音雞。五臣云：委曲順俗也。揚雄以東方朔為滑稽之雄，又曰：鴟夷滑稽。顏師古曰：滑稽，圓轉縱捨無窮之狀。一云：酒器也，轉注吐酒，終日不已，出口成章不窮竭，若滑稽之吐酒。」

按：「補曰」後先引《文選》注（此處「突，吐忽切」見於四庫全書本六臣注《文選》，而南宋尤袤刊清胡克家校本李善注《文選》則未見），以釋「突」字音切，次引五臣注，以釋全句之義。

3、五臣注雖居「補曰」之前，然「補曰」後卻有針對五臣注加以考辨之內容，如：

（1）〈離騷〉：「不撫壯而棄穢兮。」

王注：「年德盛曰壯。棄，去也。穢，行之惡也，以喻讒邪。百草為稼穡之穢，讒佞亦為忠直之害也。」

洪注：「《文選》無不字。五臣云：撫，持也。言持盛壯之年，廢棄道德，用讒邪之言，為穢惡之行。補曰：撫，芳武切。不撫壯而棄穢者，謂其君不肯當年德盛壯之時，棄遠讒佞也，五臣注誤。」

按：「補曰」前之五臣注言「廢棄道德」，「補曰」後加以駁正，訓為「棄遠讒佞」，則二者當為上下相承之關係。

（2）〈離騷〉：「周論道而莫差。」

王注：「周，周家也。差，過也。言殷湯、夏禹、周之文王，受命之君，皆畏天敬賢，論議道德，無有過差，故能獲夫神人之助，子孫蒙其福

　　　　祐也。」

　　洪注：「五臣云：湯禹周文，皆儼肅祇敬，論議道德，無有差殊，故得永年。
　　　　　　補曰：道，治道也。言周則包文武矣。差，舊讀作蹉，五臣以爲差
　　　　　　殊，非是。」

　　按：「補曰」前之五臣注言「差殊」，「補曰」後加以駁正，訓同王注「過差」，
　　　　當爲上下相承。

（3）〈離騷〉：「高翱翔之翼翼。」

　　王注：「翼翼，和貌。言己動順天道，則鳳凰來隨我車，敬承旆旗，高飛翱
　　　　　　翔，翼翼而和，嘉忠正，懷有德也。」

　　洪注：「之，一作而。五臣云：鳳凰承旆，引路飛翔，翼翼然扶衛於己。補
　　　　　　曰：古者旌旗皆載於車上，故逸以承旆爲來隨我車，〈遠游〉注云『俊
　　　　　　鳥夾轂而扶輪』是也。五臣以爲引路，誤矣。」

　　按：「補曰」前之五臣注言「鳳凰引路」，「補曰」後加以駁正，訓同王注，
　　　　二者當爲上下相承。

（4）〈招魂〉：「容態好比。」

　　王注：「態，姿也。比，親也。」

　　洪注：「五臣云：比，密也。補曰：好，王逸作美好之好，五臣作好愛之好。」

　　按：此處兩言五臣注，實皆引自同一注文，六臣注《文選》原作「比，密
　　　　也。彌，猶次也。好相親密和順，次以相代也」，知「補曰」前乃直引
　　　　其言，而「補曰」後乃特就「好」字引述之，則亦當有前後相繫之關
　　　　係。

（5）〈招魂〉：「奏大呂些。」

　　王注：「大呂，六律名也。《周官》曰：舞雲門，奏大呂。言乃復使吳人歌
　　　　　　謠，蔡人謳吟，進雅樂，奏大呂，五音六律，聲和調也」

　　洪注：「《文選》奏作秦。五臣注：吳、蔡、秦，皆國名。補曰：大呂非秦
　　　　　　聲，五臣說非是。」

　　按：「補曰」前之五臣注以秦爲國名，「補曰」後加以駁正，訓同王注，二
　　　　者當有上下相承之關係。

4、五臣注居王注之後，或居各本異文之後，然此外並無「補曰」之內容，如：

（1）〈九歌・東皇太一〉：「五音分兮繁會。」

　　王注：「五音，宮、商、角、徵、羽也。紛，盛貌。繁，眾也。」

　　洪注：「五臣云：繁會，錯雜也。」

　　按：五臣注接於王注之後，釋「繁會」一詞之義，而其下並無「補曰」云云。

（2）〈九章・涉江〉：「吾方高馳而不顧。」

　　王注：「言時世貪亂，遭君蔽闇，無有知我之賢，然猶高行抗志，終不回曲也。」

　　洪注：「一本句末有兮字。五臣云：言我冠帶佩服，莫不盛美，加之忠信貞潔，而遭世溷濁，無相知者，顧世上如此，故高馳不顧，願駕虬螭而遠去也。」

　　按：五臣注接於異文之後，釋全句之義，而其下未見「補曰」云云。

（3）〈九辯〉：「超逍遙兮。」

　　王注：「遠去浮游，離州域也。」

　　洪注：「五臣云：無所依。」

　　按：五臣注接於王注之後，釋全句之義，而其下未見「補曰」云云。

　　根據上舉四類情形，則五臣注之所以被興祖採用，大抵基於其能輔助釋字、釋詞及釋句，尤以第 2、3 類觀之，五臣注實即與《補注》之內容同一體，第 3 類中五臣注雖經「補曰」分隔，然由上下文意之相互呼應加以分析，確宜將五臣注還原於「補曰」後之《補注》內。換言之，今見五臣注面貌複雜之因，當與《考異》之情況相同，極可能亦肇因於後人之散附態度，其或許以為五臣注非興祖之言，應予另列，是以儘量將其置於「補曰」之前，致與《考異》之文同處，此即第 1 類之來由，而此類數量的確最多；其次，此散附過程無法盡善盡美，致有極少之五臣注仍存於「補曰」之後，此即第 2 類之來由；再次，後人散附時校讀有誤，逕取五臣注置於前，遂忽略若干「補曰」後有關五臣注之辨證文字，約留有十餘則，此即第 3 類之來由；其餘或因興祖於「補曰」之後原僅徵引五臣注以為訓釋，此外並未綴以他言，一旦經散附者將五臣注改置於前，則「補曰」之後實已不存隻字，是以「補曰」二字亦多省略，此即第 4 類之來由，觀其數量僅次於第 1 類，亦可證明興祖於五臣注當以接受或補足為多。

　　湯炳正先生以為：「今本『補曰』之前所引『五臣曰』云云，本當為《補

注》之語，淺人散附《考異》時，妄移於『補曰』之前。」〔註62〕並引〈離騷〉「馳椒丘且焉止息」爲證，強調「補曰」之後，仍有連繫「補曰」前之五臣注者；考其所欲申明者，實即前舉第 3 類之情形。至於散附者是否誠如其所謂之「淺妄」，在此不擬詳言，不過，除上文所論《釋文》與《考異》之糾葛，以及此處五臣注被分隔改易之外，今本《楚辭補注》尚有若干處亦待商榷，例如：

1、〈九歌・東君〉：「夜晈晈兮既明。」

王注：「言日既陞天，運轉而西，將過太陰，徐撫其馬，……晈晈而自明也。」

洪注：「晈，一作皎。補曰：晈字從日，與皎同。此言日之將出，羲和御之，安驅徐行，使幽昧之夜晈晈而復明也。補曰：舊本明，音亡。」

按：洪注中連續出現「補曰」共二處，此不合《補注》之體例，疑後者係誤刊所致。

2、〈天問〉：「載尸集戰，何所急。」

王注：「尸，主也。集，會也。言武王伐紂，載文王木主，……爲民除害也。」

洪注：「補曰：《史記》：武王東觀兵至於盟津，爲文王木主，載以車中軍，武王自稱太子發，言奉文王以伐，不敢自專。補曰：《記》云，祭祀之有尸也，宗廟之有主也，示民有事也。主有虞主、練主，尸，神像也，以人爲之，然《書》序云，康王既尸天子，則尸亦主也。」

按：此處「補曰」亦重複出現，疑亦屬誤刊。

3、〈天問〉：「胡躲夫河伯，妻彼雒嬪。」

王注：「胡，何也。雒嬪，水神，謂宓妃也。傳曰：河伯化爲白龍，……天帝曰：使汝深守神靈，羿何從得犯？汝今爲虫獸，當爲人所躲，固其宜也，羿何罪歟？深，一作保。羿又夢與雒水神宓妃交接也。」

洪注：「一本胡下有羿字。躲，一作射。補曰：躲，食亦切，下同。妻，心計切。此言……射河伯。」

按：王注中徵引「補曰」之言，至「羿何罪歟」下卻見「深，一作保」，據明嘉靖黃省曾校刊《楚辭章句》本觀之，並無此語，疑此語當係《考異》之文，本應在「羿又夢與雒水神宓妃交接也」之後，乃洪氏校錄王注異文之一例（洪氏所校除《楚辭》正文外，亦包含少數王逸注文），

〔註62〕見同註 60。

因疏失而誤植於王注中。

4、〈天問〉：「羲和之未揚，若華何光。」

　　王注：「羲和，日御也。言日未出之時，若木何能有明赤之光華乎？」

　　洪注：「和，《釋文》作龢。揚，一作陽。〈天對〉云：惟若之華，稟羲以耀。
　　　　　補曰：羲和，若木，已見〈騷經〉。」

　　按：洪氏補注〈天問〉，輒引柳宗元〈天對〉為輔，其位置均當在「補曰」
　　　　之後，此由洪氏自言「故〈天對〉云……」（見「厥利維何，而顧菟在
　　　　腹」句）自斥〈天對〉之誤（「雄虺九首，儵忽焉在」句），以及〈天
　　　　對〉之語泰半出現於《補注》之內可知；故此處所見，應屬誤植。

5、〈九辯〉：「收恢台之孟夏兮。」

　　王注：「上無仁恩以養民也，夫天制四時，春生夏長，……懷德君子，忠而
　　　　　被害也。」

　　洪注：「台，一作炱，一作怠。五臣云：恢台，長養也。《釋文》：台，他來
　　　　　切。補曰：〈舞賦〉云：舒恢炱之廣度。注云：恢炱，廣大貌。炱與
　　　　　台，古字通。黃魯直云：恢，大也；台，即胎也；言夏氣大而育物。
　　　　　《爾雅》曰：夏為長嬴是也。《集韻》：炱，煤應也，臺、胎二音。」

　　按：洪注中五臣注之位置，適將「補曰」前之《考異》內容分隔成兩段，
　　　　此當即散附者改置五臣注不慎所致。

　　　上舉各例均足啓人疑竇，然則後人散附《考異》於《補注》之際，並非
面面俱到，實可由以上諸現象中窺知。要之，興祖之書因原貌已失，欲知《補
注》與《考異》之本來體制，誠非易事，仍須借助於今本《楚辭補注》，而根
據前文之論述，可得《補注》及《考異》之輪廓如下，庶幾於其成書過程，
愈能確切掌握：

　　　其一，《補注》先成，其目的在「補王逸《章句》之未備者」，王注為已
知最早之完整《楚辭》注本，內容有釋字、釋詞、釋句以及申論屈原大義者，
而洪氏作《補注》，其意亦在於此，唯以王注時而過略，且不引出處，有損其
詳密完整，於是興祖乃兼顧正文（亦包含部分王注）之音切，期能與釋義相
結合，並廣引包含《釋文》、《文選》注（實以五臣注居多，李善注較少）、柳
宗元〈天對〉約百餘種典籍之相關內容，欲以輔翼王注而申明屈賦，要之，
其作《補注》，乃以字音、字義、全句大旨為疏通補正之主要對象，是以稱其「訓

詁名物詳矣」。〔註63〕

　　其二，《考異》後成，其目的在呈現當時諸多《楚辭》傳本之面貌，並試圖提出己見以是正各本，故其內容大抵爲所校各本之異文，如「《釋文》」、「古本」、「唐本」、「一本」、「《文選》」、「《文苑》」等，以及引自《釋文》、《集韻》等之音切與部分字義，藉以考辨某本作某字是否合宜。一般而言，所謂《考異》之作，當以校正文字爲內容，而不當及於音義部分，然據南宋時同類之作觀之，似乎未有定例，如朱熹《周易參同契考異》，其中訓解字句之義者多起，四庫館臣直稱其「實皆箋註之體，不盡訂正文字，乃以考異爲名，未喻其旨」；〔註64〕又方崧卿《韓集舉證》成於孝宗時，其時代稍晚於洪書，就其內容而論，固以校正文字爲主，然亦出現若干相應之音義。〔註65〕至於洪氏與《考異》同類之作如《韓文辨證》，其書雖已不傳，然由朱熹《韓集考異》中尚可窺見若干形貌，當有助於明瞭洪氏《考異》之內容。以朱書卷一、二、三爲例，其所引之《韓文辨證》數條中，即可看出洪氏除考校異文之外，並且及於字詞之訓解，如：〔註66〕

　　△卷一葉二十四「當火令」條：

　　洪云：此時春末夏初，故云火令。

　　△卷二葉四「女丁婦壬」條：

　　洪曰：丁，火也；壬，水也；火，女也，壬，男也。丁女而爲婦於壬，故曰女丁婦壬。

　　△卷二葉五「闡密」條：

　　朱子云：洪引「繚繞宮牆圍禁林」以釋此，誤矣。

　　△卷二葉十五「黃帝」條：

　　朱子云：洪以「皇帝」爲堯則非也。

〔註63〕見同註28，《楚辭十七卷》條下敘錄。
〔註64〕見朱熹《周易參同契考異》卷前提要，載《文淵閣四庫全書》子部三六四、道家類，頁557。
〔註65〕例《韓集舉證》卷一葉三「淵泫」條，方崧卿釋云：「杭本作汯，蜀本作泫。泫音玄，郭璞〈江賦〉之所謂「濂溭困泫」是也。唐避淵，今避泫，幾無全文也。」其中「泫音玄」即涉及音注：又同卷葉四「念西路之羌永」條，方云：「王逸〈離騷〉註曰：『羌，楚人語詞。猶言卿何爲也。』」此即引王注以釋「羌」義。
〔註66〕參見朱熹《原本韓集考異》，載《四庫全書》集部一二、別集類。

△卷三葉八「寶唾拾未盡，玉啼墮猶鎗」條：

洪云：此以咳唾喻珠璣，以啼泣喻玉筋也，唾又作硾，啼又作摕。

可見洪氏作《韓文辨證》一書，不獨校錄異文而已，其為求字句無誤，往往證之以義訓，然則其作《楚辭考異》，既仿前者將欲考釋之語詞先列於前，實亦可能於異文之外，輔之以音義以求允妥。試觀〈漁父〉「寧赴湘流」句下云：「自沈淵也。《史記》作常流，常，音長。」其中「自沈淵也」為王逸注文，以下當屬《考異》，且於《史記》異文之後，洪氏即加注音切；又同篇「而蒙世俗之塵埃乎」句下云：「被點污也。一無而字。塵埃，《史記》作溫蠖，說者曰：溫蠖，猶惛憒也。」其中「被點污也」為王注，以下屬《考異》，於《史記》異文之後，洪氏亦引「說者曰」以釋其義；將此二例連同上文所論《釋文》與《考異》之關係並視之，則興祖之《考異》，應包含字形，字音及字義之內容。

第三節　重要板本

洪興祖《楚辭補注》一書，根據上節所述知乃結合《補注》與《考異》而成。由於洪氏之作考證精詳，於王逸《章句》大有裨益，是以自秦檜去世之後，其著作流行漸廣，學者遂得與王注相互發明，藉窺《楚辭》大旨；顧自朱熹重注《楚辭》，並作《辯證》、《後語》以探抉幽隱，其聲勢遂盛過洪書，且因洪書於宋末之際為人所改，其條理組織誠有未盡完整之處，是以流傳漸受影響。毛表即云：「今世所行《楚辭》，率皆紫陽注本，而洪氏《補注》絕不復見。」〔註67〕知宋末以迄清初，《楚辭補注》實已流傳日稀，今日所見者，幸賴明人嘗就宋本加以繙刻，以及明末清初毛表亦據宋本重刻，故益顯珍貴。以下即依公私書目著錄與今日所見板本，分項論述其流傳概況：

一、歷代之著錄

（一）晁公武《郡齋讀書志》卷四錄云：

《補注楚辭》十七卷《考異》一卷

未詳撰人，凡王逸《章句》有未盡者補之，自序云以歐陽永叔，蘇子瞻、晁文元、宋景文家本參校之，遂為定本，又得姚廷輝本，作

〔註67〕見《楚辭補註》卷末毛表跋文，（台北：藝文印書館，西元1986年12月七版），頁543。

《考異》，且言〈辨騷〉非《楚辭》本書，不當錄。〔註68〕

按：晁氏此錄爲諸本書目中最早提及洪書者，然其著錄方式爲單一條目，似謂其所見者即爲一書，此與陳振孫所引興祖之自序不盡相合，仍待商榷（參見前節註40）；又晁引「且言〈辨騷〉非《楚辭》本書」云云，此乃鮑欽止語，實非出於興祖。

　　（二）鄭樵《通志・藝文略七》錄云：

《離騷章句》十七卷。〔註69〕

按：鄭氏此錄言「《離騷章句》」，且未載撰人，依姜亮夫先生所考，即爲興祖之作，其云：「〈離騷〉無十七卷之多，十七卷必王逸本無疑，然本書已別有王逸注，漢以來別無人爲《離騷章句》，其次在劉杳《草木蟲魚疏》後，則時代不宜前于宋也，考《晁志》亦云：『未詳撰人，凡王逸《章句》有未盡者補之。』則洪書初刻，或僅題《章句》，而未用興祖之名也。又《宋史》謂興祖著書，有『贊離騷』之語，則原本或亦作《離騷》，故作史者據之入傳也。」〔註70〕由〈藝文略・楚辭類〉觀之，姜氏推此十七卷爲興祖之作，頗合情理；至若引宋史本傳「贊離騷」云云，則屬偶誤，原文當是「《古文孝經序贊》、《離騷》、《楚辭考異》行於世」，不過於其論點無損。要之，興祖作《補注十七卷》與《考異》一卷，前者最初之題名難以確定，晁氏云「補注楚辭十七卷」，鄭氏云「離騷章句十七卷」，至陳振孫則云「楚辭十七卷」，知其書名當有改易；而鄭樵此處未言《考異》，證諸散附之舉乃在宋末，則鄭氏實未見《考異》一卷，故僅錄前者，此亦可說明紹興末鄭樵《通志》成書之際，洪氏之作當屬分行之二本。

　　（三）尤袤《遂初堂書目》錄云：

洪氏補註《楚詞》〔註71〕

按：尤氏此錄下無解題，亦無卷數，揆其時代尚在陳振孫之前，是以所見當

〔註68〕見袁州本《昭德先生郡齋讀書志》卷四，載《四部叢刊續編》冊六五，（台北：商務印書館，西元1966年10月臺一版），葉三。

〔註69〕見鄭樵《通志》卷六九〈藝文七〉，載《十通》第四種，（台北：商務印書館，西元1987年12臺一版），頁815。

〔註70〕見姜亮夫《楚辭書目五種》，（台北：明倫出版社，西元1971年10月出版），頁32。

〔註71〕見尤袤《遂初堂書目》總集類，載《書目續編》第二十三集，（台北：廣文書局，西元1968年3月初版），葉四十三。

亦為《補注》本而不含《考異》。

（四）脫脫《宋史・藝文志七》錄云：

> 洪興祖《補注楚辭》十七卷　《考異》一卷〔註72〕

按：《宋志》所據之資料除《三朝國史》、《兩朝國史》、《四朝國史》外，尚包括《中興館閣書目》、《續書目》及《中興國史藝文志》等，〔註73〕而後三者乃興祖書成之後始修撰，故脫脫所援引者當即源於此；易言之，自孝宗以迄寧宗之際，仍見得興祖之《補注》與《考異》。

（五）陳振孫《直齋書錄解題》卷十五錄云：

> 《楚辭》十七卷
>
> 漢護都水使者光祿大夫劉向集、後漢校書郎南郡王逸叔師注、知饒州曲阿洪興祖慶善補注。逸之注雖未能盡善，而自淮南王安以下為訓傳者，今不復存，其目僅見於隋唐志，獨逸注幸而尚傳，興祖從而補之，於是訓詁名物詳矣。〔註74〕

而同卷又云：

> 《楚辭考異》一卷
>
> 洪興祖撰，興祖少時從柳展如得東坡手校《楚辭》十卷，凡諸本異同，皆兩出之，後又得洪玉父而下本十四五家參校，遂為定本，始補王逸章句之未備者；書成，又得姚廷輝本，作《考異》，附古本《釋文》之後，其末又得歐陽永叔、孫莘老、蘇子容本於關子東、葉少協，校正以補《考異》之遺。洪於是書，用力亦以勤矣。〔註75〕

按：陳氏此錄分列洪氏二書，且《考異》下之解題頗詳，有助於明瞭興祖之創作歷程。

（六）馬端臨《文獻通考・經籍考五十七》錄云：

> 《補注楚辭》十七卷　《考異》一卷
>
> 晁氏曰：未詳撰人，凡王逸《章句》……陳氏曰：洪興祖撰，興祖

〔註72〕見脫脫《宋史》卷二〇八〈藝文七〉，（台北：新文豐出版公司，西元1975年4月出版），頁2420。

〔註73〕參見喬衍琯〈宋史藝文志考評〉一文，載《政大學報》第56期，頁4、5。

〔註74〕見陳振孫《直齋書錄解題》卷一五，載《書目續編》第二十四集，（台北：廣文書局，西元1968年3月初版），葉一。

〔註75〕同上，葉二。

　　少時從柳展如……亦以勤矣。〔註76〕

按：馬氏此錄乃抄撮晁、陳二氏之文而成，當非親見洪書所作。

　　（七）楊士奇《文淵閣書目》卷二錄云：

　　　　《楚辭注解》一部五冊、《楚辭注解》一部四冊〔註77〕

按：楊氏於日字號第一廚書目中另錄有《楚辭》八部，此處所言之《楚辭注
　　解》，未知是否即洪氏之作？倘是，亦未知此本中《考異》是否散入《補
　　注》之內？要之，《楊目》成於宣宗正統年間，顯示明代前期秘閣藏書之
　　概況，而興祖之作或即收於其中。

　　（八）焦竑《國史經籍志》卷五錄云：

　　　　《楚辭》十七卷　　宋洪興祖補王逸注
　　　　《楚辭考異》一卷　　洪興祖　　〔註78〕

按：焦氏自序云：「今之所錄，亦準晁例，以當代見存之書，統於四部，而御
　　製諸書則冠其首焉。」（同上）可藉焦氏此處所錄，知神宗萬曆年間可能
　　尚存洪氏《補注》與《考異》之單行本，且二書之題名、卷數均同於《陳
　　錄》所載。

　　（九）《四庫全書總目》卷一四八錄云：

　《楚辭補注》十七卷　　內府藏本

　　　　宋洪興祖撰，興祖字慶善，……此本每卷之末有「汲古後人毛表依
　　　　古本是正」印記，而考異已散入各句下，未知誰所竄亂也。又目錄
　　　　後有興祖附記，稱鮑欽止云〈辨騷〉非《楚辭》本書，不當錄，班
　　　　固二序舊在〈九歎〉之後，今附於第一通之末云云，此本〈離騷〉
　　　　之末有班固二序，與所記合，而劉勰〈辨騷〉一篇仍列序後，亦不
　　　　詳其何故，豈但言不當錄而未敢遽刪歟？……〔註79〕

按：《四庫全書》所錄即汲古閣毛表重刻宋《楚辭補注》本，毛氏此刻約在康

〔註76〕見馬端臨《文獻通考》卷二三〇〈經籍五十七〉，載《十通》第七種，（台北：
　　　　商務印館，西元1987年12月臺一版），頁1836。

〔註77〕見楊士奇《文淵閣書目》卷二〈日字號第一廚書目〉，載《文淵閣四庫全書》
　　　　史部四三三、目錄類，頁157。

〔註78〕見焦竑《國史經籍志》卷五，載《粵雅堂叢書》第五集，（台北：華文書局，
　　　　西元1965年5月出版），葉十二。

〔註79〕見《四庫全書總目》卷一四八〈集部一·楚辭類〉，載《文淵閣四庫全書》總
　　　　目四，（台北：商務印書館，西元1986年3月初版），頁3、4。

熙元年之際，所據之宋本其中《考異》已散入《補注》之下，如同今貌。

（十）朱學勤《結一廬書目》卷四錄云：

《楚辭補注》十七卷

計四本，宋洪興祖撰，明重刊宋本。〔註80〕

按：朱氏此錄題爲《楚辭補注》，知與汲古閣本一般，其《考異》亦已散入《補注》中，唯此爲明重刊宋本，據姜亮夫先生言，即與下之「明繙宋本」同一板片。〔註81〕

（十一）丁丙《善本書室藏書志》卷二十三錄云：

《楚辭》十七卷

明繙宋本，校書郎臣王逸上、曲阿洪興祖補注。目錄前題「漢護左都水使者光祿大夫臣劉向集」一行，末有二序。……此仿宋刊本，宋諱有闕筆，猶存舊時典型。〔註82〕

按：丁氏所藏後歸江南圖書館，爲上海涵芬樓據以影印入《四部叢刊》，崔富章《楚辭書目五種續編》以爲此明繙宋本乃刊刻於嘉靖年間，〔註83〕然則此本實早於毛氏汲古閣刊本，而二者所依之宋本，其間文字亦有若干不同，顯見洪書經過傳刻之後，其部分內容並非一致。

二、今見之板本

今日流傳之洪書率皆爲明以後之刊本，其中《考異》均已散入《補注》各句下，單行本實不復見。〔註84〕至於所見各本大致分爲以下二途：

〔註80〕見朱學勤《結一廬書目》卷四〈集部〉，載《郎園叢書》內，收於《叢書集成續編》冊五，（台北：新文豐出版公司，西元1989年7月臺一版），頁264。

〔註81〕參同註70。

〔註82〕見丁丙《善本書室藏書志》卷二三〈集部一〉，載《書目續編》第十集，葉一。

〔註83〕參見崔富章《楚辭書目五種續編》，（上海：古籍出版社，西元1993年2月第一版），頁42。又台北故宮博物院藏明繙宋本《楚辭》上有「五代司馬」之印，據考此印乃明嘉靖四十一年進士潘允端所有；而中研院傅斯年圖書館所藏本則有「玉蘭堂之印」，據考此乃明正德、嘉靖間人文徵明所有；二者均可佐證崔書。

〔註84〕姜亮夫《楚辭書目五種》載有「宋大字本十七卷」（頁32），而崔富章《續編》亦謂「宋刻本十七卷」（頁39），二者所據皆爲《天祿琳琅書目續編》，案是編卷六云：「宋版集部　楚辭補注　一函八冊。」並云乃項元汴家藏本，鈐有「墨林項氏藏書之印」、「五代司馬」、「謙牧堂藏書記」、「謙牧堂書畫記」之印（葉

（一）明繙宋本　佚名刻

1、南京圖書館藏本

此本原爲丁丙八千卷樓舊藏，後售予江南圖書館，上海商務印書館編《四部叢刊》時即依此影印。書前題爲「楚辭」，板匡高營造尺六寸九分，寬四寸七分，白口，單魚尾，左右雙邊，魚尾內上爲「楚辭卷某」，下爲葉數，每半葉九行，每行十五字至十七字，小注雙行，每行二十字至二十一字，共爲八冊，卷前首載「楚辭目錄」，下有小注，次云「漢護左都水使者光祿大夫臣劉向集」，隔行云「後漢校書郎臣王逸章句」，再次爲卷一至卷十七之目錄，於第一、第八、第十至第十七各條下均載作者，並於每條下附上《楚辭釋文》之篇第，以與當時通行本對比，目錄後則有附記一則；其後每卷先題「楚辭卷第幾」，隔行除卷第一先「離騷經章句第一　離騷」後「校書郎臣王逸上」及「曲阿洪興祖補注」兩行外，其餘均先「校書郎臣王逸上」後「某某章句第幾　離騷（自卷八起改作楚辭）」，而「楚辭卷第十七」之隔行，則題「漢侍中南郡王逸叔師作」。至於此本之避諱情形並不嚴謹，宋諱如恒、桓、敬、徵、貞等字闕末筆，餘如匡、弘、玄、敦、愼、讓等字則不避，殆即南宋晚

一），乍看之下，似乎上處所言即爲傳世之宋本《楚辭補注》；然而《天祿續編》乃彭元瑞於清乾嘉之際所作，雖自序言「前人評跋，名家印記，確有可證，絕無翻贋刻，爲坊肆書賈及好事家所僞託者」，後人卻屢屢致疑，喬衍琯〈天祿琳琅書目續編序〉即謂：「葉德輝《書林清話》卷十，有《天祿琳琅》宋元刻本之僞條；海寧蔣師慰堂云：『《天祿琳琅書目》之貽識，即坐不明板本，有以致之。』」並言乾隆之際審定板本之法尚未周密，所據者諱字、牌記、紙墨、字體而已，故彭氏所云絕無贋刻，實不足信（見《書目續編》）。誠如喬文所論，《天祿續編》六百餘部中，欲其鑑定無混殽者當非易事，即以此處《楚辭補注》爲例，崔書錄爲宋本，其下則云「原項元汴家藏而入內府者，今不知歸何所」（頁39），而台北故宮博物院所藏明繙宋本《楚辭》十七卷（今存十四卷七冊），其書函前之標目原亦稱「宋版　楚辭補注」，後則重定爲「明覆宋本　楚辭補注」（今《故宮博物院善本舊籍總目》即准此而著錄），該院圖書館王福壽先生以爲清廷內府所藏善本，部分源自各地官府所採進，其中或有託名宋板，或有鑑識不精而致誤者，此本原題「宋版　楚辭補注」者實誤，當與中央圖書館及傅斯年圖書館所藏明繙宋本「《楚辭》十七卷」俱屬同一板片。准此，則崔書中所謂「今不知歸何所」之「宋刻本《楚辭》十七卷」，是否即爲上述故宮之藏本？若以《天祿續編》所言「書十七卷，目錄後有附記，離騷經第一後錄班固序二編，劉勰〈辨騷〉一篇」觀之，二本均同；復以書中印記考之，前者所鈐之印，後者均有，且多出「乾隆御覽之寶」、「天祿繼鑑」等數印，亦即二本實爲同一本之可能性甚濃。倘若此推論無誤，則《天祿續編》所錄之「宋刻本《楚辭》十七卷」，實乃明繙宋本，彭元瑞等誤識之耳。

期刊本避諱較略之故。〔註85〕此外，卷一第五葉「紉秋蘭以爲佩」中「紉」字作「紛」（汲古閣刊本作「紉」），又卷三首葉「琦瑋僑侂」句中「琦」字下小注原作「一作瑰」，此則塗爲墨丁，末葉「既有解詞」中之「解」字，及「乃復連蹇其文」句下小注「一云乃復支連其文」，亦均爲墨丁。

2、浙江圖書館藏本

此本爲余紹宋舊藏，姜亮夫先生謂其刀鋒猶存，勁健有力，墨亦酣透，唯蟲蝕稍多，〔註86〕卷前有「古湘南袁氏藏書畫印」、「彰賜堂」、「寒柯堂劫後所得書籍」、「龍游余氏越園藏書」等印，卷中另有「本與」、「三餘堂珍藏」、「右任」、「鴛鴦」諸印。〔註87〕

3、中央圖書館藏本

此本之善本書室微卷編號爲○九三○六號，分訂八冊，題爲「楚辭」，其中卷一第五葉之「紛」字作「紉」，似爲後人剜去二筆，第三十葉亦不知何故而未見；至於書中之印記，則於每冊首葉鈐有「澤甫」及「四明盧氏抱經樓藏書印」等。館內另藏一部，存六冊十二卷，缺卷十三至卷十七，中有「子史」、「百仲之印」、「伊南逸史」等印。

4、中央研究院傅斯年圖書館藏本

此本分訂六冊，題爲「楚辭」，其中卷一第一葉脫「曲阿洪興祖補注」一行，第二葉右半乃係以毛筆抄補而成，未知何人所爲；又第五葉「紛秋蘭以爲佩」之「紛」字，先經人剜去二筆成「紉」字，復以毛筆添作「紉」；至於卷三首末葉之兩處墨丁，更分別以朱筆注明爲「一作瑰」、「既有解說」、「一云乃復支連其文」等注語。此本屢經庋藏，卷前目錄下「福海菩口之署」、「懷氏鐵松家藏圖書」、「玉堂外史」、「江南王氏珍秘家藏」、「穉農」、「漢鹿齋藏書印」、「墨精子秋農印」、「季振宜藏書」等印記，卷一下有「德福壽安寧署周氏珍藏」、「東皐祝三鑑賞」等印，卷八下有「玉蘭堂」、「滄葦」等印，書末則有「鴻寶校書記」、「懷氏鐵松家藏圖書」等印。

5、故宮博物院藏本

此本今存七冊，缺卷九至卷十一，題爲「楚辭」，其中卷一第五葉「紛秋

〔註85〕參見上節註42。
〔註86〕見同註70，頁33。
〔註87〕參同註70，頁33。又註83，頁40。

蘭以爲佩」之「紛」字作「紉」，與央圖二本同。全書每冊之首葉鈐有「五福五代堂古稀天子寶」、「八徵耄念之寶」、「太上皇帝之寶」等三大印，另有「天祿繼鑑」、「謙牧堂藏書記」、「五代司馬」、「乾隆御覽之寶」等，末葉則益以「天祿琳琅」及「兼牧堂書畫記」諸印。

上述央圖本（十七卷本）、傳館本及故宮本三者之中，雖均屬明繙宋本，然其刷印則有先後，大抵以央圖本爲最早，故宮本爲最晚，此因前者書葉中之斷裂痕跡較少而輕微，後者較重而明顯之故，〔註88〕例如：

△卷一第三十三葉：

央圖本無裂痕，傳館本於中下方呈輕裂，故宮本則較明顯。

△卷一第五十八葉：

央圖本於中下方有一道輕微裂痕，傳館本較其明顯，且又於中上方增一道裂痕，故宮本中下方之裂痕共有兩道，均極爲顯著，致「騷」字僅餘下半，而「於」字幾已不見，其中上方之裂痕亦粗於前二者。

△卷八第二葉：

央圖本於下方呈輕微裂痕，傳館本與故宮本均較明顯。

△卷十三第二葉：

央圖本無裂痕，傳館于於上方呈一道輕微裂痕，故宮本則較明顯。

△卷十七第五葉：

央圖本於中央呈輕裂，傳館本亦同，故宮本則較明顯。

此外，故宮本至少尚有三十餘處，呈現或輕或重之裂痕，而爲另二本所無者，〔註89〕據此可以推知故宮所藏乃最後出，而央圖十七卷本當最早出。

（二）康熙元年毛表汲古閣重刊宋本

1、北京圖書館藏本

（1）王念孫校本

〔註88〕 一般而言，同一板片因刷印日久，板葉受損之程度愈重，故先印者書葉較清晰，而後印者則較模糊，且書葉中因板葉斷裂所呈現之粗細條紋亦較多。

〔註89〕 如卷一第九葉上方、第三十一葉上方、第三十三葉下方、第四十六葉中央；卷二之第一葉上方、第二葉中央、第五葉下方、第十二葉中央、第三十八葉中央；卷三第十一葉下方、第十八葉下方、第二十七葉上方；餘如卷四、卷八、卷十三至卷十七均有類似之例。

　　此本現存卷一至卷五，共六冊，題爲「楚辭」，卷前並有馬衡所題「王懷祖先生校藏楚辭殘本」，以及莊嚴所題「王懷祖先生手校楚辭」等識語，全書板匡高十七‧五公分，寬十二‧五公分，白口，雙魚尾，左右雙邊，魚尾內有「楚辭卷幾」及葉數，遇每卷首末葉時「楚辭卷幾」則易爲「汲古閣」三字，每半葉九行，行十五字，小注雙行，行二十字；卷前目錄之形式一如明繙宋本，卷一第七葉「昔三后之純粹兮」句，眉間有王氏校語：「張載魏都賦註引班固曰：不雜曰純，不雜曰粹。」又卷三末葉「既有解詞」之「解」字下，原有小注「一作觧」（據明繙宋本），此以墨丁塗之，全書之末則爲毛表跋文；〔註90〕此本於宋諱字不避，每卷首葉鈐有「北平莊嚴攷藏善本」、「國立北平圖書館收藏」等印，而每卷之末，則有「汲古後人毛表字奏叔依古本是正」雙行印記。另據鄭德懋《汲古閣校刻書目》云：「慶善注楚詞十七卷，三百五十三葉。」（叢書集成續編冊五《小石山房叢書》，頁438）可明全書之葉數。

（2）王國維校本

　　此本分訂八冊，亦題「楚辭」，板匡高十五公分，寬十‧五公分，白口，雙魚尾，左右雙邊，魚尾內上題「楚辭卷幾」，下爲葉數，行數字數均同前；卷前目錄下有數行小注漫漶不可辨，附記之後有王氏按語云：「按九辨九歌皆古之遺聲，離騷云：啓九辨與九歌兮，夏康娛以自縱。大荒西經云：夏后開上三嬪于天，得九辨與九歌以下，故舊本九辨第二，九歌第三，後人以撰人時代次之，乃退九辨於第八耳。」又卷一第五葉「又重之以脩能」句，「能」字之下校云「能，乃代反」，而「扈江離與辟芷兮」句其下小注「芷」字之旁，則補以「辟」字，卷二末附有題記云：「丁巳除夕，以正德黃省曾刊章句本校此二卷。國維。」卷三末亦云：「丁巳除夕二鼓，復校此一卷。」書中目錄下

〔註90〕毛跋云：「今世所行楚辭，率皆紫陽注本，而洪氏補注絕不復見。紫陽原本六義，比事屬辭如堂觀庭，如掌見指，固已探古人之珠囊，爲來學之金鏡矣。然慶善少時即諸家善本，參較異同，後乃補王叔師章句之未備者而成書，其援據該博，考證詳審，名物訓詁，條析無遺，雖紫陽病其未能盡善，而當時歐陽永叔、蘇子瞻、孫莘老諸君子之是正，慶善師承其說，必無剌謬。……壬寅秋，從友人齋見宋刻洪本，黯然於先人之緒言，遂借歸付梓，其九思一篇，晁補之以爲不類前人諸作，改入續楚辭，而紫陽並謂七諫、九歎、九懷、九思平緩而不深切，盡刪去之，特增貫長沙二賦，則非復舊觀矣。洪氏合新舊本爲篇第，一無去取，學者從紫陽而究其意指，更從洪氏而溯其源流，其於是書庶無遺憾。汲古後人毛表奏叔識。」（見藝文印書館本《楚辭補注》頁543、544）

鈐有「北京圖書館藏」、「王國維」等印。

2、山東博物館藏本

此本現存卷二至卷十，共三冊，乃王筠所校本。〔註91〕

毛氏此刻據其跋文所云，乃依「宋刻洪本」加以重刊，書中有若干處文字與明繙宋本異，而可證成乃後者之誤，如〈離騷〉「紉秋蘭以爲佩」，後者誤爲「紛」；〈九歌・東皇太一〉「陳竽瑟兮浩倡」，後者誤爲「竿」；〈九歌・湘君〉「遺余佩兮醴浦」，後者脫漏「遺」字；〈九章・哀郢〉「淼南渡之焉如」，後者脫漏「淼」字；〈九章・哀郢〉「蹇侘傺兮含慼」，後者誤爲「舍」等，凡此均足顯示毛氏刻本確曾經過一番校正，是以後人據之重印者頗多，以下即分別列出其中之重要數本：

△清初毛氏汲古閣原刻三樂齋印本：

此本藏於北平清華大學，共四冊，卷前改題「楚辭箋註　汲古閣校　三樂齋梓」，並鈐有「三樂齋圖書」之印。〔註92〕

△清初毛氏汲古閣原刻吳郡寶翰樓印本：

此本藏上海復旦大學及福建省圖書館，款式一依毛本，但無毛跋，卷前題「楚辭箋註」，其右爲「汲古閣校」，左爲「吳郡寶翰樓」，前者並有王大隆先生跋語三篇。〔註93〕此本亦經仔細之校勘，故有若干處文字，可與明繙宋本相互參定，如〈離騷〉「矯菌桂以紉蕙兮」下洪引五臣注「舉此香木以自比」，明繙宋本誤「比」爲「以」；又「遵赤水而容與」下王注「動以潔清自洒飾也」，明繙宋本誤「洒」爲「酒」，而二處寶翰樓本皆不誤。〔註94〕

△日本寬延二年（清乾隆十四年）柳美啟重刻汲古閣本：

此本共五冊，卷前題「楚辭箋註」，目錄前附王世貞〈楚辭序〉，卷中每半葉九行，行二十字，並於正文與注文中識以標點；柳氏等詳予校定此本，改正若干毛氏原本之誤者，如〈離騷〉「予既滋蘭之九畹兮」，毛本誤作「子」；〈離騷〉「雜杜衡與芳芷」句下注文「杜，土鹵」，毛本誤作「上」；〈九辯〉「然霑曀而莫達」句下注文「霑，一作霔」，毛本誤作「露」

〔註91〕見同註83，頁41。

〔註92〕同右。

〔註93〕同右。

〔註94〕參見湯炳正《楚辭類稿》，（成都：巴蜀書社，西元1988年1月第一版），頁122。

等。至毛氏原跋，則已被刪去。〔註95〕

△清同治十一年金陵書局重刊汲古閣本：

此本上海圖書館及浙江圖書館均藏，前者四冊，爲于鬯校本，後者亦四冊，
爲譚獻校本；全書每半葉九行，行十七字，白口，左右雙邊，卷前題「楚
辭」二字，後識「汲古閣原本　同治十一年春金陵書局重刻」，又卷一、三、
五、十、十一、十二、十三、十四之末，於「楚辭」大題下，復有雙行小
字「汲古後人毛表字奏叔依古本是正」，而毛表跋文仍存。〔註96〕

△清道光二十六年丙午惜陰軒叢書仿汲古閣本：

此本爲三原李錫麟所刊，光緒二十二年重刊於長沙，今藝文印書館已據
以影印。卷前題「楚辭補註」，次錄《四庫全書總目》中之提要全文，每
卷於「楚辭補註卷第幾」之下，有「汲古閣本」四字，及「三原李錫麟
校刊」七字，全書每半葉十行，行二十二字，白口，單魚尾，單邊，魚
尾內上爲「楚辭補註卷幾」，下爲葉數，而板心下則有「惜陰軒叢書」之
字樣，卷末爲毛表跋文。

△中華書局四部備要本：

此本乃據汲古閣重刊宋本，並以聚珍版字體加以排印，卷前題「楚辭」
二字，次題「四部備要　集部　中華書局據汲古閣宋刻洪本校刊」，並分
署總勘、輯校與監造者姓名，全書每半葉九行，行十五字，小注雙行，
行三十字，白口，雙魚尾，魚尾內言卷數葉數，板心上有「楚辭」二字，
下有「中華書局聚珍倣宋版印」十字，卷末則爲毛表跋文。

此外，如台北世界書局所出《楚辭章句補注》（西元 1956 年版），及北京
中華書局所出《楚辭補注》點校本（西元 1983 年版），亦爲今日可見之版本。

〔註95〕參同註83，頁 42。
〔註96〕參同註83，頁 43。又註 70，頁 34。

第五章 《楚辭補注》之體例

　　今傳洪氏《楚辭補注》中，《考異》俱已散入各句之下，非復宋時付梓之舊，至其內容之分合概況，亦已論述於上，故欲一探洪書之體例，實不可捨明繙宋本與汲古閣本而他求。由二本之面貌觀之，洪氏於撰作之初，即費心於若干篇章材料之安排，如卷前目錄各條之下載有《楚辭釋文》之篇次，窺其意乃欲說明《楚辭》舊有傳本與當時傳本之差異；又將班固《離騷經章句》中之二序移於〈離騷〉後，不復置於〈天問〉、〈九歌〉二卷之末，蓋欲一以令同篇相附，一以令己論與班序就近印證其中得失；至於〈辨騷〉一篇則仍依《楚辭》傳本之例而保留，唯將其由目錄後改置於卷一末班氏〈離騷贊序〉之後，〔註1〕並附記曰「鮑欽止云：〈辨騷〉非《楚辭》本書，不當錄」云云，既未輕時賢之論，復申其尊重古本之意，可謂允當。

　　若細繹洪書各卷之形式，乃至各句之訓解，益知其創作之旨，誠爲補王注之未備而發，期能明屈賦於千載之後矣。《四庫全書總目》卷一四八稱洪書即云：

> 興祖是編，列逸註於前，而一一疏通證明，補註於後，於逸註多所闡發，又皆以「補曰」二字別之，使與原文不亂，亦異乎明代諸人妄改古書，恣情損益，於楚辭諸註之中特爲善本。〔註2〕

是則興祖於補正王注之際，便藉「補曰」二字以資識別，其前爲王逸《楚辭章

〔註1〕據中央圖書館善館本書室所藏明正德間黃省曾、高第所刻《楚辭章句》，及隆慶間豫章夫容館覆宋本《楚辭章句》觀之，其目錄後均附有〈辨騷〉篇，則宋時《楚辭章句》傳本中，即可見劉勰之文，洪氏蓋依傳本之例也。

〔註2〕見《文淵閣四庫全書》總目四，（台北：商務印書館，西元 1986 年 3 月初版），頁 4。

句》原注，其後即屬洪氏之補注，而依今本《楚辭補注》觀之，其面貌實又不僅於此，蓋王注之後、補曰之前，復有考異之文等內容，舊時《補注》與《考異》之單行本既不可得，是以本章所論，乃據《四部叢刊》本，《惜陰軒叢書》本及《四部備要》本《楚辭補注》，並區爲三端：一曰訓解補釋之例；二曰詮釋用語之例；三曰徵引典籍之例；以探究洪氏撰作之體例，進而知其注書之梗概。

第一節 訓解補釋之例

　　洪氏之補注《楚辭》，乃以遵循王逸書中之編排爲原則，其於各卷卷首之敘文下，即作有考異及補正之文字，例如卷一〈離騷〉前之敘文中，逸云：「三閭之職，掌王族三姓，曰昭、屈、景。」洪氏補釋曰：「《戰國策》：『楚有昭奚恤。』《元和姓纂》：『屈，楚公族芈姓之後。楚武王子瑕食采於屈，因氏焉，屈重、屈蕩、屈建、屈平並其後。』又云：『景，芈姓，楚有景差，漢徙大族昭、屈、景於關中。』」此乃補充敘中所謂「昭、屈、景」三姓；又洪氏於「王乃疏屈原」下曰：「疏，一作逐。」藉以說明他本文字之異同；至若王逸所言有可疑者，亦引用載籍加以澄清，洪氏於「離，別也；騷，愁也；經，徑也。言己放逐離別，中心愁思，猶依道徑以風諫君也」下曰：「太史公曰：『離騷者，猶離憂也。』班孟堅曰：『離，猶遭也，明己遭憂作辭也。』顏師古：『憂動曰騷。』余按：古人引《離騷》未有言「經」者，蓋後世之士祖述其詞，尊之爲經耳，非屈原意也，逸說非是。」可知洪氏於王逸所言，必儘量求其眞確，以直探屈賦之義蘊。

　　而針對《楚辭》十七卷之正文，洪氏所採取之訓解方式更顯周密，歸納全書約有十四項，此均洪氏參考王注要旨與得失，並據所校諸本之異文加以是正所致，以下即分項列舉之：

一、正文下有王注者

（一）王注＋考異＋洪補

1、〈離騷〉：「豈余身之憚殃兮。」
　　王注：憚，難也。殃，咎也。
　　考異：一無「身」字。
　　洪補：補曰：小人用事，則賢人被殃。憚，徒案切，忌難也。

2、〈九歌〉：「揚枹兮拊鼓。」

　　王注：揚，舉也。拊，擊也。

　　考異：枹，一作桴。

　　洪補：補曰：枹，房尤切，擊鼓槌也。

3、〈天問〉：「上下未形，何由考之。」

　　王注：言天地未分，溷沌無垠，誰考定而知之也。

　　考異：考，一作知。定，一作述。

　　洪補：補曰：《列子》曰：「有形者生於無形，則天地安從生？故曰有太易，
　　　　　有太初，有太始，有太素，氣形質具而未相離，故曰渾淪。」……」

　　按：此種形式乃今日所見洪書之基本訓解體例，先列逸注於前，次則為散附
　　　　之考異文字，其後為洪補之語，下列諸項即屬此種之變化。

（二）王注＋考異＋五臣注＋洪補

1、〈九章·涉江〉：「被明月兮珮寶璐。」

　　王注：在背曰被。寶璐，美玉也。言己背被明月之珠，要佩美玉，德寶兼備，
　　　　　行度清白也。

　　考異：珮，一作佩。

　　五臣注：五臣云：被，猶服也。明月，珠名。

　　洪補：補曰：《淮南》曰：「明月之珠，不能無纇。」注云：「夜光之珠，有
　　　　　似月光，故曰明月。」璐，音路，《說文》云：「玉名。」

2、〈卜居〉：「寧與騏驥亢軛乎。」

　　王注：沖天區也。

　　考異：亢，一作抗。

　　五臣注：五臣云：騏驥抗軛，謂與賢才齊列也。抗，舉也。

　　洪補：補曰：軛，於革切，車轅前也。

3、〈離騷〉：「雖體解吾猶未變兮，豈余心之可懲。」

　　王注：懲，艾也。言己好脩忠信，以為常行，雖獲罪支解，志猶不艾也。

　　考異：豈，一作非。《文選》可作何。

　　五臣注：五臣云：言我執忠貞之心，雖遭支解亦不能變，於我心更何所懼？
　　　　　懲，懼也。

　　洪補：補曰：解，古蟹切。《說文》：「懲，𢡖也。」𢡖與艾並音乂，謂懲創

也。以可爲何，以懲訓懼，皆非是。

按：此種註解形式中之五臣注，原應屬洪補之語，後經人提置於「補曰」之前（詳見上章第二節），是以演成今貌。

（三）王注＋考異＋五臣注

1、〈離騷〉：「謂幽蘭其不可佩。」

王注：言楚國戶服白蒿，滿其要帶，以爲芬芳，反謂幽蘭臭惡，爲不可佩也。以言君親愛讒佞，憎遠忠直而不肯進也。

考異：其，一作兮，一作之。

五臣注：五臣云：言楚國皆好讒佞，謂忠正不可行於身也。

2、〈九章・涉江〉：「雖避遠之何傷」

王注：僻，左也。言我惟行正直之心，雖在遠僻之域，猶有善稱，無害疾也。故《論語》曰：「子欲居九夷也。」

考異：僻，一作辟。

五臣注：五臣云：原自解之詞。

3、〈招隱士〉：「叢薄深林兮人上慄。」

王注：恐變色也。

考異：上一作之。

五臣注：五臣云：慄，戰也。

按：此種注解形式，未見「補曰」云云，依上章所論，蓋因洪氏原於「補曰」後僅引五臣注以補釋王注，一旦五臣注提置於前，「補曰」二字遂亦一併除去。

（四）王注＋考異

1、〈離騷〉：「自前世而固然。」

王注：言鷙鳥執志剛厲，特處不群，以言忠正之士，亦執分守節，不隨俗人，自前世固然，非獨於今，比干、伯夷是也。

考異：李善《文選》世作代。

2、〈七諫〉：「叔齊久而逾明。」

王注：叔齊，伯夷弟也。言己獨行廉潔，不容於世，雖飢餓而死，幸若叔齊久而榮名也。

考異：逾，一作愈。

3、〈九歎·逢紛〉:「諒皇直之屈原。」

王注：諒，信也。《論語》曰:「君子貞而不諒。」言屈原承伯庸之後，信有
忠直美德，甚於眾人也。

考異：直，一作貞。

按：此種註解形式乃因洪氏於此並無補釋，僅《考異》中錄有相關異文，經
後人散附所致。

（五）王注＋五臣注＋洪補

1、〈離騷〉:「忽反顧以流涕兮，哀高丘之無女。」

王注：楚有高丘之山，女以喻臣。言己雖去，意不能已，猶復顧念楚國無賢
臣，心為之悲而流涕也。或云:「高丘，閬風山上也。無女，謂無與
己同心也。」舊說:「高丘，楚地名也。」

五臣注：五臣云：女，神女，喻忠臣。

洪補：補曰:〈離騷〉多以女喻臣，不必指神女。

2、〈卜居〉:「若千里之駒乎。」

王注：才絕殊也。

五臣注：五臣云：千里駒，展才力也。昂昂，馬行貌。

洪補：補曰：漢武帝謂劉德為千里駒。顏師古曰:「言若駿馬可致千里也。」

3、〈招魂〉:「人有所極，同心賦些。」

王注：賦，誦也。言眾坐之人，各欲盡情，與己同心者，獨誦忠信與道德也。

五臣注：五臣云：極，盡也。賦，聚也。賢人盡至，則同心相聚，君可選也。

洪補：補曰:《釋名》曰:「敷布其義謂之賦。」《漢書》曰:「不歌而誦謂之
賦。」五臣以賦為聚，蓋取賦斂之義。

按：此種注解形式，乃謂洪氏《考異》並無相關之異文，故王注後續接洪補，
唯五臣注被提置於「補曰」之前。

（六）王注＋洪補

1、〈天問〉:「阻窮西征，巖何越焉。」

王注：阻，險也。窮，窘也。征，行也。越，度也。言堯放鯀羽山，西行度
越岑巖之險，因墮死也。

洪補：補曰：羽山東裔，此云西征者，自西徂東也。上文言「永遏在羽山，
　　　夫何三年不施」，則鯀非死於道路，此但言何以越巖險而至羽山耳。

2、〈遠游〉：「奇傅說之託辰星兮。」

　　王注：賢聖雖終，精著天也。傅說，武丁之相。辰星，房星，東方之宿，蒼
　　　　　龍之體也。傅說死後，其精著於房尾也。

　　洪補：補曰：大火，謂之大辰；大辰，房心尾也。《莊子》曰：「傅說得之，
　　　　　以相武丁，奄有天下，乘東維，騎箕尾，而比於列星。」《音義》云：
　　　　　「傅說死，其精神乘東維，託龍尾，今尾上有傅說星，其生無父母，
　　　　　登假三年而形遯。」《淮南》云「傅說之所以騎辰尾」是也。

3、〈哀時命〉：「采鍾山之玉英。」

　　王注：鍾山，在崑崙山西北。《淮南》言：「鍾山之玉，燒之三日，其色不變。」
　　　　　言己自知不用，願避世遠去，上崑崙山，遊於懸圃，采玉英而咀嚼之，
　　　　　以延壽也。

　　洪補：補曰：《淮南》云：「鍾山之玉，炊以鑪炭，三日三夜而色澤不變，則
　　　　　至德天地之精也。」許慎云：「鍾山北陸無日之地，出美玉。」《援神
　　　　　契》曰：「玉英，玉有英華之色。」

　　按：此種注解形式與第（五）同，均屬原洪氏《補注》中語，唯「補曰」後
　　　　未引五臣注。

（七）王注＋五臣注

1、〈離騷〉：「芳菲菲其彌章。」

　　王注：菲菲，猶勃勃。芬，香貌也。章，明也。言己雖欲之四方荒遠，猶整
　　　　　飾儀容，佩玉繽紛而眾盛，忠信勃勃而愈明，終不以遠故改其行。

　　五臣注：五臣云：佩忠信芳香之行，彌加明潔。

2、〈九歌‧山鬼〉：「飲石泉兮蔭松柏。」

　　王注：言己雖在山中無人之處，猶取杜若以為芬芳，飲石泉之水，蔭松柏之
　　　　　木，飲食居處，動以香潔自修飾也。

　　五臣注：五臣云：飲清潔之水，蔭貞實之木。

3、〈漁父〉：「何故深思高舉。」

　　王注：獨行忠直。

　　五臣注：五臣云：謂憂君與民也。

按：此種注解形式與第（三）同，且洪氏《考異》中原即無相關之異文可資
散附。

（八）王注＋考異＋柳宗元〈天對〉＋洪補

1、〈天問〉：「崑崙懸圃，其尻安在。」

王注：崑崙，山名也，在西北，元氣所出，其巔曰縣圃，乃上通於天也。

考異：尻，一作居。

天對：天對云：積高於乾，崑崙攸居，蓬首虎齒，爰穴爰都。

洪補：補曰：縣，音玄。尻，與居同。

2、〈天問〉：「何變化以作詐，後嗣而逢長。」

王注：言象欲殺舜，變化其態，內作姦詐，使舜治廩，從下焚之；又命穿井，
從上寘之，終不能害舜。舜為天子，封象於有庳，而後世子孫長為諸
候也。

考異：一云：而後嗣逢長。

天對：天對云：象不兄虞，而奮以謀蓋；聖孰凶怒，嗣用紹厥愛。

洪補：補曰：《孟子》云：「仁人之於弟，不藏怒，不宿怨；封之有庳，富貴
之也。」

3、〈天問〉：「何試上自予，忠名彌彰。」

王注：屈原言我何敢嘗試君上，自干忠直之名，以顯彰後世乎？誠以同姓之
故，中心懇惻，義不能已也。

考異：試，一作誠。予，一作與。彰，一作章。

天對：天對云：誠若名不尚，何極而辭？

洪補：補曰：予，音與。

按：此種注解形式與第（二）同，蓋〈天對〉為洪氏引以為補釋〈天問〉之
作，其位置本當在「補曰」後（參上章第二節），唯仍有部分〈天對〉
語，居於「補曰」前，致有此例。

二、正文下無王注但有洪補者

（一）考異＋洪補

1、〈九章‧悲回風〉：「心調度而弗去兮。」

考異：弗，一作不。

洪補：補曰：調度，見〈騷經〉。

2、〈七諫・謬諫〉：「願承閒而效志兮。」

　　考異：志，一作忠。

　　洪補：補曰：閒，音閑。

3、〈九思・逢尤〉：「遽偟遑兮驅林澤。」

　　考異：遽，一作逐。偟，一作章，一作惶，一作憒。

　　洪補：補曰：《集韻》：「徨偟，行不正。」

　　按：此種注解形式，乃王逸於此未曾訓解，洪氏則加以補釋，而原《考異》
　　　　中之相關異文，亦被散附於「補曰」前所致。

（二）考異＋五臣注＋洪補：

1、〈離騷〉：「忽馳騖以追逐兮。」

　　考異：馳，一作駝。

　　五臣注：五臣云：忽，急也。

　　洪補：騖，亂馳也。

2、〈九歌・少司命〉：「與女遊兮九河，衝風至兮水揚波。」

　　考異：王逸無注，古本無此二句。《文選》遊作游，女作汝，風至作飆起。

　　五臣云：汝，謂司命。九河，天河也。衝飆，暴風也。

　　洪補：補曰：此二句，〈河伯〉章中語也。

3、〈九歌・山鬼〉：「猨啾啾兮又夜鳴。」

　　考異：又，一作狖。

　　五臣注：五臣云：塡塡，雷聲。冥冥，雨貌。啾啾，猨聲。皆喻讒言也。

　　洪補：補曰：啾，小聲也。狖，似猨，余救切。

　　按：此種注解形式與前項同，唯五臣注被提置於「補曰」之前。

（三）洪　補

1、〈九歌・大司命〉：「廣開兮天門。」

　　洪補：補曰：〈漢樂歌〉云：「天門開，詄蕩蕩。」《淮南子》注云：「天門，
　　　　上帝所居紫微宮門也。」

2、〈招魂〉：「仰觀刻桷。」

　　洪補：補曰：《左傳》：「丹楹刻桷。」《文選》云：「龍角雕鏤」《說文》：「椽

　　方曰桷。」音角。

3、〈九思・怨上〉：「心結縎兮折摧。」

　　洪補：補曰：縎，結也，音骨。

　　按：此種注解形式，乃洪氏針對王逸未注者，援引典籍加以補釋而來。

（四）五臣注＋洪補

1、〈離騷〉：「不吾知其亦已兮，苟余情其信芳。」

　　五臣注：五臣云：言君不知我，我亦將止，然我情實美。

　　洪補：補曰：芳，敷方切，香草也。

2、〈九歌・東皇太一〉：「東皇太一。」

　　五臣注：五臣云：每篇之目皆楚之神名，所以列於篇後者，亦猶《毛詩》
　　　　　　題章之趣。太一，星名，天之尊神，祠在楚東，以配東帝，故云東
　　　　　　皇。

　　洪補：補曰：《漢書・郊祀志》云：「天神貴者太一，太一佐曰五帝，古者
　　　　　　天子以春秋祭太一東南郊。」《天文志》曰：「中宮天極星，其明者，
　　　　　　太一常居也。」《淮南子》曰：「太微者，太一之庭；紫宮者，太一
　　　　　　之居。」……。

　　按：此種注解形式與前項同，俱屬《補注》中語，唯五臣注在「補曰」前。

三、正文下無王注亦無補曰云云者

（一）考　異

1、〈離騷〉：「朝馳余馬兮江皋。」

　　考異：一云「朝馳騁兮江皋」。

2、〈九章・懷沙〉：「易初本迪兮。」

　　考異：《史記》迪作由。一無初字。

3、〈惜誓〉：「澹然而自樂兮。」

　　考異：澹，一作淡。

　　按：此種注解形式，乃因洪氏於此僅在《考異》中錄有相關異文，經後人
　　　　散附至此，而於《補注》中則未訓解之故。

（二）考異＋五臣注

1、〈離騷〉:「時繽紛其變易兮。」

　　考異:其,一作以。

　　五臣注:五臣云:繽紛,亂也。

2、〈離騷〉:「鳳皇既受詒兮。」

　　考異:詒,一作詔。

　　五臣注:五臣云:詒,遺也。言我得賢人如鳳皇者,受遺玉帛,將行就聘。

　　按:此種注解形式,即洪氏錄有考異之文,且《補注》中亦曾就此加以補
　　　　釋,但因係獨引五臣注之說,故成此貌。

　　綜觀上舉三類計十四項中,以類而言,第一類之實例最多,而第二、三類
之實例最少,揆其成因,王逸之作《章句》雖未達乎盡善,且有迂滯迫切之憾,
[註3] 但其將屈賦及漢以來諸作逐卷加以注解,是以《楚辭》各篇中均可見其
心血,縱非句句有注,要亦不遠矣;又觀興祖著作之意,乃以補正王注為主,
故全書之中王逸無注而興祖重加詮釋者實僅少數。其次以項而論,則第一類中
之(一)、(二)、(六)諸項為最多,第二類之第(四)項及第三類之第(二)
項為最少,此亦與興祖重視王注之態度有關,其遇王逸有注者往往詳加考訂,
並廣引他書以疏通證明之,就中尤以〈離騷〉、〈九歌〉、〈天問〉、〈九章〉最為
明顯,篇幅幾佔全書之半,至若〈惜誓〉以下漢人諸作,洪補之分量已漸次減
少,此或因其中文句多類前篇,或因王注已足得其梗概,故縱使有所補注,亦
大抵屬簡短之言,甚者如〈九思〉中〈哀歲〉與〈守志〉二篇,前者僅一處有
洪補,後者且全篇皆無;而洪氏遇王逸無注者,乃專就其中重要而難曉之字句
補釋之,餘者一仍其舊, [註4] 是以上舉第二類中「五臣注+洪補」,及第三類

―――――――――――――――――――

〔註3〕 朱熹《楚辭集注》之自序嘗云:「顧王書之所取捨與其題號離合之間多可議者,
　　　　而洪皆不能有所是正,……是以或以迂滯而遠於性情,或以迫切而害於義理,
　　　　使原之所為壹鬱而不得申於當年者,又晦昧而不見白於後世。……」見中央
　　　　圖書館《善本叢刊》影印元天曆三年陳忠甫宅刊本《楚辭集注》,頁11。

〔註4〕 如〈離騷〉「心猶豫而狐疑兮」句,王逸無注,洪氏補之甚詳,其云:「猶,由
　　　　柚二音。《顏氏家訓》曰:『尸子云:五尺犬為猶。《說文》云:隴西謂犬子為猶。
　　　　吾以為人將犬行,犬好豫在人前,待人不得,又來迎候,此乃豫之所以為未定
　　　　也,故謂不決曰猶豫。或以《爾雅》曰:猶,如麂,善登木,猶,獸名也,既
　　　　聞人聲,乃豫緣木,如此上下,故稱猶豫。』《水經》引郭緣生《述征記》云:
　　　　『河津冰始合,車馬不敢過,要須狐行,云此物善聽,冰下無水乃過,人見狐
　　　　行,方渡。』按《風俗通》云:『里語稱:狐欲渡河,無如尾何。』且狐性多疑,
　　　　故俗有狐疑之說,未必一如緣生之言也。然《禮記》曰:『決嫌疑,定猶豫。』
　　　　《疏》云:『猶是玃屬,豫是虎屬。』《說文》云:『豫,象之大者。』又《老子》

中「考異＋五臣注」二項，均因其前無王逸注而甚少出現。實際而言，興祖之補注《章句》，乃斟酌王注之詳略以決定補釋與否，故疏通者有之，駁辨者亦有之，其於王注是正闡發之功實大矣。

第二節　詮釋用語之例

　　洪氏補注《楚辭章句》，嘗採取多種專門語詞，藉以闡發篇中字句之意旨，此雖非其所自創，而乃承襲前賢注書之例，然觀其於名物訓詁之間，確能儘量達於詳贍，可見善於掌握訓解之道。今考其所慣用之語，實有出於肯定與未定二類，茲分述如下：

一、表肯定之釋語

（一）「某，某也」

1、〈離騷〉：「恐年歲之不吾與。」
　　補曰：恐，區用切，疑也，下並同。《論語》曰：「日月逝矣，歲不我與。」

2、〈天問〉：「鴟龜曳銜，鯀何聽焉」
　　補曰：鴟，處脂切，一名鳶也。曳，牽也，引也。聽，從也。此言鯀違帝命而不聽，何為聽鴟龜之曳銜也？〈天對〉云：「方陟元子，以胤功定地；胡離厥考，而鴟龜肆喙。」

3、〈九歎・離世〉：「兆出名曰正則兮。」
　　補曰：兆，龜拆兆也。

（二）「某，謂某也」

1、〈離騷〉：「初既與余成言兮。」
　　補曰：成言，謂誠信之言，一成而不易也。〈九章〉作誠言。

2、〈遠游〉：「曰道可受兮不可傳。」
　　補曰：曰者，王子之言也。謂可受以心，不可傳以言語也，《莊子》曰：「道可傳而不可受。」謂可傳以心，不可受以量數也。

曰：『豫兮若冬涉川，猶兮若畏四鄰。』則猶與豫，皆未定之辭。」見洪氏欲補釋「猶豫」與「狐疑」二詞，先後引用《顏氏家訓》、《水經》、《風俗通》、《禮記》、《說文》及《老子》等書為據，其欲求允妥之意甚明。

3、〈招魂〉:「九侯淑女。」

　　補曰:九侯,九服之諸侯也。

（三）「某,言某」

1、〈九章・惜誦〉:「忘儇媚以背眾兮。」

　　補曰:儇,隳緣切。《說文》:「慧也。」一曰利也。言己忘佞人之害己,為忠直以背眾。背,音佩。

2、〈遠游〉:「絕氛埃而淑尤兮。」

　　補曰:氛,妖氣。《左傳》曰:「楚氛惡。」淑尤,言其善有以過物也。

3、〈九章・惜往日〉:「思久故之親身兮,因縞素而哭之。」

　　補曰:親身,言不離左右也。縞,音杲,《說文》云:「縞素,白緻繒也。」

（四）「某,猶某」

1、〈離騷〉:「溘哀風余上征。」

　　補曰:〈遠游〉云:「掩浮雲而上征。」故逸云:「溘,猶掩也。」按溘,奄忽也,渴合切;征,行也;言忽然風起,而余上征,猶所謂忽乎吾將行耳。

2、〈離騷〉:「及余飾之方壯兮,周流觀乎上下。」

　　補曰:「高余冠之岌岌兮,長余佩之陸離」,所謂余飾之方壯也;周流觀乎上下,猶言周流乎天余乃下也。下,音戶。

3、〈天問〉:「永遏在羽山,夫何三年不施。」

　　補曰:遏,猶遏絕苗民之遏。施,合也,通作弛,音豕。

（五）「某,喻某」

1、〈離騷〉:「欲稍留此靈瑣兮。」

　　補曰:瑣,先果切。上文言夕余至乎縣圃,則靈瑣,神之所在也。神之所在,以喻君也。《漢舊儀》云:「黃門令日暮入,對青瑣、丹墀拜。」《音義》云:「青瑣,以青畫戶邊鏤也。」

2、〈九歌・東皇太一〉:「君欣欣兮樂康。」

　　補曰:此章以東皇喻君,言人臣陳德義禮樂以事上,則其君樂康無憂患也。

3、〈七諫・怨世〉:「馬蘭踸踔而日加。」

補曰：蹑，敕錦切。踔，敕角切，又丑角切。《說文》云：「蹑踔，行無常
　　　貌。」《本草》：「馬蘭生澤旁，氣臭，花似菊而紫。」《楚辭》以惡
　　　草喻惡人。

按：此五項所列，均乃洪氏訓解字句時較常運用之語詞，內容則包含單字
　　單詞之說明，以及整句文意之闡發或比況。

（六）「某，與某同」

1、〈離騷〉：「戶服艾以盈要兮。」
　　補曰：要，與腰同。《爾雅》：「艾，冰臺。」注云：「今艾蒿。」

2、〈離騷〉：「恐脩名之不立。」
　　補曰：脩名，脩潔之名也。屈原非貪名者，然無善名以傳世，君子所恥，
　　　　　故孔子曰：「伯夷叔齊餓於首陽之下，民到于今稱之。」脩，與修同，
　　　　　古書通用。

3、〈天問〉：「洪泉極深，何以寘之。」
　　補曰：寘，與填同。《淮南》曰：「凡鴻水淵藪，自三百仞以上，二億三萬
　　　　　三千五百五十里，有九淵，禹乃以息土填洪水，以爲名山。」注云：
　　　　　「息土不耗減，掘之益多，故以填洪水也。」〈天對〉云：「行鴻下
　　　　　隤，厥丘乃降，焉填絕淵，然後夷於土。」

按：洪氏所謂「某與某同」者，包含訓詁上若干情況，而不僅限於一端。
　　如第 1 例之「要與腰同」，依《說文》臼部「要」下云：「身中也」段
　　玉裁注云：「上象人首，下象人足，中象人腰，而自臼持之。……按今
　　人變爲要，以爲要約、簡要字，於消、於笑切。」知「要」之本義爲
　　人身之中央，後演變爲今義；又《說文》中並無「腰」字，只因「要」
　　之本義漸不通行，遂另造此字以代替之，故洪氏此例乃以後起之「腰」
　　字釋本字「要」也。第 2 例之「脩與修同」，依《說文》肉部「脩」下
　　云：「脯也。」段注云：「膳夫大鄭注曰：『脩，脯也。』按此統言之，
　　析言之則薄析曰脯，捶而施薑桂曰段脩。……息流切，三部。」知其
　　本義爲肉脯；又《說文》彡部「修」下云：「飾也」。段注云：「飾即今
　　之拭字，拂拭之則發其光彩，故引伸爲文飾，女部曰：『妝者，飾也。』
　　用飾引伸之義，此云修飾也者，合本義引伸義而兼舉之。……息流切，
　　三部，經典多假肉部之脩。」知「修」之本義爲文飾，而二字之音實

同，古人遂常假「脩」爲「修」，故洪氏此例乃指明二字假借之關係。
第3例之「窴與塡同」，依《說文》穴部「窴」下云：「寒也。」段注：
「《玉篇》曰：『窴，今作塡。』按窴、塡同義，塡行而窴廢矣。待年
切，十二部。」知「窴」字本義爲舉物塡實也；又《說文》土部「塡」
下云：「寒也。」段注云：「寒下云窒也，窒下云寒也，窴亦寒也，塡
與窴音義同。……植鄰切，今待年切。」知「塡」字本義同於「窴」，
且音亦同，唯因「窴」字已少通行，故洪氏以眾所習用之「塡」字釋
之也。綜上可知，洪氏遇若干待釋之字而云「某與某同」者，大抵即
藉後起字、假借字或常用字等以爲訓解。

（七）「某，通作某」

1、〈離騷〉：「帥雲霓而來御。」

　　補曰：御，讀若迓。霓，五稽、五歷、五結三切，通作蜺。

2、〈天問〉：「夫何三年不施。」

　　補曰：施，舍也，通作弛，音豕。

3、〈天問〉：「出自湯谷，次於蒙汜。」

　　補曰：《書》云：「宅嵎夷，曰暘谷。」即湯谷也。《爾雅》云：「西至日所
　　　　　入，爲太蒙。」即蒙汜也。《說文》云：「暘，日出也。」或作湯，
　　　　　通作陽。……

　　按：洪氏所謂「某，通作某」者，其意乃謂二字具有通假之關係。如第 1
　　　　例中「霓」字，《說文》雨部下云：「屈虹，青赤或白色，露氣也。從
　　　　雨，兒聲。」段注：「五雞切，十六部。」又「蜺」字，《說文》虫部
　　　　下云：「寒蜩也。從虫，兒聲。」段注：「五雞切，十六部。或假爲虹
　　　　霓字。」可知霓、蜺二字皆同，蜺可通假爲霓。第2例中「施」字，《說
　　　　文》㫃部下云：「旗旖施也。從㫃，也聲。」段注：「式支切，古音在
　　　　十七部。」又「弛」字（《說文》無」字），《說文》弓部下云：「弓解
　　　　弦也。從弓，也聲。」段注：「施氏切，十六部。」知施、弛二字音同，
　　　　弛可通假爲施。第 3 例中「暘」字，《說文》日部下云：「日出也。從
　　　　日，易聲。」段注：「與章切，十部。」又「陽」字，《說文》𨸏部下
　　　　云：「高明也。從𨸏，易聲。」段注：「與章切，十部。」知暘、陽二
　　　　字同音，陽可通假爲暘。

（八）「某，古某字」

1、〈九歌・國殤〉：「嚴殺盡兮棄原壄。」

　　補曰：壄，古野字，又叶韻。

2、〈九章・思美人〉：「聊假日以須旹。」

　　補曰：假日，見〈騷經〉。須，待也。旹，古時字。

3、〈哀時命〉：「日飢饉而絕糧。」

　　補曰：𢇍，古絕字，反𢇍爲繼，或作㡭，非是。

　　按：洪氏所謂「某，古某字者」，意在以今時通行之字說明若干待釋之古字。
　　　　如第1例中「壄」字，《說文》里部下云：「郊外也。从里，予聲。壄，
　　　　古文野，从里省，从林。」第2例中「旹」字，《說文》日部下云：「四
　　　　時也。从日，寺聲。旹，旹古文時，从日之作。」第3例中「𢇍」字，
　　　　《說文》糸部下云：「斷絲也。从刀糸，卩聲、𢇍，古文絕，象不連體
　　　　絕二絲。」知其乃以常見字釋古來罕用之字。

（九）「某，俗作某」

1、〈九歌・東皇太一〉：「璆鏘鳴兮琳琅。」

　　補曰：璆，渠幽切。鏘，七羊切。《禮記》曰：「古之君子必佩玉，進則揖
　　　　　之，退則揚之，然後玉鏘鳴也。」琳，音林，琅，音郎，俗作瑯。……

2、〈九章・橘頌〉：「閑心自慎，不終失過兮。」

　　補曰：閑，必結切，闔也，俗作閑，非是。

3、〈卜居〉：「吾寧悃悃欵欵。」

　　補曰：悃，苦本切。欵，苦管切，誠也，俗作欵。

　　按：洪氏此處乃別引若干正文之俗體字，或用於補充，或用於辨誤也。

（十）「某，讀若某」

1、〈九歌・湘夫人〉：「罔薜荔兮為帷。」

　　補曰：罔，讀若網。在旁曰帷。

2、〈離騷〉：「屈心而抑志」

　　（王注：抑，案也。）

　　補曰：案，讀若按。

3、〈九章・思美人〉：「命則處幽，吾將罷兮。」

補曰：罷，讀若疲。

按：洪氏所謂「某，讀若某」者，其意當包含二種情形，一為注明某字音讀，一為指出假借關係。如第 1 例中「罔，讀若網」，《說文》网部下云：「网，庖犧氏所結繩㠯田㠯漁也。从冂，下象网交文，凡网之屬皆从网。𠅃，或加亡。𦁤，或从糸。」段注云：「文紡切，在十五部。」知二字本義相同，音亦相同（《廣韻》均作文兩切，屬上聲三十六養韻），洪氏舉後者以注前者之音也。第 2 例中「案，讀若按」，依《說文》木部下云：「案，几屬。从木，安聲。」段注：「烏旰切，十四部。」又「按」字，《說文》手部下云：「下也。从手，安聲。」段注：「以手抑之使下也。烏旰切，十四部。」知二字本義不同，但音相同，王逸乃假案為按，以表「抑下」之義，洪氏則以「案讀若按」之語指出前者為假借字，後者為本字也。第 3 例「罷，讀若疲」亦然，「罷」字依《說文》网部下云：「遣有辠也。从网能。网，辠网也，言有賢能而入网，即貰遣之。《周禮》曰：『議能之辟』是也。」段注云：「薄蟹切，古音在十七部。」又「疲」字，《說文》疒部下云：「勞也。从疒，皮聲。」段注：「經傳多假罷為之，符羈切，古音在十七部。」知二字本義不同，古音同在十七部，續考諸《廣韻》，則二字均作符羈切，屬上平聲五支韻，是以二字音同，洪氏乃藉「罷，讀若疲」說明前者為假借字，後者為本字也。

（十一）「某，已見上」、「某，下同」

1、〈九歌・東君〉：「鳴鵾兮吹竽。」

補曰：篪，與鵾同，並音池。……竽，已見上。

2、〈招魂〉：「二八齊容」

補曰：二八，已見。《舞賦》云：「鄭女出進，二八徐侍。」

3、〈離騷〉：「蘇糞壤以充幃兮」

補曰：《史記》曰：「樵蘇後爨。」蘇，取草也。又《淮南子》云：「蘇援世事。」蘇，猶索也。幃，許歸切，下同。……

按：洪氏遇前文已補注之語詞，則言「已見上」或「已見」，如第 1 例之「竽」字，洪謂已見釋於〈九歌・東皇太一〉「陳竽瑟兮浩倡」句下；第 2 例之「二八」一詞，洪謂已見釋於同篇「二八侍宿」句下。至遇篇中某字

詞重複出現，洪氏乃於該字詞首見時注云「下同」，如第 3 例中「幃」字，亦出現下文「檋又欲充夫佩幃」句中，故洪謂「下同」即不再重注。

二、表未定之釋語

（一）「某，疑某」

1、〈大招〉：「逴龍赨只。」

王注：逴龍，山名也。赨，赤色，無草木貌也。言北方有常寒之山，陰不見日，名曰逴龍。……

補曰：逴，音卓，遠也。《山海經》曰：「西北海之外，有章尾山，有神，身長千里，人面蛇身而赤，是燭九陰，是謂燭龍。」疑此逴龍即燭龍也。……

2、〈哀時命〉：「夜炯炯而不寐兮，懷隱憂而歷茲。」

王注：言己中心愁怛，目為炯炯而不能眠，如遭大憂，常懷戚戚，經歷年歲，以至於此也。

考異：炯，一作烱，《釋文》作焵。隱，一作殷。

補曰：炯，古茗切，光也。焵，俱永切，炎蒸也。隱，痛也。殷，大也。注云「大憂」，疑作殷者是。

3、〈九懷・危俊〉：「徑岱土兮魏闕。」

王注：行出北荒，山高桀也。

考異：闕，一作國。

補曰：岱，泰山也。注云「北荒」，疑「岱」本「代」字。……

按：洪氏遇王注中有可商榷者，或《楚辭》正文中有疑義者，若未掌握明確之證據，往往出以「疑」字以識別之。如第 1 例中，王注以「逴龍」指山名，洪氏則引《山海經》之「燭龍」以備參考。第 2 例中，洪氏鑒於王注明云「大憂」一詞，遂以為正文中「隱憂」或當作「殷憂」以與王注相符；第 3 例亦然，洪氏以王注「北荒」之言校定《楚辭》正文，因「代」居北地，而「岱」則處東，故洪氏致疑也。

（二）「某，未詳」

1、〈九歌・湘君〉：「望涔陽兮極浦。」

補曰：涔，音岑。碕，音祈，曲岸也。今澧州有涔陽浦。《水經》云：「涔

水出漢中南縣東南旱山，北至沔陽縣南入於沔。」涔水，即黃水也。《集韻》：「（《惜陰軒叢書》本及《四部備要》本均作涔），郎丁切，水名。」其字从令，引《楚辭》「望涔陽兮極浦」，未詳。《說文》云：「浦，濱也。」《風土記》：「大水有小口別通曰浦。」

2、〈九歌·東君〉：「思靈保兮賢姱」

補曰：古人云：「詔靈保，召方相。」說者曰：「靈保，神巫也。」姱，音戶，叶韻，舊苦胡切，未詳。

3、〈九歎·愍命〉：「掘荃蕙與射干兮。」

補曰：掘，具物切。射，音夜。《荀子》曰：「西方有木焉，名曰射干，莖長四寸，生於高山之上，而臨百仞之淵，木莖非能長也，所立者然也。」注引陶弘景云：「花白莖長，如射人之執竿。」又引阮公詩云：「夜干臨層城。」是生於高處也。據《本草》在草部中，又生南陽川谷，此云木，未詳。

按：洪氏遇名物之訓解或字音之注明等，若以為矛盾而不可知時，則曰「未詳」，僅列舉諸說以備參證。如第 1 例中，洪氏列出《楚辭》與《集韻》字形之差異，蓋未詳後者所據為何。第 2 例中，洪氏依叶韻之理而注明音讀，但未詳舊音之所從來。第 3 例中，洪氏引《荀子》及《本草》為釋，但一云「射干」屬「木」，一云屬「草」，故洪氏亦曰「未詳」以存疑。

洪氏所運用之詮釋詞語，大抵已如上述，而所舉兩類共十三項觀之，其於撰作之際廣蒐典籍，並用心參酌《章句》之得失，故能文有定見，鉅細靡遺，雖非全然無誤，實亦提供多種探究《楚辭》義蘊之途徑與材料。是以全書之中，出於第一類之肯定語氣者佔絕大多數，或乃闡述屈賦等篇之句意內涵，如（一）至（五）項所示，或乃訓解字形、字音、字義之轉生演變，如（六）至（十）項所言，此均可見其用力之勤；尤以其對諸字形、音、義之重視，愈可知其倚賴《說文》、《爾雅》、《廣韻》、《集韻》等書甚深，唯其如此，遂能將書中誤釋之處盡量減少。至於第二類之未定語氣則為例甚少，而洪氏所以用此，誠乃實事求是之態度使然，職是之故，篇中若有亟需駁正者，輒舉相關證據以資說明，蓋亦求其允妥也。〔註5〕

〔註5〕例〈九歌·大司命〉篇題之下洪氏即云：「《周禮·大宗伯》：『以槱燎祀司中，

第三節 徵引典籍之例

洪興祖補注《楚辭》十七卷，一依其校訂各本異文之方法，以廣蒐要籍為尚，進而加以引證，並衡其得失，以求訓解允當。今由書中徵引眾說之情形，具見其歸納與安排之跡，均有若干條理可尋，以下即分項論述之：

一、引用典籍之來源

（一）引自《楚辭》本書者

1、「某篇云」

（1）〈離騷〉：「惟庚寅吾以降。」

補曰：〈天問〉云：「皆歸躬鞠，而無害厥躬；何后益作革，而禹播降？」〈九歎〉云：「赴江湘之湍流兮，順波湊而下降；徐徘徊於山阿兮，飄風來之洶洶。」降，乎攻切，下也，見《集韻》。……

按：洪氏欲釋「降」字，先引〈天問〉「播降」與〈九歎〉「下降」等二詞，以表三處之「降」字音義均同，俱為「乎攻切，下也」，此可令讀者據以參考。

（2）〈九歌・湘君〉：「將以遺兮下女。」

補曰：遺，去聲。既詒湘君以佩玦，又遺下女以杜若，好賢不已也。〈騷經〉云：「相下女之可詒。」

按：洪氏引〈離騷〉之語，意謂二句意乃相通，其「下女」一詞均指賢正之人也。

（3）〈九辯〉：「重無怨而生離兮。」

補曰：重，去聲。〈九歌〉云：「悲莫悲兮生別離。」

按：洪氏引〈九歌・少司命〉之語，意在藉彼以釋此，蓋前者王注謂「人

司命。」疏引《星傳》云：『三台，上台司命，為太尉。』又文昌宮第四曰司命。按《史記・天官書》：『文昌六星，四曰司命。』《晉書・天文志》：『三台六星，兩兩而居，西近文昌二星，曰上台，為司命，主壽。』然則有兩司命也。〈祭法〉：『王立七祀，諸侯立五祀，皆有司命。』疏：『司命，宮中小神。』而《漢書・郊祀志》：『荊巫有司命。』說者曰：『文昌第四星也。』五臣云：『司命，星名，主知生死，輔天行化，誅惡護善也。』〈大司命〉云：『乘清氣兮御陰陽。』〈少司命〉云：『登九天兮撫彗星。』其非昨宮中小神明矣。」知其欲說明「司命」之意義，引用多種說法以便參考，並從而訂正〈祭法〉孔疏之誤也。

居世間，悲哀莫痛與妻子生別離，傷己當之也」云云，適足比況後者也。

2、「見某篇」

（1）〈遠遊〉：「路曼曼其修遠兮。」（《四部叢刊》本作「脩」）

　　補曰：曼曼，見〈騷經〉。

　　按：〈離騷〉「路曼曼其修遠兮」句下洪云：「……《集韻》『曼曼，長也，謨官切。』」故洪氏於此不重注。

（2）〈招魂〉：「魂兮歸來，入修門些。」

　　補曰：修門，己見〈九章〉：「龍門」注中。

　　按：〈九章・哀郢〉「顧龍門而不見」句下洪云：「龍門，即郢城之東門。又伍端休《江陵記》云：『南關三門，其一名龍門，一名修門。』修門，見〈招魂〉。」知洪氏以〈招魂〉與〈哀郢〉為互見也。

（3）〈七諫・哀命〉：「涕泣流乎於悒。」

　　補曰：於悒，音見〈九章〉。

　　按：〈九章・悲回風〉「氣於邑而不可止」句下洪云：「顏師古云：『於邑，短氣，上音烏，下烏合切。一讀皆如本字。』」故洪氏於此不重注。

3、「下文云」

（1）〈離騷〉：「折瓊枝以繼佩。」

　　補曰：瓊，玉之美者。傳曰：「南方有鳥，其名為鳳，天為生樹，名曰瓊枝，高百二十仞，大三十圍，以琳琅為實。」《後漢》注云：「瓊枝玉樹，以喻堅貞。」下文云：「折瓊枝以為羞。」

　　按：此洪氏引同篇中意義相近之語，以助訓解。

（2）〈九章・惜誦〉：「所作忠而言之兮。」

　　補曰：作，為也。下文云：「作忠以造怨。」

　　按：此洪氏引同篇中「吾聞作忠以造怨兮，忽謂之過言」等語，藉以彰顯「作忠」之義。

（3）〈九章・涉江〉：「腥臊並御，芳不得薄兮。」

　　補曰：臊，音騷。《周禮》曰：「豕盲視而交睫，腥；犬赤股而躁，臊。《左傳》：「薄而觀之。」薄，迫也，逼近之意，如字，一音博。下文「忽翱翔之焉薄」、「瞭杳杳而薄天」，並同。

按：此洪氏引同卷〈哀郢〉「凌陽侯之氾濫兮，忽翱翔之焉薄」，與「堯舜之
　　抗行兮，瞭杳杳而薄天」二句，意謂三處所云之「薄」字音義均同也。

（二）引《楚辭》之外者

1、「某書云」

（1）〈九歌・東君〉：「操余弧兮反淪降。」

補曰：操，持也，七刀切。弧，音胡。《說文》曰：「木弓也，一曰往體寡、
　　　來體多爲弧。」淪，沒也。降，下也，戶江切，叶韻。《晉志》曰：
　　　「弧，九星，在狼東南，天弓也，主備盜賊。」〈天文大象賦〉注云：
　　　「弧矢九星，當屬矢而向狼，直狼多盜賊，引滿則天下兵起。」〈河
　　　東賦〉云：「攫天狼之威弧。」〈思玄賦〉「彎威弧之拔刺兮，射嶓嵝
　　　之封狼。」

按：洪氏於此先釋「操」、「弧」、「淪」、「降」四字之意義，繼而徵引《晉
　　書》、〈天文大象賦〉、〈河東賦〉及〈思玄賦〉，用以說明弧星之特性。

（2）〈招魂〉：「增冰峨峨，飛雪千里些。」

補曰：《神異經》：「北方有增冰萬里，厚百丈。」《尸子》曰：「朔方之寒，
　　　地凍厚六尺，北極左右，有不釋之冰。」

按：洪氏引《神異經》及《尸子》等書，用以補充王注所云「北方常寒，
　　其冰重累」也。

（3）〈九懷・匡機〉：「菁蔡兮踊躍。」

補曰：《淮南》云：「大蔡神龜。」注云：「大蔡，元龜所出地名，因名其龜
　　　爲大蔡。」《家語》云：「臧氏有守龜，其名曰蔡。」《文選》云：「搏
　　　耆龜。」注云：「耆，老也。龜之老者神。」引「耆蔡兮踊躍」：據
　　　此，則「菁」當作「耆」，然注以爲「菁龜」之「菁」，菁雖神草，
　　　安能踊躍乎？

按：洪氏以爲王注所云「菁，筮也」不妥，遂先引《淮南子》、《孔子家語》
　　等書以釋「蔡」之義，次引《文選》及其注文以明「菁」乃葳草，而
　　「耆」有老義，則王注之失亦昭然可知矣。

2、「某人云」

（1）〈離騷〉：「馳椒丘且焉止息。」

補曰：司馬相如賦云：「椒丘之闕。」服虔云：「丘名。」如淳云：「丘多椒

也。」按椒，山巔也，此以椒丘對蘭皋，則宜從如淳、五臣之說。焉，語助，尤虔切。

> 按：洪氏引《漢書》卷五七〈司馬相如傳〉「椒丘之闕」之語，並以服虔、如淳所注《漢書》之文相互比較，益以《文選》五臣注所言（見於「補曰」前），故謂當釋「椒丘」為「多椒之丘」，以與「蘭皋」相對。

（2）〈九章・惜誦〉：「故眾口其鑠金兮。」

> 補曰：鑠，書藥切。鄒陽曰：「眾口鑠金，積毀銷骨。」顏師古曰：「美金見毀，眾共疑之，數被燒煉，以至銷鑠。」

> 按：洪氏引《漢書》卷五一〈賈鄒枚路傳〉「夫以孔墨之辯，不能自免於讒諛，而二國以危，何則？眾口鑠金，積毀銷骨也」之語，及顏師古注文所謂「美金見毀，……以至銷鑠；讒佞之人，肆其詐巧，離散骨肉，而不覺知」，用以補充王注也。

（3）〈招隱士〉：「桂樹叢生兮。」

> 補曰：郭璞云：「桂，白華，叢生山峰，多長青，間無雜木。」

> 按：洪氏引郭璞注《爾雅》卷九〈釋木〉之言，郭注原文云：「梫，木桂。今南人呼桂厚皮者為木桂，桂樹葉似枇杷而大，白華，華而不著子，叢生巖嶺，枝葉多夏常青，間無雜木。」此因王逸僅注曰：「桂樹芬香，以興屈原之忠貞也。」故洪氏補釋「桂」字之義，唯字句已有刪節。

3、「見某書」

（1）〈離騷〉：「留有虞之二姚。」

> 補曰：二姚事見《左傳》。杜預云：「梁國有虞縣。」皇甫謐云：「今河東大陽西山上有虞城。」姚，音遙。《說文》云：「虞舜居姚虛，因以為姓。」

> 按：洪氏謂「二姚事見《左傳》」，意在指明王注之出處也，蓋《左傳》哀公元年之傳文嘗云：「……伍員曰：『不可。臣聞之：樹德莫如滋，去疾莫如盡，昔有過澆殺斟灌以伐斟鄩，滅夏后相，后緡方娠，逃出自竇，歸於有仍，生少康焉，為仍牧正，惎澆能戒之，澆使椒求之，逃奔有虞，為之庖正，以除其害，虞思於是妻之以二姚，而邑諸綸，有田一成，有眾一旅，以收夏眾，撫其官職，使女艾諜澆，使季杼誘豷，遂滅過、戈，復禹之績。祀夏配天，不失舊物。』……」洪氏於此不

錄原文，一則王逸已綜述於前，一則求其簡潔也。

（2）〈九歌・河伯〉：「與女游兮九河。」

補曰：女，讀作汝，下同。九河，各見《爾雅》。《書》曰：「九河既道。」
注云：「河水分爲九道，在兗州界。」又曰：「又北播爲九河，同爲
逆河，入於海。」注云：「分爲九河，以殺其溢。」漢許商上書云：
「古記九河之名，有徒駭、胡蘇、鬲津，今見在成平、東光、鬲縣
界中，自鬲津以北至徒駭，其間相去二百餘里。」是知九河所在，
徒駭最北，鬲津最南，蓋徒駭是河之本道，東出分爲八枝也。

按：洪氏謂「九河，各見《爾雅》」，乃指明王注所云九河之出處也，蓋《爾
雅》卷七載云：「徒駭、太史、馬頰、覆鬴、胡蘇、簡、潔、鉤盤、鬲
津。」並曰從「釋地」至「九河」，皆爲大禹所命名也。

（3）〈大招〉：「大侯張只。」

補曰：射侯，見《周官・考工記》、《禮記・射義》。

按：王注謂「王者當制服諸侯，故名布爲侯而射之」云云，洪氏乃引上二書
補充「射侯」之義。考《周禮》卷四二〈考工記〉載云：「往體多、來
體寡，謂之夾臾之屬，利射侯與弋。」鄭玄注：「射遠者用埶，夾臾之
弓，合五而成規，侯非必遠，顧執弓者材必薄，薄則弱，弱則矢不深，
中侯不落，大夫士射侯，矢落不獲。弋，繳射也。故《書》與作其，杜
子春云：當爲與。」又《禮記》卷二十〈射義〉云：「古者天子之制，
諸侯歲獻，貢士於天子，天子試之於射弓，其容體比於禮，其節比於樂，
而中多者得與於祭；其容體不與於禮，其節不心於樂，而中少者不得與
於祭。數與於祭而君有慶，數不與於祭而君有讓；數有慶而益地，數有
讓而削地。故曰：射者，射爲諸侯也。」洪氏當即謂此。

4、「一曰」、「一云」、「或曰」、「說者曰」：

（1）〈九歌・湘夫人〉：「桂棟兮蘭橑。」

補曰：橑，音老。《說文》：「椽也。」一曰：「星橑，簷前木。」《爾雅》曰：
「桷謂之榱。」

按：洪氏引《說文》、《爾雅》外，又引「一曰」云云以釋「橑」義，考《廣
韻》上聲三十二韻「橑」字下云：「屋橑，簷前木。」未知此處「一曰」
是否本於《廣韻》？

（2）〈招魂〉：「高堂邃宇，檻層軒些。」

補曰：一云：「檐宇之末曰軒。」

按：王注謂：「軒，樓版也。」五臣注云：「軒，檻樓上板。」洪氏復引「一云」而與二者稍有別，但未明出處。

（3）〈天問〉：「何聖人之一德，卒其異方。」

補曰：文王順紂而不敢逆，武王逆紂而不肯順，故曰異方。或曰：「下文云：梅伯受醢、箕子佯狂。此異方也。」

按：王注謂：「言文王仁聖，能純一其德，則天下異方，終皆歸之也。」洪氏以為不妥而改言文王、武王二人所行有別，故名異方，其下所引「或曰」之言，雖與己說不同，然亦可供參考，唯不明出自何人。

（4）〈遠遊〉：「召玄武而奔屬。」

補曰：《禮記》曰：「行前朱鳥，而後玄武。」二十八宿，北方為玄武，說者曰：「玄武，謂龜蛇，位在北方，故曰玄；身有鱗甲，故曰武」蔡邕曰：「北方玄武，介虫之長。」《文選》注云：「龜與蛇交，曰玄武。」屬，音燭。

按：洪氏引「說者曰」之言以補釋「玄武」，「說者」究係何人，不得而知，窺其意亦與前三例同，重在提供他說以備參詳，非為判定其曲直也。

5、「某人某文用此」

（1）〈天問〉：「靡蓱九衢，枲華安居。」

補曰：此謂靡蓱與枲華皆安在也，《爾雅》靡蓱注云：「水中浮蓱也。」《山海經》曰：「宣山上有桑焉，其枝曰衢（《山海經》作四衢）。」注云：「枝交互四出。」又「少室之山有木，名帝休，其枝五衢。」注云：「言樹枝交錯，相重五出，有象路衢。」〈天對〉云：「有蓱九岐，厥以圖詭。」注云：「衢，歧也。」逸以為衢中，恐誤。〈魏都賦〉云：「尋靡蓱於中逵。」蓋用逸說也。……」

按：王注云：「九交道曰衢，言寧有蓱草，生於水上，無根，乃蔓衍於九交之道。……」知王逸釋「九衢」為「九交之道」；而左思〈魏都賦〉云：「孰愈尋靡蓱於中逵，造沐猴於棘刺。」據《爾雅》卷四〈釋宮〉云：「九達謂之逵。」可見左思此賦以「中逵」表「九衢」，蓋從王注之義也，洪氏故云。

（2）〈遠遊〉：「聞至貴而遂徂兮，忽乎吾將行。」

　　補曰：〈天台賦〉云：「覿靈驗而遂徂，忽乎吾之將行；仍羽人於丹丘，尋
　　　　　不死之福庭。」

　　按：〈遠遊〉於「忽乎吾將行」後續云：「仍羽人於丹丘兮，留不死之舊鄉。」
　　　　則知孫綽此賦四句乃襲自屈原也，故洪氏特予指出。

（3）〈離騷〉：「哲王又不寤」

　　補曰：《說文》：「寐覺而有信曰寤。」閨中既以邃遠者，言不通群下之情；
　　　　　哲王又不寤者，言不知忠臣之分。懷王不明而曰哲王者，以明望之
　　　　　也，太史公所謂「冀幸君之一悟，俗之一改也」；韓愈〈琴操〉云：
　　　　　「臣罪當誅兮，天王聖明。」亦此意。

　　按：洪氏於補注中舉出屈子言「哲王」之意，乃在以此明哲之君期許楚王；
　　　　而觀《朱文公校昌黎先生集》卷一〈琴操‧拘幽操〉所云：「有知無知
　　　　兮，爲死爲生；嗚乎！臣罪當誅兮，天王聖明。」則韓愈藉文王拘繫
　　　　羑里一事，以抒發自身渴慕賢君撫慰萬民之情，實與屈意相同，俱屬
　　　　憂國之語，洪氏因而引述之。

二、引用典籍之方式

（一）實　引

　　洪氏引用某典籍之文句，並據實錄之，如：

1、〈遠遊〉：「壹氣孔神兮，於中夜存。」

　　補曰：《孟子》曰：「梏之反覆，則其夜氣不足以存；夜氣不足以存，則其
　　　　　違禽獸不遠矣。」

　　按：洪氏引《孟子》之言，以明存養氣、神之道，語出《孟子‧告子篇》。

2、〈漁父〉：「新沐者必彈冠。」

　　補曰：《荀子》云：「新浴者振其衣，新沐者彈其冠，人之情也，其誰能以
　　　　　己之皭皭，受人之掝掝者哉。」

　　按：洪氏引《荀子》之言，以補釋王注所謂「拂土坌也」，語出《荀子‧不
　　　　苟篇》。

3、〈九章‧惜誦〉：「戒六神與嚮服。」

　　補曰：《孔叢子》云：「宰我問禋於六宗，孔子曰：『所宗者六，埋少牢於太

　昭，祭時也；祖迎於坎壇，祭寒暑也；主於郊宮，祭日也；夜明，祭月也；幽榮，祭星也；雩榮，祭水旱也；禋於六宗，此之謂也。』孔安國、王肅用此說。又一說云：「六宗：星、辰、風伯、雨師、司中、司命。」一云：「乾坤六子。」顏師古用此說。……

按：洪氏引《孔叢子》之言，以補釋王注所謂「六宗之神」，語出《孔叢子‧論書第二》，唯今本文字稍異，據杭州葉氏藏明繙宋本載云：「宰我曰：『敢問禋于六宗，何謂也？』孔子曰：『所宗者六，皆潔祀之也。……』」此或板本不同之故。

（二）連　引

　　洪氏連續引用某典籍以輔助訓解，其間則綴以「又曰」，如：

1、〈天問〉：「馮翼惟像，何以識之。」

　　補曰：《淮南》言：「天墜未形，馮馮翼翼，洞洞灟灟，故曰大昭。」注云：「馮翼，無形之貌。」又曰：「古未有天地之時，惟像無形，窈窈冥冥，茫芠漠閔，澒濛鴻洞，莫知其門。」

　　按：洪氏先引《淮南子‧天文訓》及其下注文，復引同書〈精神訓〉以補釋天地馮翼之義。

2、〈離騷〉：「望崦嵫而勿迫。」

　　補曰：崦，音淹。嵫，音茲。《山海經》曰：「鳥鼠同穴山，西南曰崦嵫。」又云：「西曰崦嵫之山。」《淮南子》云：「日入崦嵫，經細柳，入虞淵之汜。」

　　按：洪氏先引《山海經‧西山經》之言，又引其下同卷之語以補釋「崦嵫」。

3、〈九歌‧山鬼〉：「石磊磊兮葛蔓蔓。」

　　補曰：磊，眾石貌，魯猥切。《詩》曰：「葛之覃兮，施於中谷。」又曰：「南有樛木，葛藟纍之。」

　　按：洪氏先引《詩經‧國風‧周南》中〈葛覃篇〉，又引其下同卷之〈樛木篇〉，以補釋「葛」義。

（三）節　引

　　洪氏就某典籍中某段文字，視其需要加以刪節而引錄之，如：

1、〈離騷〉：「喟憑心而歷茲。」

　　補曰：喟，丘愧切。《方言》云：「憑，怒也。楚曰憑。」注云：「恚盛貌。」

引《楚詞》「康回憑怒」，皮冰切。《列子》曰：「帝馮怒。」《莊子》曰：「佽溺於馮氣。」……

按：《方言》卷二原載云「馮、齂、苛，怒也。楚曰憑，小怒曰齂，陳謂之苛。」知洪氏乃節引部分內容也。

2、〈離騷〉：「齊桓聞以該輔。」

補曰：《淮南子》云：「寧戚欲干齊桓公，因窮無以自達，於是爲商旅，將任車以商於齊，暮宿於郭門之外，飯牛車下，望見桓公，乃擊牛角而商歌。桓公聞之曰：『異哉！歌者非常人也。』命後車載之。」

按：《淮南子・道應訓》於「暮宿於郭門之外」句後，尚有「桓公郊迎客，夜開門，辟任車，爝火甚盛，從者甚眾」等語，俱爲洪氏所刪，而續以桓公收寧戚之事。

3、〈天問〉：「勳闔夢生，少離散亡。」

補曰：《史記》：「吳壽夢卒，有子四人，長諸樊，次餘祭，次餘眛，次季札。公子光者，諸樊之子也，以爲吾父兄弟四人，當傳至季子，季子即不受國，光父先立，即不傳季子，光當立。遂弑王僚，代立爲王，是爲吳王闔廬。」……

按：據《史記・吳太伯世家》所載，於「次季札」之後，尚有季札聘於魯而觀樂，以及繫劍於徐君冢墓等內容，此均爲洪氏所不取，轉而逕述公子光弑王僚以自立一事，蓋欲專釋吳王闔廬也。

（四）併　引

洪氏將同書中不同段落或不同篇章之內容，因其具有關聯性，可相互參證，故一併引用之，如：

1、〈離騷〉：「濟沅湘以南征兮。」

補曰：沅，音元。《山海經》云：「湘水出帝舜葬東，入洞庭下。沅水出象郡鐔城西，東注江，合洞庭中。」《後漢志》：「武陵郡有臨沅縣，南臨沅水，水源出牂牁且蘭縣，至郡界分爲五谿。又零陵邵陽朔山，湘水出。」……

按：洪氏所引《山海經》云云，係出〈海內東經〉，其前段言湘水部分乃在〈廬江〉條之後，而後段言沅水部分在〈白水〉條之後，二者雖同篇但不相連屬，洪氏併引之以釋「沅湘」。

2、〈天問〉：「伯林雉經，維其何故。」

補曰：《左傳》：「晉獻公伐驪戎，驪戎男女以驪姬，歸，生奚齊。驪姬嬖，欲立其子，使太子居曲沃，姬謂太子曰：「君夢齊姜，必速祭之。」太子祭於曲沃，歸胙於公，姬毒而獻之，泣曰：「賊由太子。」太子奔新城。十二月戊申，縊於新城。《國語》云：「雉經於新城之廟。」注云：「雉經，頭槍而懸死也。」

按：洪氏所引《左傳》係出前後二段文字，自「晉獻公伐驪戎」至「使太子居曲沃」，為莊公二十八年之事，而其後所引者，乃僖公四年之事，洪氏併引之以說明申生之受害。

3、〈九章・涉江〉：「朝發枉陼兮，夕宿辰陽。」

補曰：《前漢》武陵郡有辰陽，注云：「三山谷，辰水所出，南入沅，七百五十里。」《水經》云：「沅水東逕辰陽縣東南，合辰水，舊治在辰水之陽，故取名焉。《楚辭》所謂「夕宿辰陽」也。沅水又東，歷小灣，謂之枉渚。」

按：洪氏所引「辰陽」及其注文，出於《漢書・地理志》顏師古注；而其後所引「《水經》」云云，當作《水經注》方是，蓋《水經》原文為：「沅水出牂柯且蘭縣，為旁溝水，又東至鐔城縣為沅水，又東北過臨沅縣南，又東至長沙下雋縣西，北入于江。」〔註6〕至於洪氏此處引用之《水經注》內容，亦可分為二段，自「沅水東逕辰陽縣」至「所謂夕宿陽」，乃屬於「沅水出牂柯且蘭縣……東至鐔城縣為沅水」下之注文，其後「沅水又東，歷小灣，謂之枉渚」則屬於「又東北過臨沅縣南」下之注文，可知洪氏於此亦採取併引之方式。

（五）述 引

洪氏或鑒於引用之典籍，篇幅甚長，或鑒於該段落尚有其他引申，因此綜合其說而以己意述明之，如：

1、〈離騷〉：「遭吾道夫崑崙兮。」

補曰：遭，轉也，楚人名轉曰遭。……東方朔《十洲記》：「崑陵即崑崙，中狹上廣，故曰崑崙，山有三角，其一角正東，名曰崑崙宮，其處

〔註6〕見桑欽《水經》卷下〈沅水〉，載王謨輯《漢魏叢書》第四冊，（台北：大化書局，西元1988年4月再版），頁3465。

有積金爲墉城，面方千里，城上安金臺五所，玉樓十二。」……

按：據《十洲記》云：「崑崙號日崐崚，在西海之戌地，北海之亥地，去岸
十三萬里，又有弱水周圍繞。山東南接積石圃，西北接北尸之室，東
北臨大活之井，西南至承淵之谷。……山高平地三萬六千里，上有三
角，方廣萬里，形似偃盆，下狹上廣，故名日崑崙山。三角，其一角
正北，干辰之輝，名日閬風巔；其一角正西，名日玄圃堂；其一角正
東，名日崑崙宮。其一角有積金爲天墉城，面方千里，城上安金臺五
所，玉樓十二所。」〔註7〕以上所述，較諸洪氏補日後所引，實不僅
刪節部分原文，且已改易若干文字，此即洪氏綜述其意而引用之也。

2、〈招隱士〉：「自八公之徒，咸慕其德，而歸其仁。」

洪曰：《神仙傳》云：「八公詣門，王執弟子之禮，後八公與安俱仙去。」

按：按葛洪《神仙傳》卷四云：「漢淮南王劉安者，漢高帝之孫也。……安
每宴，見談說得失及獻諸賦頌，晨入夜出，乃天下道書及方術之士；
不遠千里，卑辭重幣請致之，於是乃有八公詣門，皆鬚眉皓白。……
王聞之，足不履跣而迎登思仙之臺，張錦帳象床，燒百和之香，進金
玉之几，執弟子之禮。……二人恐爲安所誅，乃共誣告稱安謀反，天
子使宗正持節治之，八公謂安日：『可以去矣，此乃是天之發遣王，王
若無此事，日復一日未能去世也。』八公使安登山大祭，埋金地中，
即白日昇天，八公與安所踏山上石皆陷成跡，至今人馬跡猶存。……」
可知洪氏引《神仙傳》之文，實乃綜合其意而以簡潔之筆述之也。

3、〈九思・疾世〉：「抱招華兮寶璋。」

補曰：《淮南》云：「堯贈舜以昭華之玉。」

按：據《淮南子・泰族訓》云：「堯治天下，政教平德潤洽，在位七十載，
乃求所屬天下之統，令四岳揚側陋，四岳舉舜而薦之堯，堯乃妻以二
女以觀其內，任以百官以觀其外，既入大麓，烈風雷雨而不迷，乃屬
以九子，贈以昭華之玉。」可知原文乃謂堯鑒察舜之才能，後並以天
下讓之一事，而洪氏則綜合其意以引述之也。

綜觀洪氏徵引典籍之例，由其來源而言，引自《楚辭》本書之篇章者，輒
出以「某篇云」、「下文云」等，窺其用意，乃欲藉同書中相關之內容以便輔助

〔註7〕見同上，頁3313。

說明該句文意，計全書中，此類例子僅佔少數；而引自其他典籍者，則有多種形式，且居全書徵引之全體，就中尤以「某書云」者最多，言「某人云」者次之，前者爲洪氏明顯標出所引典籍之例，後者則代表二種含意：一爲洪氏引據某書後，續引此書之注而冠以「某人云」，一爲洪氏於此不稱書名，而直接引出作者之名曰「某人云」。〔註8〕至於「見某書」之形式，乃洪氏指明王逸注文之所據者，同時亦避免重複，而洪氏時或爲求訓解之詳盡，於前賢或時人之較不顯名者，亦酌采其說以入書中，此即「一云」、「或曰」、「說者曰」之例。此外，洪氏因涉獵既廣，遇有後人襲用《楚辭》各篇之若干句意，往往一併於書中注明之，藉以反映《楚辭》之文學藝術影響於後人者殊鉅。

其次，由其徵引之方式言，洪氏乃依各句之實際情況，並參考王注之詳略，決定其補注時如何運用典籍。觀洪書之中，大抵以上述「實引」、「連引」、「節引」之方式居多數，以求適切訓解該書；至於「併引」及「述引」二項則較少見，此爲洪氏藉靈活徵引以助訓釋之例。要之，洪氏於徵引眾書之際，乃以疏通王注，發揚《楚辭》之義蘊爲主旨，故其補注時所採取之方式，亦不僅限於一端，往往於一句之下，既有引自《楚辭》本書者，亦有引自他書者；又或有實引某書者，亦有連引某書者。基於此種交相運用之手法，益顯洪氏撰作此書時引據之廣博。

〔註8〕洪氏徵引某書後，續引該書之注而稱「某人云」者，如本節「某人云」項下所列之例。至其逕引「某人云」之例，則如〈離騷〉「偭規矩而改錯」句下，洪云「偭，音面。賈誼云：偭蔡獺以隱處。……」此洪氏引自賈誼之〈弔屈原賦〉也；又如〈九歎‧怨思〉「本朝蕪而不治」句下，洪云：「治，平聲。揚揮曰：田彼南山，蕪穢不治。」此處洪氏實引自《漢書‧楊敞傳》，故知洪氏亦有不稱書名而改稱作者之例。

第六章 《楚辭補注》之成就與不足

上二章所述，乃《楚辭補注》之創作歷程與注釋義例，吾人可藉之以明此書之輪廓；以下則就洪書整體表現加以探討，蓋欲深入各篇內容，並分析洪氏所作是否允當？其側重之點與論述所據究竟何指？而其不足與缺憾之例復在何處？凡此均為全書之核心，且其要亦演為得失優劣諸端，今即依《楚辭補注》之成就與不足二節，詳予論列如後。

第一節 《楚辭補注》之成就

洪氏之用力於《楚辭》，誠如第四章所述，實為出乎忠忱而冀望救國之舉，是以撰作之際，旁徵博引，不憚辭費。觀王逸於〈離騷〉篇末敘云：「今臣復以所識所知，稽之舊章，合之經傳，作十六卷章句，雖未能究其微妙，然大指之趣可見矣。」〔註1〕知其頗以彰顯《楚辭》要旨為尚，而興祖承其遺緒，並擷取漢魏以來諸家所論道者，詳為探究其底蘊，針對王注逐條加以檢視，於是考其出處者有之，補其名物者有之，明其句意者有之，正其訛誤者亦有之，興祖於發揚王注而言，實堪稱叔師之良友。今董理洪書，益知其撰作之特色，乃在熔訓詁、考據、義理於一爐，細繹其目，則有如下數端：一、廣徵典籍。二、疏通王注。三、訂正王注。四、商榷他說。五、申發屈意。六、考錄異文。七、保存佚說。八、注明音讀。以下即分項說明之：

〔註1〕見《惜陰軒叢書》本《楚辭補註》，（台北：藝文印書館，西元 1986 年 12 月七版），頁 85。

一、廣徵典籍

洪氏為求補注之完備，竭力蒐羅可用之典籍，其目的在於疏通王注，從而領略《楚辭》義蘊。緣以王注乃古來之注本，於字句訓釋上雖猶存古義與古說，唯因未言出處，遂乃影響其價值，洪氏有鑒於此，於是備列眾書，並盡量為王注點明出處，使其愈顯確鑿有據；此外，洪氏亦專就王注中凡說解未當或釋義不明者，重行引證他書而加以斠補，凡此均有賴於相關典籍之妥善運用，是故由洪氏所引諸書觀之，當亦能知其治學之一端。

今傳《楚辭補注》各本中，洪氏所徵引者堪稱繁富，經、史、子、集四部俱見，若除去「補曰」後所謂「一曰」、「或云」、「說者曰」、「先儒曰」等例，以及少數引「某人曰」而無法覆按者，﹝註2﹞則洪氏所明引者約達一百七十三種之多（此處不計《考異》部分所引各本，又《楚辭釋文》已知至少有一二二則，於此亦暫不列入）。此百餘種材料經交互援引，匯為《楚辭補注》重要內容之依據，茲依《四庫全書》分部所示，列舉如下：

（一）經部作品

《易經》	《河圖》	《書經》
《詩經》	《韓詩外傳》	《韓詩章句》
《詩含神霧》	《周禮》	《儀禮》
《禮記》	《月令章句》	《春秋左氏傳》
《春秋公羊傳》	《春秋穀梁傳》	《尊王發微》
《春秋合誠圖》	《春秋命曆序》	《論語》
《論語兼義》	《中庸》	《孟子》
《援神契》	《爾雅》	《說文》
《方言》	《小爾雅》	《急就篇》
《釋名》	《廣雅》	《埤倉》
《草木蟲魚疏》	《字林》	《玉篇》
《經典釋文》	《列子音義》	《匡謬正俗》
《古今字詁》	《樂錄》	《樂府集》
《廣韻》	《集韻》	《埤雅》

﹝註2﹞ 如〈離騷〉「紉秋蘭以為佩」句下，洪注云：「紉，女鄰切。……蘭草一名水香，李云都梁是也。……」此處「李云」即未知何指。又〈大招〉「魂乎無南，蜮傷躬只。」句下，洪注云：「……孫真人云：江東江南有虫名短狐，谿毒，亦名射工，其虫無目，而利耳能聽，在山源谿水中，聞人聲便以口中毒射人。」此處「孫真人云」亦未知何指。

　　此四十二種著作中，尤以《說文》（一百五十九次）、《爾雅》（九十六次）、《詩經》（五十五次）、《左傳》（五十五次）、《集韻》（四十八次）、《書經》（四十三次）、《方言》（三十一次）、《廣雅》（三十一次）之引用次數居多，至於《詩含神霧》、《春秋合誠圖》、《孝經緯援神契》等緯書則引用甚少，均僅一次。總計經部作品共被引用六百九十五次。

（二）史部作品

《竹書紀年》	《戰國策》	《國語》
《越絕書》	《史記》	《漢書》
《漢紀》	《後漢書》	《帝王世紀》
《軒轅本紀》	《水經注》	《漢舊儀》
《南越志》	《風土記》	《江陵記》
《湘中記》	《永初山川記》	《荊州記》
《輿地志》	《漢官儀》	《魏書》
《晉書》	《梁書》	《隋書》
《史通》		

　　此二十五種著作中，以《漢書》（八十六次）、《史記》（六十五次）《國語》（二十三次）、《水經注》（十七次）、《戰國策》（十一次）、《後漢書》（十次）之引用次數居多，餘如《南越志》、《風土記》、《江陵記》、《湘中記》等均僅引用一次，總計史記作品共被引用二百四十七次。

（三）子部作品

《老子》	《墨子》	《莊子》
《荀子》	《管子》	《呂氏春秋》
《韓非子》	《穆天子傳》	《淮南子》
《山海經》	《鹽鐵論》	《新序》
《列女傳》	《十洲記》	《司馬法》
《證類本草》	《本草拾遺》	《太玄經》
《獨斷》	《風俗通》	《列仙傳》
《孔叢子》	《尸子》	《文子》
《太公金匱》	《六韜》	《靈憲》
《論衡》	《神異經》	《述異記》

《楊子》	《孔子家語》	《列子》
《博物志》	《古今注》	《物理論》
《搜神記》	《神仙傳》	《異物志》
《黃庭經》	《抱朴子》	《蘇鶚演義》
《素問》	《顏氏家訓》	《瑞應圖》
《括地圖》	《地說》	《博經》
《禽經》	《廣志》	《三齊記》
《玄圖》	《相貝經》	《清泠傳》
《別傳》	《玄中記》	《酉陽雜俎》
《陵陽子明經》	《元和姓纂》	《蘭說》
《夢溪筆談》		

此六十一種著作中，《淮南子》（一百二十四次）、《山海經》（五十四次）、《莊子》（四十五次）、《本草》（三十四次）、《荀子》（十八次）、《列子》（十八次）之引用次數居多，至如《述異記》、《瑞應圖》、《相貝經》、《禽經》、《物理論》、《三齊記》等均僅引用一次，總計子部作品共被引用四百三十三次。

（四）集部作品

荀子〈雲賦〉	宋玉〈風賦〉	賈誼〈弔屈原賦〉
賈誼〈鵬鳥賦〉	司馬相如〈子虛賦〉	司馬相如〈上林賦〉
司馬相如〈大人賦〉	枚乘〈七發〉	王褒〈洞簫賦〉
揚雄〈羽獵賦〉	揚雄〈河東賦〉	楊雄〈反離騷〉
馬融〈長笛賦〉	張衡〈思玄賦〉	張衡〈天文大象賦〉
張衡〈南都賦〉	張衡〈西京賦〉	傅毅〈舞賦〉
馮衍〈顯志賦〉	邊讓〈章華臺賦〉	李尤〈七歎〉
王粲〈登樓賦〉	曹丕〈典論〉	曹植〈洛神賦〉
曹植〈橘賦〉	曹植〈七啓〉	曹植〈雜詩〉
嵇康〈琴賦〉	傅玄〈琴賦〉	張協〈七命〉
左思〈三都賦〉	郭璞〈江賦〉	孫綽〈遊天台山賦〉
江淹〈別賦〉	孔稚珪〈北山移文〉	沈約〈郊居賦〉
庾信〈哀江南賦〉	徐朝〈七喻〉	《文選》五臣注
《文選》李善注	韓愈〈琴操〉	韓愈〈黃陵廟碑〉
柳宗元〈天對〉	皮日休〈九諷〉	王令〈藏芝賦〉

此四十五種著作中，以五臣注《文選》（三百一十九次）、柳宗元〈天對〉（五十三次）、李善注《文選》（三十五次）、司馬相如賦（三十五次）、張衡賦（二十三次）、揚雄賦（十次）之引用之數居多，而〈北山移文〉、〈登樓賦〉、〈七歎〉、〈九諷〉、〈藏芝賦〉等均僅引用一次，總計集部作品共被引用五百二十九次。

綜觀以上引用各書之情形，洪氏於此一百七十三種典籍中，其徵引次數共一九〇四次，若復包含其於「補曰」後所引以便訓釋音義之若干《楚辭釋文》（參見第四章第二節），以及爲數頗多而出自《廣韻》、《集韻》之反切，則爲數已逾二〇〇〇次，所謂「徵引繁富」，即由此來。再者，由以上統計可知《文選》、《說文》、《淮南子》、《爾雅》、《漢書》、《史記》、《詩經》、《左傳》、《山海經》、《集韻》等書屢經洪氏徵引，推其用意乃在藉《文選》五臣注以疏通句意，藉《說文》、《爾雅》、《集韻》以訓釋音義，藉《詩經》、《左傳》、《史記》、《漢書》以考據典實，更藉《淮南子》、《山海經》以說解神話，其竭力運用近古之原始資料以求確解之意，實不言可喻。

二、疏通王注

洪氏引據既博，復於王逸注解深入研討，遂能從中汰粕取精，以求彰顯楚騷。觀其於王注中之說解未明者，大抵能據之加以疏通，令王注句顯意暢，其法約有如下三途，且多交互用之，以成其效：

（一）闡王注之義

王逸固就該句作注，然文意未切旨要，致稍有蹇塞，洪氏輒予以闡發之。如：

1、〈離騷〉：「初既與余成言兮。」

　　王注：初，始也。成，平也。言，猶議也。

　　洪補：補曰：成言，謂誠信之言，一成而不易也。

　　按：王注訓「初」、「成」、「言」三字之義，然全句之意未顯，故洪氏闡述之。

2、〈九歌‧大司命〉：「固人命兮有當，孰離合兮可為。」

　　王注：言人受命而生，有當貴賤貧富者，是天祿也，己獨放逐離別，不復會合，不可爲思也。

　　洪補：補曰：君子之仕也，去就有義，用舍有命，屈子於同姓事君之義盡
　　　　矣，其不見用，則有命焉，或離或合，神實司之，非人所能爲也。

　　按：王注言人之貧富貴賤乃繫於天祿者，洪氏則據之闡述，謂屈子之用捨
　　　　與否亦關乎天命，其雖恪盡一己之義，然神明自行，不因人而有別也。

3、〈天問〉：「既驚帝切激，何逢長之。」

　　王注：帝，謂紂也。言武王能奉承后稷之業，致天罰，加諸於紂，切激而
　　　　數其過，何逢後世繼嗣之長也？

　　考異：驚，一作敬。切，一作功。

　　洪補：此言武王伐紂，震驚而切責之，不顧君臣之義，惟紂無道，故武王
　　　　能逢天命以求其祚也。

　　按：王注訓曰武王承先祖遺緒，代天致罰而興兵伐紂，何以後祚得長？洪
　　　　氏闡述謂武王率軍東向，本失君臣之義，何以後世享祀綿長？推其因
　　　　由，蓋紂王無道而周得天命故也。

（二）明王注之源

　　王逸引用他書以資訓注，然未言所出，洪氏輒爲之點明。如：

1、〈九歌・河伯〉：「登崑崙兮四望。」

　　王注：崑崙山，河源所從出。

　　洪補：補曰：《援神契》云：「河者，水之伯，上應天河。」《山海經》云「崑
　　　　崙山有青河、白河、赤河、黑河環其墟。其白水出其東北陬，屈向
　　　　東南流，爲中國河。」《爾雅》曰：「河出崑崙虛，色白，所渠並千
　　　　七百一川；色黃，百里一小曲，千里一曲直。」《淮南》曰：「河出
　　　　崑崙，貫渤海，入禹所導積石山也。」

　　按：王注言崑崙山爲河之發源地，然未知其所據，洪氏即徵引《孝經緯援
　　　　神契》、《山海經・海內西經》、《爾雅・釋水》、《淮南子・地形訓》等
　　　　書以爲參證。

2、〈天問〉：「安得夫良藥，不能固臧。」

　　王注：臧，善也。言崔文子學仙於王子僑，子僑化爲白蜺而嬰茀，持藥與
　　　　崔文子，崔文字驚怪，引戈擊蜺，中之，因墮其藥，俯而視之，王
　　　　子僑之尸也。故言得藥不善也。

　　考異：一本「夫」上有「失」字。

洪補：補曰：崔文子事見《列仙傳》。

按：王注實引《列仙傳》為助，然未明言，洪氏特予指出也。

3、〈遠遊〉：「奇傅說之託辰星兮。」

王注：賢聖雖終，精著天也。傅說，武丁之相。辰星，房星，東方之宿，蒼龍之體也。傅說死後，其精著於房尾也。

洪補：補曰：大火，謂之大辰；大辰，房心尾也。《莊子》曰：「傅說得之，以相武丁，奄有天下，乘東維，騎箕尾，而比於列星。」《音義》云：「傅說死，其精神乘東維，託龍尾，今尾上有傅說星，其生無父母，登假三年而形遯。」《淮南》云：「傅說之所以騎辰尾。」是也。

按：王注言傅說之精著於房星之尾，未明其出處，洪氏乃引《莊子・大宗師》、《淮南子・覽冥訓》及《經典釋文・莊子音義》等書以明其所出。

（三）補王注之遺

王注未於某句作注，洪氏以其重要而補注之；抑或王注於某句中遺漏某字某詞而未釋，洪氏輒補注之；又或王注雖釋某字但義嫌疏略，則洪氏亦引書加以補注。如：

1、〈九歎・哀時命〉：「腸憤悁而含怒兮。」

洪補：補曰：悁，烏玄切，忿也。

按：王逸無注，洪氏特就「悁」子釋其音義。

2、〈招魂〉：「去君恆幹，何為四方些。」

王注：言魂靈當扶人養命，何爲去君之常體，而遠之四方乎？夫人須魂而生，魂待人而榮，二者別離，命則實零也。或曰：去君之恆閈，閈，里也，楚人名里曰閈也。

考異：一云：何爲乎四方。乎，一作兮。一注云：魄待人而榮。

洪補：補曰：些，蘇賀切。《說文》云：「語詞也。」沈存中云：「今夔峽湖湘及南北獠人，凡禁呪句尾皆稱些，乃楚人舊俗。」

按：王注中未釋「些」字，洪氏乃注其音切，並援引《說文》及《夢溪筆談・辨證》，用以說明「些」字之含意，而《楚辭》中運用楚語之例，亦由此可證。

3、〈大招〉：「魂乎無南，蜮傷躬只。」

王注：蜮，短狐也。《詩》云：「爲鬼爲蜮。」言魂乎無敢南行，水中多蜮

鬼，必傷害於爾躬也。

考異：乎，一作兮。

洪補：補曰：《穀梁子》曰：「蜮，射人者也。」《前漢‧五行志》云：「蜮生南越，亂氣所生，在水旁，能射人，甚者至死。」陸機云：「一名射影，人在岸上，影見水中，投人影即射之，或謂含沙射人。」孫眞人云：「江東江南有虫名短狐，谿毒，亦名射工，其虫無目，而利耳能聽，在山源谿水中，聞人聲便以口中毒射人。」《說文》云：「蜮，似鼈（《四部備要》本作「鼈」），三足，以氣射害人。」音蜮，又音或。

按：王注釋「蜮」爲「短狐」，其義未詳，洪氏則引《穀梁子》、《漢書》、《詩草木蟲魚疏》〔註3〕、《說文》等書加以補釋，令其義愈顯。

實際而言，洪氏藉以疏通王注者，多係綜合上述三法有以致之，而其所獲之成果於洪氏全書中亦堪稱顯著，下舉諸例，適足印證此說：

1、〈離騷〉：「將往觀乎四荒。」

王注：荒，遠也。言己欲進忠信以輔事君，而不見省，故忽然反顧而去，將逐游目往觀四荒之外，以求賢君也。

五臣注：五臣云：觀四荒之外，以求知己者。

洪補：補曰：《爾雅》云：「觚竹、北戶、西王母、日下謂之四荒，皆四方昏荒之國。」禮失而求諸野，當是時國無人，莫我知者，故欲觀乎四荒，以求同志，此孔子浮海居夷之意；然原初未嘗去楚者，同姓無可去之義故也，賈誼〈弔屈原〉云：「瞝九州而相其君兮，何必懷此都。」失之矣。

按：王注言「荒，遠也」乃籠統之語，洪氏引《爾雅‧釋地》及其下注文（「皆四方昏荒之國」乃郭璞注語，洪氏蓋併引之也），以說解「四荒」之義，此則「補王注之遺」者。又王注言屈子因不見省納，故反顧四荒以求賢君，洪氏承其意而推闡之，謂屈子往觀四荒以求同志，實與《論語‧公冶長篇》中孔子欲乘桴遠去之意相同，均爲一時感喟之言，至其固守同姓不去之大義，亦非賈誼之所能與知也；洪氏所云，於王

〔註3〕《四部叢刊》本、《惜陰軒叢書》本及《四部備要》本均作「陸機云」，實則依據王謨輯《漢魏叢書》所收，當作「陸璣」，係吳人，撰有《詩草木蟲魚疏》上下卷，洪氏所引蓋即下卷〈如鬼如蜮〉條。

注發明頗多，此則「闡王注之義」者。

2、〈九歌‧山鬼〉：「采三秀兮於山間。」

　王注：三秀，謂芝草也。

　洪補：補曰：《爾雅》「茵芝」注云：「一歲三華，瑞草也。茵，音因。」〈思
　　　　玄賦〉云：「冀一年之三秀。」近時王令逢原〈藏芝賦〉序云：「〈離騷〉、
　　　　〈九歌〉，自詩人所紀之外，地所常產，目所同識之草盡矣，而芝復獨
　　　　遺；說者遂謂〈九歌〉之三秀爲芝，予以其不明；又其辭曰：『適山而
　　　　采之。』芝非獨山草，蓋未足據信也。」余按：《本草》引〈五芝經〉
　　　　云：「皆以五色生於五岳。」又《淮南》云：「紫芝生於山，而不能生
　　　　於盤石之上。」則芝正生於山間耳，逢原之說，豈其然乎？

　按：王注以「芝草」釋「三秀」，未知所據，洪氏乃引《爾雅‧釋草》，此則
　　　「明王注之源」者。又洪氏爲求「芝草」之義，遂先引北宋王令《廣陵
　　　集》中所載〈藏芝賦〉序，其謂芝草非即「三秀」，且亦非僅生於山中，
　　　然洪氏頗疑此說，復引《證類本草‧草藥上部》、《淮南子說山訓》之言
　　　以證芝草實生山中，他處恐無此物，蓋欲用以輔證王注也，此則「補王
　　　注之遺」者。

3、〈天問〉：「齊桓九會，卒然身殺。」

　王注：言齊桓公任管仲，九合諸侯，一匡天下；任豎刁、易牙，子孫相殺，
　　　　虫流出戶。一人之身，一善一惡，天命無常，罰佑之不恆也。

　考異：會，一作合。

　洪補：補曰：卒，終也。《論語》曰：「桓公九合諸侯，不以兵車，管仲之
　　　　力也。」《國語》曰：「兵車之屬六，乘車之會三。」孫明復《尊王
　　　　發微》曰：「桓公之會十有五：十三年會北杏，十四、十五年會鄄，
　　　　十六、二十七年會幽，僖元年會檉，二年會貫，三年會陽穀，五年
　　　　會首止，七年會甯母，八年會洮，九年會葵丘，十三年會鹹，十五
　　　　年會牡丘，十六年會淮是也。孔子止言其九者，蓋十三年會北杏，
　　　　桓始圖霸，其功未見；十四年會鄄，又是伐宋諸侯；僖八年會洮，
　　　　十三年會鹹，十五年會牡丘，十六年會淮，皆有兵車，故止言其會
　　　　之盛者九焉。」《史記》曰：「管仲病，桓公問曰：『易牙何如？』對
　　　　曰：『殺子以適君，非人情，不可。』『開方何如？』曰：『倍親以適
　　　　君，非人情，難近。』『豎刁何如？』曰：『自宮以適君，非人情，

難親。』管仲死，桓公卒近用三子，三子專權，桓公卒，易牙與豎刁殺群吏而立公子無詭爲君。桓公病，五公子各樹黨爭立，及桓公卒，遂相攻，以故宮中莫敢棺。桓公尸在床上六十七日，尸蟲出於戶。無詭立，乃棺赴。」按小白之死，諸子相攻，身不得斂，與見殺無異，故曰卒然身殺，甚之也。

按：王注言桓公榮辱之事，洪氏爲之援引《論語·憲問篇》、《史記·齊太公世家》，以明其出處。又王注於「九會」僅云「九合諸侯」，洪氏則別引《國語·齊語》及《尊王發微》卷三詳加說明，以補王注之遺。而王注所謂「一人之身」云云，乃是綜述上句「天命反側，何罰何佑」，與本句「齊桓九會，卒然身殺」之文意而來，洪氏於此亦加以發揮，按語所言「甚之也」即屬之，蓋洪氏藉以闡王注之義者是也。

4、〈遠遊〉：「選署眾神以並轂。」

王注：召使群靈皆侍從也。

洪補：補曰：署，常恕切，置也。〈大人賦〉曰：「悉徵靈圉而選之兮，部署眾神於搖光。」

按：洪氏專釋「署」字之意義，以補王注之遺。又引司馬相如〈大人賦〉之語，一則藉此賦以闡述王注之義，一則顯示司馬相如承襲屈賦之跡也。

5、〈九章·涉江〉：「接輿髡首兮，桑扈臝行。」

王注：接輿，楚狂接輿也。髡，剔也。首，頭也。自刑身體，避世不仕也。桑扈，隱士也，去衣裸裎，效夷狄也。言屈原自傷不容於世，引此隱者以自慰也。

考異：臝，一作裸。

洪補：補曰：《論語》曰：「楚狂接輿，歌而過孔子。」《楊子》曰：「狂接輿之披其髮也。」《莊子》曰：「嗟來桑戶乎！」髡，音坤，去髮也。臝，力果切，赤體也。

按：王注言接輿及桑扈逃隱之事，洪氏則引《論語·微子篇》、《莊子·大宗師》等書以明其出處。又王注僅釋「髡」字之義，洪氏乃復說明「髡」、「臝」二字之意義，以補王注之遺也。

質言之，洪氏蓋靈活運用闡述句意、補釋字詞及注明出處等方法，針對王注予以疏通，卒使《楚辭》諸篇漸次達於曉暢。此外，爲求明瞭《楚辭》發展

之脈絡，洪氏亦就王注所未及者分別增補之，如於「楚辭目錄」下載云：「班孟堅云：始楚賢臣屈原被讒放流，作〈離騷〉諸賦以自傷悼。後有宋玉、唐勒之屬，慕而述之，皆以顯名。漢興，高祖王兄子濞，於吳招致天下娛游子弟，枚乘、鄒陽、嚴夫子之徒，興於文景之際，而淮南王安都壽春，招賓客著書，而吳有嚴助、朱買臣貴顯漢朝，故世傳楚辭。」此爲洪氏引《漢書·地理志》之言，明西漢時諸賢之致力於《楚辭》者。又於「楚辭卷第一」下錄云：「隋唐書志有皇甫遵訓《參解楚辭》七卷、郭璞《注》十卷、宋處士諸葛《楚辭音》一卷、劉杳《草木蟲魚疏》二卷、孟奧《音》一卷、徐邈《音》一卷。……漢宣帝時，九江被公能爲《楚辭》；隋有僧道騫者善讀之，能爲楚聲，音韻清切，至唐傳《楚辭》者，皆祖騫公之音。」此則洪氏根據《隋書·經籍志》及兩唐書〈藝文志〉所載，綜述漢以後至隋唐間《楚辭》研究之大略。二者之出現，實亦爲洪氏增補王注，進而疏通《章句》之例。

三、訂正王注

王逸作《楚辭章句》，陳振孫稱其「雖未能盡善，而自淮南王安以下爲訓傳者，今不復存，其目僅見於隋唐志，獨逸注幸而尚傳，興祖從而補之，於是訓詁名物詳矣」，〔註 4〕四庫館臣亦謂「逸注雖不甚詳賅，而去古未遠，多傳先儒之訓詁」，〔註 5〕可知王注固然有其重要價值，唯缺漏致誤者亦不能免。洪氏既於王注進行疏通之工夫，復對其中說解有誤者加以駁正，觀其敘述之法，當有以下二途：

（一）洪氏明言逸說非是者

1、〈離騷〉：「女嬃之嬋媛兮，申申其詈予。」

王注：女嬃，屈原姊也。嬋媛，猶牽引也。申申，重也。言女嬃見己施行不與眾合，以見放流，故來牽引數怒，重詈我也。

考異：一作撣援。詈，一作罵。予，一作余。

五臣注：五臣云：牽引古事而罵詈我。

洪補：補曰：《說文》云：「嬃，女字也，音須。賈侍中說：楚人謂女曰嬃。」

〔註 4〕見《直齋書錄解題》卷一五〈楚辭類·楚辭十七卷〉，載《書目續編》第二十四集，頁 899。

〔註 5〕見《四庫全書總目》卷一四八〈楚辭類〉，載《文淵閣四庫全書》總目四，頁 3。

前漢有呂須，取此爲名。嬋媛，音蟬爰。《水經》引袁崧云：「屈原有
賢姊，聞原放逐，亦來歸，喻令自寬全。鄉人冀其見從，因名曰秭歸，
縣北有原故宅，宅之東北，有女須廟，擣衣石猶存。」秭，與姊同。
觀女嬃之意，蓋欲原爲甯武子之愚，不欲爲史魚之直耳，非責其不能
爲上官、椒蘭也，而王逸謂女嬃罵原以不與眾合，不承君意，誤矣。……

按：洪氏於此先引《說文》及《水經》所載（所引《說文》字句與今本稍
異；又《水經》云云實爲酈道元注語），以釋「女嬃」之義；次則專就
王逸之言加以駁正，指出女嬃之意絕非願屈子改行讒佞，以與眾人合
流，免遭禍患，乃欲其效甯武子之愚，以全身保命也。

2、〈九歌・湘夫人〉：「辛夷楣兮藥房。」

王注：辛夷，香草，以作戶楣。

洪補：補曰：《本草》云：「辛夷，樹大連合抱，高數仞。此花初發如筆，
　　　北人呼爲木筆，其花最早，南人呼爲迎春。」逸云香草，非也。……

按：洪氏於此引《本草・木藥上部》之語，說明辛夷乃屬木本，非屬草本，
王注蓋誤也。

3、〈九章・惜往日〉：「封介山而爲之禁兮，報大德之優游。」

王注：言文公遂以介山之民封子推，使祭祀之，又禁民不得有言燒死，以
　　　報其德，優游其靈魂也。

洪補：補曰：《史記》：「晉初定，賞從亡，未至隱者介子推，推亦不言祿，
　　　祿亦不及。介子推從者乃懸書宮門，文公出，見其書，曰：『此介子
　　　推也。吾方憂王室，未圖其功。』使人召之，則亡，遂求其所在，
　　　聞其入綿上山中。於是文公環綿上山中而封之，以爲介推田，號曰
　　　介山，以記吾過，且旌善人。」《莊子》曰：「介子推至忠也，自割
　　　其股，以食文公。公後背之，子推怒而去，抱木而燔死。」《淮南》
　　　曰：「介子歌龍蛇，而文君垂泣也。」封介山而爲之禁者，以爲介推
　　　田也，逸說非是。……

按：王注於上句「介子忠而立枯兮，文公寤而追求」下謂介子推初追隨文公，
其後因逃祿，乃至抱木燔死，故洪氏於此先引《史記・晉世家》、《莊子・
盜跖篇》及《淮南・說山訓》等篇，以明王逸之所本；又藉《史記》所
言「文公環綿上山中而封之，以爲介推田」云云，說明文公所賜封者乃
介山之地，非介山之民，並禁人擅入以維護之也。王注蓋誤也。

4、〈遠遊〉：「耀靈曄而西征。」

　　王注：託乘雷電，以馳騖也。靈曄，電貌。《詩》云：「曄曄震電。」西方
　　　　少陰，其神蓐收，主刑罰，屈原欲急西行者，將命於神務寬大也。

　　洪補：補曰：《博雅》：「朱明耀靈，東君日也。」張平子云：「耀靈忽其西
　　　　藏。」潘安仁云：「曜靈曄而遄邁。」皆用此語。曄，音饁，光也。
　　　　征，行也。逸說非是。

　　按：王逸以「靈曄」爲句，故合釋「靈曄」曰「電貌」，洪氏則先引《博雅・
　　　　釋天》之語，以明「耀靈」意指「日」也，復引張衡〈思玄賦〉及潘
　　　　岳〈西征賦〉以證「耀靈」實當合讀，王注蓋誤也。

5、〈九懷・思忠〉：「抽庫婁兮酌醴。」

　　王注：引持二星以斟酒也。

　　洪補：補曰：〈大象賦〉注云：「庫樓十星，五柱十五星，衡四星，合二十
　　　　九星，在角南。」《晉天文志》云：「庫樓十星，六大星爲庫，南四
　　　　星爲樓。」按庫、樓形似酌酒之器，故云。王逸誤以天庫及二十八
　　　　宿之婁以爲庫婁耳。

　　按：王注以「庫婁」爲二星，洪氏則引張衡〈天文大象賦〉注，明「庫婁」
　　　　有十星，復引《晉書・天文志》詳言其數，以證王注蓋誤也。

（二）洪氏暗指逸說未當者

1、〈離騷〉：「不顧難以圖後兮，五子用失乎家巷。」

　　王注：圖，謀也。言太康不遵禹、啓之樂而更作淫聲，放縱情慾，以自娛
　　　　樂，不顧患難，不謀後世，卒以失國，兄弟五人，家居閭巷，失尊
　　　　位也。〈尚書序〉曰：「太康失國，昆弟五人，須于洛汭，作〈五子
　　　　之歌〉。」此佚篇也。

　　考異：巷，一作居。

　　洪補：補曰：《書》云：「太康尸位以佚豫，滅厥德，黎民咸貳，乃盤游無
　　　　度，畋於有洛之表，十旬弗反。有窮后羿，因民弗忍，距於河。厥
　　　　弟五人，御其母以從，徯于洛之汭，五子咸怨，述大禹之戒以作歌。」
　　　　逸不見全《書》，故以爲逸篇，他皆仿此。難，乃且切。巷，里中道
　　　　也。此言太康娛樂放縱，以至失邦耳，逸云：「不遵啓樂，更作淫聲。」
　　　　未知所據；且太康不反，國人立其弟仲康，仲康死，子相立，則五

子豈有家居閭巷之理？蓋仲康以來，羿勢日盛，王者備位而已，五子之失乎家巷，太康實使之。

按：王注言太康無道失國之事，洪氏則針對其說加以商榷，首引《尚書・五子之歌》，明王逸因未見《書經》全帙而臆斷。次指出典籍未載及太康更作淫樂之事，王注所云，恐是依上句「啓九辯與九歌兮」而作之推測。又王注謂太康之兄弟五人家居閭巷，此與《左傳》、《史記》所載夏代史事不合，故洪氏亦駁之。

2、〈天問〉：「阻窮西征，巖何越焉。」

王注：阻，險也。窮，窘也。征，行也。越，度也。言堯放鯀羽山，西行度越岑巖之險，因墮死也。

洪補：羽山東裔，此云西征者，自西徂東也。上文言「永遏在羽山，夫何三年不施」，則鯀非死於道路，此但言何以越巖險而至羽山耳。

按：王注言鯀乃於西越岑巖時墮死也，洪注則別引「上文」云云，以明鯀實安抵羽山，考該句下之王注亦云：「言堯長放鯀於羽山，絕在不毛之地，三年不舍其罪也。」故知鯀未嘗死於道中，洪氏因辨之如上。

3、〈九章・惜誦〉：「眾駭遽以離心兮，又何以為此伴也。」

王注：伴，侶也。言己見眾人易移，意中驚駭，遂離己心，獨行忠直，身無伴侶，特立於世也。

考異：一無「眾」字。

洪補：補曰：言眾見己所為如此，皆驚駭遑遽，離心而異志也。

按：王注所云，乃謂己身驚駭於眾人之易移也，然此與下文「遂離己心」意不相合，洪氏遂更定其詞，正為眾人駭見己身之潔行也。

4、〈九章・悲回風〉：「借光景以往來兮，施黃棘之枉策。」

王注：黃棘，棘刺也。枉，曲也。言己願借神光電景，飛注往來，施黃棘之刺，以為馬策。言其利用急疾也。

洪補：補曰：言己所以假延日月，往來天地之間，無以自處者，以其君施黃棘之枉策故也。初，懷王二十五年，入與秦昭王盟約於黃棘，其後為秦所欺，卒客死於秦；今頃襄信任姦回，將至亡國，是復施行黃棘之枉策也。黃棘，地名。

按：王注以「棘刺」釋「黃棘」，謂策馬之具也，然與「枉策」二字並觀則

顯牽強，洪氏遂引《史記・楚世家》爲證，明黃棘實乃秦楚會盟之所，
王注未得其旨也。

5、〈大招〉：「四上競氣」

王注：四上，謂上四國代、秦、鄭、衛也。

洪補：補曰：四上，謂聲之上者有四，謂代、秦、鄭、衛之鳴竽也，伏戲
之〈駕辯〉也，楚之〈勞商〉也，趙之〈簫〉也。

按：王注以國名爲「四上」之義，洪氏則參諸前後文句，見均屬極言樂曲
演奏之盛美情狀，故改釋爲音聲之四美者。

由上述諸例可知，洪氏之訂正王注，一則於「補曰」之後引據他書以駁
正之，並言「王逸誤也」、「逸說非是」等；一則於「補曰」之後仍予考訂，
唯未明言「逸誤」之語，僅於其中申述己說是也。至於洪氏所考辨者，實包
含三方面：一曰文義之求善，此因王注中有若干釋例悖離正文原義之故，如
第（一）項之1、3例與第（二）項之1、2、3、4例；二曰字詞之求確，此
因王逸所解過於浮泛之故，如第（一）項之2、4、5例與第（二）項之5例；
三曰考據之求實，此因王逸參引未詳之故，如第（二）項之1例所示。〔註6〕
洪氏即藉右列諸法，將王注之誤者加以釐清，其細密之處，當由洪氏讀書精
愼，與沈潛玩味《楚辭章句》中來矣。

四、商榷他說

洪氏爲求正確訓解《楚辭》，遂於王逸注文多方疏通，並予訂正，而其對
所徵引之諸家說解，亦有若干討論與是正，此顯示洪氏不唯專力於補正王注
之不足與缺失，亦且留意於部分典籍訓釋《楚辭》者之妥適與否。以下乃就
洪氏提及之部分，加以論證：

（一）關於《文選》五臣注者

1、〈離騷〉：「忳鬱邑余侘傺兮。」

王注：忳，憂貌。侘傺，失志貌。侘，猶堂堂立貌也。傺，住也，楚人名

〔註6〕 洪氏指出王逸於此有參引未詳之病，實則王注於他篇亦犯此誤，如〈離騷〉「啓
九辯與九歌兮」句，王注云：「九辯、九歌，禹樂也。」洪氏則正之云：「《山
海經》云：『夏后上三嬪于天，得九辯與九歌以下。』注云：『皆天帝樂名，
啓登天而竊以下，用之。』〈天問〉亦云：『啓棘賓商，九辯九歌。』王逸不
見《山海經》，故以爲禹樂。」可知洪氏補正之功實大。

住曰傺。

考異：邑，一作悒。一本注云：忳，自念貌。

五臣注：五臣云：忳鬱，憂思貌。悒，不安也。

洪補：補曰：忳，徒渾切，悶也。鬱邑，憂貌。下文曰：「曾歔欷余鬱邑兮。」
五臣以忳鬱爲句絶，誤矣。侘，敕加切。傺，丑利切。又上敕駕切，
下敕界切。《方言》云：「傺，逗也。南楚謂之傺。」郭璞云：「逗，
即今住字。」

按：五臣以「忳鬱」爲句，釋爲「憂思」，洪氏引〈離騷〉中句法相同者爲
例，以明五臣斷句有誤，當以合釋「鬱邑」爲是。

2、〈離騷〉：「朝發軔於蒼梧兮。」

王注：軔，搘輪木也。蒼梧，舜所葬也。

考異：搘，一作支。

洪補：補曰：軔，音刃。《戰國策》云：「陛下嘗軔車於趙矣。」軔，止車
之木，將行則發之。五臣以軔爲車輪，誤矣。《山海經》云：「蒼梧
山，舜葬於陽，帝丹朱葬於陰。」《禮記》曰：「舜葬於蒼梧之野。」
注云：「舜征有苗而死，因葬焉。」……

按：此處雖未見五臣注文，然據今本《六臣注文選》云：「向曰：『軔，車
輪也。蒼梧，舜所遊。』」則知洪氏所本無誤，蓋欲藉五臣注之言，用
以證明「軔」字當作止車之木，即王逸所云「搘輪木」是也。

3、〈離騷〉：「路不周以左轉兮。」

王注：不周，山名，在崑崙西北。轉，行也。

五臣注：五臣云：左轉者，君子尚左。

洪補：補曰：《山海經》：「西北海之外，大荒之隅，有山而不合，名曰不周。」
注云：「此山形有缺，不周匝，因名之。西北不周風自此出也。」《淮
南子》云：「西北方不周之山，曰幽都之門。」又曰：「崑崙之山，
北門開，以納不周之風。」〈大人賦〉曰：「回車朅來兮，絶道不周。」
張揖曰：「不周山在崑崙東南二千三百里。」以《山海經》、《淮南子》
考之，不周當在崑崙西北，逸說是也。〈遠遊〉曰：「歷太皓以右轉。」
太皓在東方，自左而之右，故下云「遇蓐收乎西皇」也；此云「路
不周以左轉」，不周在西北海之外，自右而之左，故曰「指西海以爲
期」也；五臣說非是。

按：《漢書・司馬相如列傳》張揖注謂不周山在崑崙東南，此與王逸說法不
　　合，洪氏遂引《山海經・西山經》及《淮南子・地形訓》之言，以明
　　當從逸說；其後又引〈遠遊〉之語，釋此處云「左轉」之故，非如五
　　臣所謂君子尚左也。

4、〈離騷〉：「高翺翔之翼翼。」

王注：翼翼，和貌。言己動順天道，則鳳皇來隨我車，敬承旂旗，高飛翺
　　　翔，翼翼而和，嘉忠正，懷有德也。

考異：之，一作而。

五臣注：五臣云：鳳皇承旂，引路飛翔，翼翼然扶衛於己。

洪補：補曰：古者旌旗皆載於車上，故逸以承旂為來隨我車，〈遠遊〉注云
　　　「俊鳥夾轂而扶輪」是也。五臣以為引路，誤矣。

按：五臣注謂鳳皇承旂以引路也，洪氏則引〈遠遊〉「鳳皇翼其承旂兮」句
　　下王注，以為承旂者實指鳳皇隨護車旁，猶如敬承車上所建旂旗，實
　　非居前引路也。

5、〈九歌・湘夫人〉：「繚之兮杜衡。」

王注：繚，縛束也。杜衡，香草。

考異：一本「葺」下有「以」字。衡，一作蘅。

洪補：補曰：繚，音了，纏也。謂以荷為屋，以芷覆之，又以杜衡繚之也。
　　　　五臣注：「束縛杜衡，置於水中。」非是。

按：據今本《六臣注文選》云：「銑曰：『芷、杜衡，皆香草也。以芷草及
　　荷葉葺以蓋屋，又束縛杜衡，置於水中。』」知洪氏以為屈意乃謂以杜
　　衡束縛荷芷所葺之屋，非置杜衡於水中，故辨五臣注如上。

（二）關於《文選》李善注者

1、〈離騷〉：「聊假日以媮樂。」

王注：言己德高智明，宜輔舜禹以致太平，奏九德之歌，九韶之舞，而不
　　　遇其時，故假日遊戲，媮樂而已。

考異：假，一作暇。

洪補：補曰：顏師古云：「此言遭遇幽厄，中心愁悶，假延日月，苟為娛樂
　　　耳。俗猶言借日度時，故王仲宣〈登樓賦〉云：『登茲樓以四望兮，
　　　聊假日以消憂。』今之讀者改『假』為『暇』，失其意矣。」李善注

仲宣賦，引《荀子》「多暇日」，亦承誤也。媮，樂也，音俞。

按：《文選・登樓賦》李善注云：「馮衍〈顯志賦〉曰：『伏朱樓而四望，采三秀之華英。』孫卿子曰：『多暇日者，其出入不遠也。』……」知李善不以「暇日」爲誤，而洪氏則引顏師古《匡謬正俗》卷七之言，謂「假」乃「借」也，不當解爲「暇」，用以指明李善之誤。

2、〈九歌・雲中君〉：「猋遠舉兮雲中。」

王注：猋，去疾貌也。雲中，雲神所居也。言雲神往來急疾，飲食既飽，猋然遠舉，復還其處。

洪補：補曰：猋，卑遙切，群犬走貌。〈大人賦〉曰：「猋風涌而雲浮。」李善引此作焱，其字從火，非也。

按：《說文》「犬」部：「猋，犬走皃。從三犬。」洪氏所云本此，又《說文》「焱」部云：「焱，火華也。從三火。」其下段注曰：「古書焱與猋二字多互訛，如曹植〈七啓〉『風厲猋舉』，當作『焱舉』；班固〈東都賦〉『焱焱炎炎』，當作『猋猋炎炎』。王逸曰：『猋，去急也。』李善注幾不別二字。」知李善於《文選》中所引之「猋」字常誤作「焱」字，洪氏故於此處辨之。

3、〈天問〉：「黑水玄趾，三危安在。」

王注：玄趾、三危，皆山名也，在西方，黑水出崑崙山也。

考異：趾，一作沚。

洪補：補曰：言黑水、玄趾、三危皆安在也？《書》曰：「道黑水至於三危，入于南海。」張揖云：「三危山在鳥鼠之西，黑水出其南。」〈天對〉云：「黑水淫淫，窮于不姜。玄趾則北，三危則南。」〈西京賦〉云：「昆明靈沼，黑水玄阯。」言昆明靈沼，取象於黑水玄阯也，李善云：「黑水玄阯，謂昆明靈沼之水沚也。」非是。

按：洪氏引《尚書禹貢》、《漢書・地理志》、〈天對〉之言，以證王逸之說，又舉張衡賦明其襲用楚騷之跡，然對李善注則有所商榷，考《文選・西京賦》句下云：「小渚曰阯。善曰：『漢書曰：武帝穿昆明池。黑水玄阯，謂昆明靈沼之水沚也；水色黑，故曰玄阯也。』」知李善乃因薛綜所謂「小渚曰阯」而立說，遂誤以「玄阯」爲昆明靈沼中之水沚也。

（三）關於〈天對〉者

1、〈天問〉：「焉有石林，何獸能言。」

王注：言天下何所有石木之林，林中有獸能言語者乎？《禮記》曰：「猩猩
　　　能言，不離禽獸。」

洪補：補曰：石林與能言之獸，各指一物，非必林中有此獸也。〈吳都賦〉
　　　云：「雖有石林之岧嶤，請攘臂而麾之。雖有雄虺之九首，將抗足而
　　　跐之。」注引〈天問〉云：「焉有石林，此本南方楚圖畫，而屈原難
　　　問之，於義則石林當在南也。」按〈天問〉所言，不獨南方之物，
　　　然〈吳都賦〉以石林與雄虺同稱，則當在南耳。〈天對〉云：「石胡
　　　不林，往視西極。」按《淮南》云：「西方之極，石城金室。」未見
　　　石林所出也。……

按：〈天對〉謂石林乃在西極之地，洪氏則先引左思〈吳都賦〉及李善之注，
　　言石林當與雄虺有關，復因〈招魂〉中云：「南方不可以止些，……雄
　　虺九首，往來儵忽，吞人以益其心些。」則石林與雄虺俱屬南方之物，
　　其後遂據《淮南子・時則訓》所言，辨柳氏之誤也。

2、〈天問〉：「雄虺九首，儵忽焉在。」

王注：虺，蛇別名也。儵忽，電光也。言有雄虺，一身九頭，速及電光，
　　　皆何所在乎？

考異：一無「速」字。

洪補：補曰：虺，許偉切。《國語》云：「爲虺弗摧，爲蛇將若何？」虺，
　　　小蛇也，然《爾雅》云：「蝮虺博三寸，首大如擘。」則虺亦有大者，
　　　其類不一。〈招魂〉「南方」曰：「雄虺九首，往來儵忽。」儵忽，疾
　　　急貌。〈天對〉云：「儵忽之居，帝南北海。」注云：「儵忽，在《莊
　　　子》甚明，王逸以爲電，非也。」按《莊子》云：「南海之帝爲儵，
　　　北海之帝爲忽。」乃寓言爾，不當引以爲證。

按：〈天對〉謂「儵忽」意指南、北海之二帝，柳氏並於自注中斥王逸之非，
　　而洪氏謂「儵忽」蓋指疾急之貌，故尋柳注之所據而反證〈天對〉之
　　不當。

3、〈天問〉：「吾告堵敖以不長。」

王注：堵敖，楚賢人也。屈原放時，語堵敖曰：「楚國將衰，不復能久長也。」

考異：一本「以」下有「楚」字。

洪補：補曰：《左傳》：「楚子滅息，以息嬀歸，生堵敖及成王焉。」楚子，

文王也。莊公十九年，杜敖生，二十三年，成王立。杜敖，即堵敖也。〈天對〉注云：「楚人謂未成君而死曰堵敖。堵敖，楚文王兄也，今哀懷王將如堵敖不長而死，以此告之。逸注以堵敖爲楚賢人，大謬。」然宗元以堵敖爲文王兄，亦誤矣。

按：洪氏引《左傳·莊十四年》傳文，言堵敖乃楚文王之子（唯其後所言「莊公十九年，杜敖生」，考諸《史記》中〈楚世家〉與〈十二諸侯年表〉，疑當作「莊公十九年，杜敖立」，洪氏恐誤引也），用以辨明王逸與柳氏之非也。

（四）其餘諸說者

1、〈九章·懷沙〉：「伯樂既沒，驥焉程兮。」

　　王注：伯樂，善相馬也。程，量也。言騏驥不遇伯樂，則無所程量其才力也。以言賢臣不遇明君，則無所施其智能也。

　　考異：《史記》沒作歿。焉上有將字。

　　洪補：補曰：《戰國策》云：「昔騏驥駕鹽車，上吳坂，遷延負轅而不能進，遭伯樂，仰而鳴之，知伯樂之知己也。」《淮南子》曰：「造父不能爲伯樂。」注云：「伯樂善相馬，事秦繆公。」又王逸云：「孫陽，伯樂姓名。」而張晏云：「王良，字伯樂。」非也，王良善馭，事趙簡子……

　　按：洪氏引《戰國策·楚策四》、《淮南子·俶眞訓》以明伯樂爲古之善相馬者，又引王逸之語，則其或以此說近是；至對張晏《漢書》注所云，則藉《孟子·滕文公下》所言「昔者趙簡子使王良與嬖奚乘，終日而不獲一禽。……」，以及《韓非子·外儲說右上》所載「夫獵者，託車輿之安，用六馬之足，使王良佐轡，則身不勞而易及禽獸矣」等文，以爲王良實非伯樂，張晏之說有誤也。

2、〈招魂〉：「吳歈蔡謳。」

　　王注：吳、蔡，國名也。歈、謳，皆歌也。

　　洪補：補曰：歈，音俞。古賦云：「巴俞宋蔡。」《說文》云：「歈，歌也。」徐鉉曰：「渝水之人善歌舞，漢高祖采其聲，後人因加此字。」按《楚辭》已有此語，則歈蓋歌之別稱耳，徐說非是。

　　按：洪氏引《說文》明「歈」字之義，又因徐鉉之言（見徐鉉、王惟恭等

增釋之《說文解字》卷八）非是，故辨之如上。

3、〈七諫‧沈江〉：「偃王行其仁義兮，荊文寤而徐亡。」

王注：荊，楚也。徐，偃王國名也。周宣王之舅申伯所封也。《詩》曰：「申伯番番，既入於徐。」周衰，其後僭號稱王也。偃，謚也。言徐偃王修行仁義，諸侯朝之三十餘國，而無武備，楚文王見諸侯朝徐者眾，心中覺悟，恐爲所并，因興兵擊之而滅徐也。故《司馬法》曰：「國雖強大，忘戰必危。」蓋謂此也。

洪補：補曰：《史記》：「周穆王西巡守，徐偃王作亂，造父爲穆王御，長驅歸周以救亂。」《淮南子》云：「徐偃王被服慈惠，身行仁義，然而身死國亡，子孫無類。」注云：「偃王於衰亂之世，修行仁義，不設武備，楚文王滅之。徐國，今下邳徐僮是也。」又曰：「徐偃王好行仁義，陸地而朝者三十二國。王孫厲謂楚莊王曰：王不伐徐，必反朝徐。乃舉兵伐徐，遂滅之。」《後漢書》曰：「徐夷僭號，率九夷以伐宗周，西至河上，穆王畏其方熾，乃分東方諸侯，命徐偃王主之，偃王行仁義，陸地而朝者三十六國。穆王後得驊騄之乘，乃使造父御以告楚，令伐徐，一日而至，於是楚文王大舉兵而滅之。」《博物志》云：「偃王既至其國，仁義著聞，江淮諸侯服從者三十六國。穆王聞之，遣使乘駟，一日至楚，使伐之，偃王仁，不忍鬥其民，爲楚所敗。」《元和姓纂》云：「伯益之子，夏時受封於徐，至偃王爲楚所滅。」按徐偃王當周穆王時，楚文王乃春秋時，相去甚遠，豈春秋時自有一徐偃王邪？然諸書稱偃王多云穆王時人，唯《博物志》、《姓纂》但云爲楚敗滅，不指文王，其說近之，《後漢書》乃以穆王與楚文王同時，大謬。

按：據《左傳‧僖公十二年》、《穆天子傳》、《史記‧周本紀》等所載，知穆王爲周昭王之子，當西周之際，而文王乃楚武王之子，爲春秋時人，二者不應同時；洪氏雖未確定徐偃王之時代，大抵仍依《史記》、《博物志》而繫其於周穆王時，故於《後漢書》特予駁正。

上舉諸例，皆乃洪氏考訂所引各書中說解有誤者，意欲藉此與王注互參，以明正文之義。至若洪氏遇有眾說非一，且己身亦莫知所由時，則臚列各家之說，使並存之，以俟博學之人。此類除上章第二節所言「未詳」各例之外，尚有：

1、〈離騷〉：「扈江離與辟芷兮。」

　　王注：扈，被也。楚人名被爲扈。江離、芷，皆香草名。辟，幽也，芷幽
　　　　　而香。

　　考異：《文選》離作蘺。

　　五臣注：五臣云：扈，被也。

　　洪補：補曰：扈，音戶。《左傳》云：「九扈爲九農正，扈民無淫者也。」
　　　　　扈，止也。江離，說者不同，《說文》曰：「江蘺，蘼蕪。」然司馬
　　　　　相如賦云：「被以江離，糅以蘼蕪。」乃二物也。《本草》：「蘼蕪，
　　　　　一名江離。」江離非蘼蕪也，猶杜若一名杜蘅，杜蘅非杜若也。蘼
　　　　　蕪見〈九歌〉。郭璞云：「江離，似水薺。」張勃云：「江離出海水中，
　　　　　正青，似亂髮。」郭恭義云：「赤葉。」未知孰是。……

　　按：洪氏於「江離」一詞，先後援引《說文》、司馬相如〈上林賦〉、《本草‧
　　　　草藥下部》及郭璞、張勃、郭恭義諸人之說，〔註7〕以補充王注，末則
　　　　曰「未知孰是」，以免妄斷致誤。

2、〈天問〉：「南北順隳，其衍幾何？」

　　王注：衍，廣大也。言南北隳長，其廣差幾何乎？

　　考異：隳，《釋文》作隋，一作墮。

　　洪補：補曰：《爾雅》云：「蟪小而橢。」……《淮南子》云：「闔四海之內，
　　　　　東西二萬八千里，南北二萬六千里。」注云「子午爲經，卯酉爲緯，
　　　　　言經短緯長也。」又曰：「禹乃使大章步自東極，至於西極，二億三
　　　　　萬三千五百里七十五步，使豎亥步自北極，至於南極，二億三萬三
　　　　　千五百里七十五步。」注云：「海內有長短，極內等也。」《軒轅本
　　　　　紀》云：「帝令豎亥步自東極，至於西極，得五億十萬九千八百八步，
　　　　　南北二億三萬一千三百里；豎亥左手把算，右手指青丘北，東盡泰
　　　　　遠，西窮邠國，東西得二萬八千里，南北得二萬六千里。」《靈憲》
　　　　　曰：「八極之維，徑二億三萬二千三百里，南北則短減千里，東西則
　　　　　廣增千里。自地至天，半於八極，則地之深亦如之。」《博物志》曰：

〔註7〕《漢書‧司馬相如傳》「江離蘼蕪」句下，顏師古注云：「……郭義恭云：『江
　　　　離，赤葉。』……」與《補注》此處所引「郭恭義」異，考馬國翰《玉函山
　　　　房輯佚書》有郭義恭《廣志》二卷，中即有「江離赤葉」之言，則知此若非
　　　　洪氏誤引，即後世刊刻致誤。

「《河圖》：天地南北三億三萬五千五百里，東西二億三萬三千里。」
其說不同，今並存之。

按：洪氏於此先後徵引《淮南子・地形訓》、《軒轅本紀》、張衡《靈憲》及
　　張華《博物志》諸說，以明古人所視天地四方之大小，俾便後人參據。

3、〈七諫・怨世〉：「遇厲武之不察兮，羌兩足以畢斮。」

　王注：厲，厲王。武，武王。斮，斷也。昔卞和得寶玉之璞，而獻之楚厲
　　　　王，或毀之以為石，王怒，斷其左足。武王即位，和復獻之，武王
　　　　不察視，又斷其右足。和乃抱寶泣於荊山之下，悲極血出。於是既
　　　　成王，乃使工人攻之，果得美玉，世所謂和氏之璧也。……

　考異：一本云：兩足以之畢斮。

　洪補：補曰：斮，仄略切。劉向《新序》云：「荊人卞和，得玉璞而獻之荊
　　　　厲王，使工尹相之，曰：石也。王以和為謾，而斷其左足。厲王薨，
　　　　武王即位，和復奉玉璞而獻之武王，王使工尹相之，曰：石也。又
　　　　以為謾，而斷其右足。武王薨，共王即位，乃奉玉璞而哭於荊山中，
　　　　三日三夜，泣盡而繼之以血。共王聞之，乃使人理其璞而得寶焉。」
　　　　又《淮南子》注云：「楚人卞和，得美玉璞於荊山之下，以獻武王，
　　　　王以示玉人，玉人以為石，刖其左足。文王即位，復獻之，以為石，
　　　　刖其右足。抱璞不釋而泣血，及成王即位，又獻之，成王曰：先君
　　　　輕刖而重剖石。遂剖視之，果得美玉以為璧，蓋純白夜光，故曰和
　　　　氏之璧。」又〈琴操〉曰：「卞和得玉璞，以獻楚懷王，使樂正子占
　　　　之，言非玉，以其欺謾，斬其一足。懷王死，子平王立，和復抱其
　　　　玉而獻之，平王復以為欺，斬其一足。平王死，和欲獻，恐復見斷，
　　　　乃抱其玉而哭荊山之中。」諸說不同，按《史記・楚世家》：武王卒，
　　　　子文王立；文王卒，子熊立，是為杜敖；其弟弒杜敖自立，是為成
　　　　王，則《淮南子》注為是。《新序》之說與朔同，然與《史記》不合，
　　　　今並存之。

按：洪氏於卞和獻玉一事，先後引用劉向《新序・雜事》、《淮南子・修務訓》、
　　孔衍〈琴操〉等說，並藉《史記》之言而贊同《淮南》所述，然因東方
　　朔所云「厲武」，與王逸、劉向之說並非全然相悖，況《韓非子・和氏
　　篇》載有卞和獻玉於厲王、武王及文王，此說亦與楚國世系相符，可見
　　後世傳說紛起，難以逕憑《史記》一書即可辨其是非，故洪氏於此亦並

存諸說。

綜上可知，洪氏不僅博採諸書以補正王注，即連書中若干說解是否合宜，亦詳予考訂。前述之《文選》五臣注與李善注，經洪氏指明其誤者，約居被正典籍之半，其次為柳宗元〈天對〉，再次則分屬其餘各書，顯見洪氏於《文選》所錄楚騷各篇浸淫頗深，故非僅取五臣注與李善注以助訓解，於二者致誤之處，洪氏亦未輕忽。至於未詳及諸說並存之例，適足表徵洪氏為學之誠篤，後人正可依其所示，以探《楚辭》真義。

五、申發屈意

屈原辭賦，爭冠古今，其思想之閎博，與夫文詞之雅麗，均源於至誠無僞之高尚人格。是以王逸稱其「膺忠貞之質，體清潔之性，直若砥矢，言若丹青，進不隱其謀，退不顧其命，此誠絕世之行，俊彥之英也」，〔註8〕劉勰亦謂「不有屈原，豈見離騷？驚才風逸，壯志煙高」，〔註9〕誠乃後世辭家之宗也。所作諸篇，實即《楚辭》之菁華，洪氏既慕其忠節，於是奮其全力以說解屈賦，特於已有之文句詮釋及名物訓詁外，專就若干重點加以申發，令屈賦深意得以彰明於世。今歸納其說，當有三類：

（一）探屈賦之用字遣詞

王逸於屈子作品中雖已逐句訓釋，惜其於若干寓有屈子微旨之處未能抉隱，洪氏則針對此項加以闡發，冀能直探屈子用字遣詞之因由。如：

1、〈離騷〉：「鴆告余以不好。」

王注：言我使鴆鳥為媒，以求簡狄，其性讒賊，不可信用，還詐告我言不好也。

五臣注：五臣云：忠賢，讒佞所疾，故云不好。

洪補：補曰：好，讀如好人提提之好。夫鴆之不可為媒審矣，屈原何為使之乎？《淮南》言：「暉日知晏，陰諧知雨。」蓋類小人之有智者，君子不逆詐，不億不信，待其不可用，然後棄之耳，堯之用鯀是也。暉，與運同。

按：洪氏謂屈子以鴆鳥為媒，猶堯用鯀以治洪水，皆乃試其才性也。

2、〈離騷〉：「哲王又不寤。」

　　王注：哲，智也。寤，覺也。言君處宮殿之中，其閨深遠，忠言難通，指
　　　　　語不達，自明智之王，尚能覺悟善惡之情，高宗殺孝己是也；何況
　　　　　不智之君，而多闇蔽，固其宜也。

　　洪補：補曰：《說文》：「寐覺而有信曰寤。」閨中既以邃遠者，言不通群下
　　　　　之情；哲王又不寤者，言不知忠臣之分。懷王不明而曰「哲王」者，
　　　　　以明望之也，太史公所謂「冀幸君之一悟，俗之一改」也。韓愈〈琴
　　　　　操〉云：「臣罪當誅兮，天王聖明。」亦此意。

　　按：洪氏謂屈子言「哲王」之旨，乃欲以此望懷王悟過而改行也。

3、〈九歌・湘夫人〉：「時不可兮驟得。」

　　王注：驟，數。言富貴有命，天時難值，不可數得，聊且遊戲，以盡年壽
　　　　　也。

　　考異：與，一作治。

　　洪補：補曰：不可再得則已矣。不可驟得，猶冀其一遇焉。

　　按：洪氏謂屈子此言「不可驟得」，與〈湘君〉之「不可再得」，意有輕重
　　　　之別，此處所云者，盼望之情仍殷也。

4、〈九歌・山鬼〉：「既含睇兮又宜笑。」

　　王注：睇，微眄貌也。言山鬼之狀，體含妙容，美目盼然，又好口齒，而
　　　　　宜笑也。

　　五臣注：五臣云：山鬼美貌，既宜含視，又宜發笑。

　　洪補：補曰：睇，音弟，傾視也。一曰：目小視也。《說文》云：「南楚謂
　　　　　眄曰睇。」……山鬼無形，其情狀難知，故含睇宜笑，以喻姱美；
　　　　　乘豹從狸，以譬猛烈；辛夷杜衡，以況芬芳，不一而足也。

　　按：洪氏謂屈子因山鬼之狀難以形容，故以本句及下文「乘赤豹兮從文狸」、
　　　　「辛夷車兮結桂旗」、「被石蘭兮帶杜衡」等較具體之形貌描述之，以
　　　　顯現其特性。

5、〈九章・惜誦〉：「行婞直而不豫兮，鯀功用而不就。」

　　王注：婞，很也。豫，厭也。鯀，堯臣也。言鯀行婞很勁直，恣心自用，
　　　　　不知厭足，故殛之羽山，治水之功，以不成也。屈原履行忠直，終
　　　　　不回曲，猶鯀婞很，終獲罪罰。

洪補：補曰：申生之孝，未免陷父於不義；鯀績用不成，殛於羽山，屈原
　　　舉以自比者，申生之用心善矣，而不見知於君父，其事有相似者；
　　　鯀以婞直忘身，知剛而不知義，亦君子之所戒也。
按：洪氏謂屈子言申生事，以二人遭遇頗類；至引鯀之事蹟，乃以二人行
　　止俱剛，知進而不知退也。

（二）明屈賦之創作背景

　　王逸嘗就屈原作品之創作時地，綜述於篇前敘文中，洪氏雖無是舉，然
於補注之際亦曾提及，且於屈賦各篇之特色或作意，時亦有所發揮，誠足與
王注參證。如：

1、〈漁父〉：「遂去，不復與言。」
　　王注：合道眞也。
　　洪補：補曰：《藝文志》云：「屈原賦二十五篇。」然則自〈騷經〉至〈漁
　　　　　父〉，皆賦也，後之作者苟得其一體，可以名家矣。而梁蕭統作《文
　　　　　選》，自〈騷經〉、〈卜居〉、〈漁父〉之外，〈九歌〉去其五，〈九章〉
　　　　　去其八。司馬相如〈大人賦〉率用〈遠遊〉之語，《史記‧屈原傳》
　　　　　獨載〈懷沙〉之賦，揚雄作〈畔牢愁〉，亦旁〈惜誦〉至〈懷沙〉，
　　　　　統所去取，未必當也。自漢以來，靡麗之賦，勸百而諷一，無復惻
　　　　　隱古詩之義，故子雲有「曲終奏雅」之譏，而統乃以屈子與後世辭
　　　　　人同日而論，其識如此，則其文可知矣。
　　按：洪氏依《漢書‧藝文志》之說，謂屈原所作凡二十五篇，自〈離騷〉
　　　　以至〈漁父〉是也，〈招魂〉、〈大招〉皆不與焉，故於〈大招〉敘文下
　　　　注云：「屈原賦二十五篇，〈漁父〉以上是也，〈大招〉恐非屈原作。」
　　　　復對蕭統之刪節屈賦頗有微詞，譏其去取失當，以爲屈賦承上啓下，
　　　　應予崇隆之方是，此即洪氏所視之屈賦也。

2、〈離騷〉：「世溷濁而嫉賢兮，好蔽美而稱惡。」
　　王注：稱，舉也。再言世混濁者，懷、襄二世不明，故群下好蔽忠正之士，
　　　　　而舉邪惡之人。
　　考異：世，一作時。美，一作善。
　　洪補：補曰：再言世溷濁者，甚之也；屈原作此，在懷王之世耳。……
　　按：洪氏不贊同王說，並謂〈離騷〉乃屈子作於楚懷王時也。

3、〈天問〉敘：「故其文義不次序云爾。」

　　洪補：〈天問〉之作，其旨遠矣。蓋曰邃古以來，天地事物之憂，不可勝窮，
　　　　　欲付之無言乎？而耳目所接，有感於吾心者，不可以不發也。欲具
　　　　　道其所以然乎？而天地變化，豈思慮智識之所能究哉？天固不可
　　　　　問，聊以寄吾之意耳。楚之興衰，天邪人邪？吾之用舍，天邪人邪？
　　　　　國無人，莫我知也，知我者其天乎？此〈天問〉所爲作也。……

　　按：洪氏言屈子作〈天問〉之本意，乃因有感於天地與人事之變化奧妙異
　　　　　常，欲發抒一己惶惑憂憫之心也。

4、〈九章・哀郢〉：「至今九年而不復。」

　　王注：放且九歲，君不覺也。

　　洪補：補曰〈卜居〉言：「屈原既放，三年不得復見。」此云：「至今九年
　　　　　而不復。」按〈楚世家〉、〈屈原傳〉、〈六國世表〉、劉向《新序》云：
　　　　　「秦欲吞滅諸侯，屈原爲楚東使於齊，以結強黨。秦國患之，使張
　　　　　儀之楚，賂貴臣上官大夫、靳尙之屬，及令尹子蘭、司馬子椒，內
　　　　　賂夫人鄭袖，共譖屈原。屈原遂放於外，乃作〈離騷〉。當懷王之十
　　　　　六年，張儀相楚，十八年楚囚張儀，復釋去之。是時屈平既疏，不
　　　　　復在位，懷王悔不用屈原之策，於是復用屈原，屈原諫懷王曰：何
　　　　　不殺張儀？懷王使人追之不及。三十年，秦昭王欲與懷王會，屈平
　　　　　曰：不如無行。懷王卒行，當頃襄王之三年，懷王卒於秦，頃襄聽
　　　　　讒，復放屈原。」以此考之，屈平在懷王之世，被絀復用，至頃襄
　　　　　即位，遂放於江南耳。其云「既放三年」，謂被放之初，又云「九年
　　　　　而不復」，蓋作此時放已九年也。

　　按：洪氏據《史記》與《新序》所載，推測屈子遭讒被放之歷程，並謂〈卜
　　　　　居〉乃作於遭頃襄放於江南之後三年，而〈哀郢〉則作於放後九年也。

5、〈遠遊〉：「與泰初而爲鄰。」

　　王注：與道并也。

　　洪補：補曰《列子》曰：「太初者，氣之始也。」《莊子》曰：「泰初有無，
　　　　　無有無名。」（《四部叢刊》本作「无」）按〈騷經〉、〈九章〉皆託遊
　　　　　天地之間，以泄憤懣，卒從彭咸之所居，以畢其志，至此章獨不然，
　　　　　初曰「長太息而掩涕」，思故國也，終曰「與泰初而爲鄰」，則世莫
　　　　　知其所如矣。

按：洪氏比較〈離騷〉、〈九章〉與〈遠遊〉篇旨之不同，前二者皆言一死以盡人臣之節，後者則以歸於道眞爲其志也，且依洪氏於〈離騷〉後敘下所論，則〈遠遊〉之作，乃屈子憂國樂天之極致也。

（三）揚屈子之忠節大義

屈子憂國之心，歷久益切，故於賦中屢屢見其持正修潔，不從讒佞之態度，而其迴環反復，再三眷顧之情，實又出於熱愛斯土所致。王逸於〈離騷〉前後敘文中，嘗就此加以表彰，遂有「金相玉質，百世無匹；名垂罔極，永不刊滅」之稱；顧以漢代之後，學者所重非一，於屈子行誼自施褒貶，洪氏憂其未得旨要而迷亂後人，是以正其偏頗，並發屈子之本心，期能揄揚屈子謀國之大義。如：

1、〈離騷〉：「願依彭咸之遺則。」

王注：彭咸，殷賢大夫，諫其君不聽，自投水而死。遺，餘也。則，法也。言已所行忠信，雖不合於今之世，願依古之賢者彭咸餘法，以自牽屬也。

洪補：補曰：顏師古云：「彭咸，殷之介士，不得其志，投江而死。」按屈原死於頃襄之世，當懷王時作〈離騷〉，已云：「願依彭咸之遺則。」又曰：「吾將從彭咸之所居。」蓋其志先定，非一時忿懟而自沈也。〈反離騷〉曰：「棄由聃之所珍兮，摭彭咸之所遺。」豈知屈子之心哉？

按：班固於〈離騷〉序云：「今若屈原，……忿懟不容，沈江而死。……」是以洪氏駁之如上；又引揚雄之言，一併論之，蓋因揚雄於〈反離騷〉中以道家退藏之旨責乎屈子，如云「知眾嬪之嫉妒兮，何必颺纍之蛾眉」，又云「昔仲尼之去魯兮，斐斐遲遲而周邁；終回復於舊都兮，何必湘淵與濤瀨」，則其闇於屈子之操守者亦已明矣，洪氏故謂屈子素持以死明志、謀報宗國之大願，至若懲忿懷怒或全身遠退之舉，實非其所欲也。

2、〈離騷〉：「長顑頷亦何傷。」

王注：顑頷，不飽貌。言已飲食清潔，誠欲使我形貌信而美好，中心簡練，而合於道要；雖長顑頷，飢而不飽，亦何所傷病也。何者？眾人苟欲飽於財利，已獨欲飽於仁義也。

洪補：補曰：言我中情實美，又擇要道而行，雖顏色憔悴，形容枯槁，亦

何傷乎？彼先口體而後仁義，豈知要者。或曰：「有道者，雖貧賤而
容貌不枯，屈原何爲顦顇也？」曰：「當是時，國削而君辱，原獨得
不憂乎？」……

按：洪氏於此引「或曰」之言，以明屈子實非衷心失道之輩，緣以楚秦相
爭，而社稷漸危，屈子憂心忡忡，致形銷體削，焉有餘暇以厚養其容
也？

3、〈離騷〉：「耿吾既得此中正。」

王注：耿，明也。言己上睹禹湯文王修德以興，下見羿澆桀紂行惡以亡，
中知龍逢比干執履忠直，身以菹醢，乃長跪布衽，俛首自念，仰訴
於天，則中心曉明，得此中正之道，精合眞人，神與化游，故設乘
雲駕龍，周歷天下，以慰己情，緩幽思也。

五臣注：五臣云：明我得此中正之道。

洪補：補曰：言己所以陳辭於重華者，以吾得中正之道，耿然甚明故也。〈反
離騷〉云：「吾馳江潭之汎溢兮，將折衷乎重華；舒中情之煩或兮，
恐重華之不纍與。」余恐重華與沈江而死，不與投閣而生也。

按：揚雄〈反離騷〉謂屈子之自沈汨羅，未得至道，洪氏則藉揚雄於新莽
僭立後，未能盡忠於漢室，反而爲其大夫之事，特予譏彈，用以反襯
屈子之忠於宗國。

4、〈離騷〉後敘：「名垂罔極，永不刊滅者矣。」

洪補：班孟堅序云：「昔在孝武，博覽古文，淮南王安敘〈離騷傳〉以『〈國
風〉好色而不淫，〈小雅〉怨悱而不亂，若〈離騷〉者可謂兼之，蟬
蛻濁穢之中，浮游塵埃之外，皭然泥而不滓，推此志，雖與日月爭
光可也』，斯論似過其眞。……且君子道窮，命矣，故潛龍不見，是
而無悶，〈關雎〉哀周道而不傷，蘧瑗持可懷之智，甯武保如愚之性，
咸以全命避害，不受世患，故〈大雅〉曰：『既明且哲，以保其身。』
斯爲貴矣。今若屈原，露才揚己，競乎危國群小之閒，以離讒賊，
然責數懷王，怨惡椒蘭，愁神苦思，強非其人，忿懟不容，沈江而
死，亦貶絜狂狷景行之士。……雖非明智之器，可謂妙才者也。」
政，與正同。顏之推云：「自古文人常陷輕薄，屈原露才揚己，顯暴
君過。」劉子玄云：「懷、襄不道，其惡存乎楚賦。讀者不以爲過，
蓋不隱惡故也。」愚嘗折衷其說而論之曰：或問：「古人有言：殺其

身有益於君則爲之；屈原雖死，何益於懷襄？」曰：「忠臣之用心，自盡其愛君之誠耳，死生毀譽所不顧也，故比干以諫見戮，屈原以放自沈。比干，紂諸父也；屈原，楚同姓也；爲人臣者，三諫不從則去之，同姓無可去之義，有死而已。〈離騷〉曰：『阽余身而危死兮，覽余初其猶未悔。』則原之自處審矣。」或曰：「原用智於無道之邦，虧明哲保身之義，可乎？」曰「愚如武子，全身遠害可也，有官守言責，斯用智矣。山甫明哲，固保身之道，然不曰『夙夜匪懈，以事一人』乎？士見危致命，況同姓兼恩與義，而可以不死乎？且比干之死，微子之去，皆是也，屈原其不可去乎？有比干以任責，微子去之可也；楚無人焉，原去則國從而亡，故雖身被放逐，猶徘徊而不忍去。生不得力爭而強諫，死猶冀其感發而改行，使百世之下，聞其風者，雖流放廢斥，猶知愛其君，眷眷而不忘，臣子之義盡矣。非死爲難，處死爲難，屈原雖死，猶不死也。後之讀其文、知其人如賈生者亦鮮矣，然爲賦以弔之，不過哀其不遇而已。余觀自古忠臣義士，慨然發憤，不顧其死，特立獨行，自信而不回者，其英烈之氣，豈與身俱亡哉？「仍羽人於丹丘，留不死之舊鄉，超無爲以至清，與太初而爲鄰」，此〈遠遊〉之所以作，而難爲淺見寡聞者道也。仲尼曰：「樂天知命，故不憂。」又曰：「樂天知命，有憂之大者。」屈原之憂，憂國也；其樂，樂天也。〈離騷〉二十五篇，多憂世之語，獨〈遠遊〉曰：「道可受兮不可傳，其小無內兮，其大無垠。無滑滑而魂兮，彼將自然。壹氣孔神兮，於中夜存。虛以待之兮，無爲之先。」此老、莊、孟子所以大過人，而原獨知之。司馬相如作〈大人賦〉，宏放高妙，讀者有凌雲之意，然其語多出於此，至其妙處，相如莫能識也。太史公作傳，以爲「其文約、其辭微，其志絜，其行廉，其稱文小而其指極大，舉類邇而見義遠。……」，斯可謂深知己者。揚子雲作〈反離騷〉，以爲「君子得時則大行，不得時則龍蛇；遇，不遇，命也，何必沈身哉」，屈子之事，蓋聖賢之變者，使遇孔子，當與三仁同稱，雄未足以與此。班孟堅、顏之推所云，無異妾婦兒童之見，余故具論之。

按：洪氏於此所闡述者，約有以下數點：首曰屈子深明同姓宗臣無去國遠仕之義，此其異於辯士說客之遊宦列國也。次曰屈子自處審矣，卒以

自沈欲感發上下，雖身沒而典範永存也。三曰屈子所憂者為楚之國祚，所樂者乃上契天道，故其發為文章，二者之風兼蓄，因而旨趣遠大，義理湛深。末曰屈子之行，誠屬聖賢之列，足與比干，微子、箕子同稱，而班固、顏之推所論淺薄，非若史遷之能深知屈子也。

5、〈九章・懷沙〉：「知死不可讓，願勿愛兮。」

　　王注：讓，辭也。言人知命將終，可以建忠，仗節死義，願勿辭讓，而自愛惜之也。

　　洪補：補曰：屈子以為知死之不可讓，則舍生而取義可也；所惡有甚於死者，豈復愛七尺軀哉？

　　按：洪氏闡明屈子之所以慷慨赴死，實乃深痛楚君昏蔽而群小肆行，國亡無日矣，己復身處草野，唯有一死以成全其宗臣報國之義，是以甘捨其生也。

　　洪氏即循此三途，申發屈賦中所蘊含之屈賦義旨，顯示其於屈賦二十五篇，嘗加意鑽研，亦令後之學者於探究屈子其人與作品之際，得以藉是說而多方求索也。

六、考錄異文

　　洪氏所撰《楚辭考異》一卷，由前所述，乃裒集當時可見諸本，詳予校勘而作，期間復經補遺，故所得頗豐，可謂為考索漢以來楚辭傳本之重要依據；此外，洪氏前作《補注》十七卷時，由於掌握眾本，所見已多，故亦曾就部分文字論其異文，是以今本「補曰」前後有關考異之內容，均屬洪氏詳校各本之成果。今觀其所蒐諸本，實已包含宋以前所傳者、時人名家所校者，以及總集或類書中所錄者。實際而言，洪書中之考異文字多以「一本」、「一云」、「一作」等形式出之，間亦有述及其所依據者，此則便於後人知其所本，如：

　　△〈離騷〉：「不撫壯而棄穢兮。」

　　　王注：年德盛曰壯。……讒佞亦為忠直之害也。

　　　考異：《文選》無「不」字。

　　△〈招魂〉：「經堂入奧。」

　　　王注：西南隅謂之奧。

考異：經，一作徑，古本作陘。奧，《釋文》作隩。

△〈七諫・自悲〉：「聞南藩樂而欲往兮。」

王注：藩，蔽也。……故稱藩也。

考異：唐本無「樂而」二字。

△〈離騷〉：「厥首用夫顛隕。」

王注：首，頭也。……皆見於《左氏傳》。

洪補：補曰：顛，倒也，《釋文》作巔。……

△〈九歌・大司命〉：「導帝之兮九坑。」

王注：言己願修飾，……冀得陳己情也。

考異：導，一作道。坑，一作阬，《文苑》作岡。

上舉諸例，洪氏均指明其所據，分別出於《文選》、「古本」、「唐本」、《釋文》及《文苑》者，此亦顯示洪氏參校之範圍，已含六朝、隋唐迄於宋代諸本，故能考錄眾多重要之異文。洪氏嘗云：「世所傳《楚辭》，惟王逸本最古，凡諸本異同，皆當以此為正。」〔註10〕此蓋其校訂各本之準的也，循此而來之考異內容，則具如下特色：

（一）屬於《楚辭考異》者

今本《楚辭補注》中王注之後，「補曰」之前，洪氏所作之考異文字，即屬《楚辭考異》，其大抵以字形之辨異為主，唯部分亦涉及音義之訓釋（參見第四章第二節），其形式可分為：

1、校《楚辭》正文

（1）〈大招〉：「魂乎歸徠，無東無西，無南無北只。」

　王注：言我精魂可徠歸矣，……多賊害也。

　考異：古本「乎」皆作「兮」。一云「徠歸」。一云「魂乎歸兮」。一云「無
　　　　東西而南北只」。

（2）〈七諫・初放〉：「王不察其長利兮，卒見棄乎原壄。」

　王注：言懷王不察己忠謀可以安國利民，……而不還也。

　考異：一無「見」字。壄，一作野。

（3）〈九思・逢尤〉：「悒殟絕兮咶復蘇。」

〔註10〕見同註1，〈離騷〉「謇吾法夫前修兮，非世俗之所服」句下洪補，頁29。

王注：憒怋晻絕，徐及蘇也。

考異：殢，《釋文》作慍。恬，一作活，一作恬。蘇，《釋文》作穌。

2、校王逸注文

（1）〈天問〉：「矰城九重，其高幾里。」

王注：《淮南》言崑崙之山九重，其高萬二千里也。

考異：二，或作五。

（2）〈九章・悲回風〉：「編愁苦以為膺。」

王注：編，結也。膺，胸也。結胸者，言動以憂愁自係結也。

考異：一注云：膺，絡胸者也。

（3）〈招魂〉：「與君趨夢兮課後先。」

王注：夢，澤中也。楚人名澤中為夢中。《左氏傳》曰：「楚大夫鬥伯比與
邧公之女姪而生子，棄諸夢中。」言己與懷王俱獵於夢澤之中，課
第群臣先至後至也。

考異：一注云：夢，草中也。

3、辨異文正誤

（1）〈離騷〉：「各興心而嫉妒。」

王注：興，生也。害人為嫉，害色為妒。言在位之臣，心皆貪婪，內以其
志恕度他人，謂與己不同，則各生嫉妒之心，推棄清潔，使不得用
也。故《外傳》曰：「太山之鴟，鳴嚇鴛雛。」此之謂也。

考異：興心，《文選》誤作與心。

（2）〈九歌・湘夫人〉：「白蘋兮騁望。」

王注：蘋草，秋生，今南方湖澤皆有之。騁，平也。

考異：蘋，或作蘋；一本此句上有「登」字，皆非也。

（3）〈招魂〉：「美人既醉，朱顏酡些。」

王注：朱，赤也。酡，著也。言美女飲啗醉飽，則面著赤色而鮮好也。

考異：酡，一作醄；一本云：「當作袉，徒何切，著也。」為醄者非。

由上述諸例可知，洪氏作《楚辭考異》，不僅精校《楚辭》正文，即連王
逸之注文亦涵蓋於內；尤有進者，洪氏除列舉諸本異文之外，且於其中有疑
義之異文亦加考訂，以明其正誤，此點若依前引《直齋書錄解題》所謂「作

《考異》，附古本《釋文》之後；其末又得歐陽永叔、孫莘老、蘇子容本於關
子東、葉少協，校正以補《考異》之遺」等語觀之，實有可能即爲「校正以
補《考異》之遺」者，蓋洪氏據新獲諸本以補入之也。

（二）屬於《補注》者

今本《楚辭補注》中「補曰」之後，亦有若干考異文字之內容，其中部
分原屬《楚辭考異》（參見第四章第二節），部分即爲洪式作《補注》時所論
及者，其形式如下：

1、校《楚辭》正文

（1）〈九歌・少司命〉：「與女遊兮九河，衝風至兮水揚波。」

　　考異：王逸無注，古本無此二句。《文選》遊作游，女作汝，風至作飆起。

　　五臣注：五臣云：汝，謂司命。九河，天河也。衝飆，暴風也。

　　洪補：補曰：此二句，〈河伯〉章中語也。

（2）〈九辯〉：「天高而氣清。」

　　王注：秋左高朗，……不聰明也。

　　考異：氣清，一作氣平。

　　洪補：補曰：清，疾正切。《說文》云：「無垢薉也。」古本作瀞。

（3）〈離騷〉：「長顑頷亦何傷。」

　　王注：顑頷，不飽貌。……己獨欲飽於仁義也。

　　洪補：補曰：言我中情實美，……顑頷，食不飽，面黃貌。頷，一作頜（此
　　　　　依《四部備要》本，《惜陰軒叢書》本作頜，恐誤），音同。

2、校王逸注文

（1）〈九歌・大司命〉：「乘龍兮轔轔也。」

　　王注：轔轔，車聲。詩云：「有車轔轔也。」

　　考異：《釋文》作軨，音轔。

　　洪補：今《詩》作鄰。

（2）〈天問〉：「周幽誰誅，焉得夫褒姒。」

　　王注：褒似，周幽王后也。昔夏后氏之衰也，有二神龍止於夏庭而言曰：「余
　　　　　褒之二君也。」夏后布幣糈而告之，龍亡而漦在，櫝而藏之。……遂
　　　　　爲犬戎所殺也。

洪補：補曰：藏，一作弆，弆即藏也。

3、辨異文正誤

（1）〈九章・涉江〉：「淹回水而疑滯。」

　　王注：疑，惑也。滯，留也。……使己疑惑有還意也。

　　考異：疑，一作凝。

　　五臣注：五臣云：容與，徐動貌。淹，留也。疑滯者，戀楚國也。

　　洪補：補曰：江淹賦云：「舟凝滯於水濱。」杜子美詩云：「舊客舟凝滯。」
　　　　　皆用此語。其作疑者，傳寫之誤耳。

（2）〈七諫・沈江〉：「赴湘沅之流澌兮，恐逐波而復東。」

　　王注：言己心清潔，不能久居濁世，……恐逐乘波而東入大海也。

　　洪補：補曰：《說文》：「澌，水索也。」；「凘，流冰也。」此當從氵。

（3）〈九思・逢尤〉：「車軏折兮馬虺頹。」

　　王注：驅騁不能寧定，車弊而馬病也。

　　考異：軏，一作軸。

　　洪：補曰：《語》云：「小車無軏。」軏，車轅，專持衡者，一作軌，非是。
　　　　　虺，音灰，《集韻》作𧱝。

　　　上文即洪氏於《補注》中，為應訓解之需所作之考異內容，雖與其後完
成之《楚辭考異》不相統屬，惟依然出於同一形式，所校者除正文與王注外，
並含若干考訂。由於洪氏汲汲於讎校，遂使《楚辭》之流傳得以接近原貌，
且部分經後人傳錄而致誤之處，亦因此書而重歸於正，如〈離騷〉中「曰黃
昏以為期兮，羌中道而改路」二句，洪氏補曰：「一本有此二句，王逸無注，
至下文『羌內恕己以量人』始釋羌義，疑此二句後人所增耳。〈九章〉云：『昔
君與我誠言兮，曰黃昏以為期；羌中道而回畔兮，反既有此他志。』與此語
同。」洪意蓋謂〈離騷〉本無此二句，乃後人據〈九章〉之語改易而植入也，
此誠屬其參校眾本之心得。按《文選》所錄〈離騷〉未有此二句，朱熹《楚
辭集注》於此雖疑王逸所本已有脫文，然陳第《屈宋古音義》則據古音，略
此二句而逕言其前後共八句之韻，〔註11〕知此二句為後人增補者較為可信，
而洪氏考錄各本異文之功，由此益顯。

〔註11〕見陳第《屈宋古音義》卷一，載《音韻學叢書》三，（台北：廣文書局，西元
　　　　1987 年 3 月再版），葉二。

七、保存佚說

洪氏徵引之典籍堪稱浩博，就前述百餘種觀之，已足以明其取證之廣，而其所援引者若今日尚見流傳，即可藉之與今本互勘，以明古今板本之異同，如《說文》、《山海經》等；〔註 12〕反之，若已亡佚，則洪氏所引者實彌足珍貴。今以宋代史志、書目與《四庫全書總目》、《續修四庫全書提要》相較，並考諸《玉涵山房輯佚書》等，知其所引之典籍中，確有部分為佚書，是以洪氏此作，於保存佚說，裨益甚大。以下特舉數例以明之：

（一）屬《楚辭》類者

隋唐書志載有王逸以下楚辭類著作，惜泰半已亡佚，清末敦煌寶出，復得見隋僧道騫《楚辭音》殘卷，〔註 13〕殊為難得，其餘諸本，則湮沒如昔。考洪氏作此書之際，既曾廣引舊籍，其於前賢有關《楚辭》諸作，自當有所參據，是以學者乃就此加以考訂，冀釐出部分宋以前之《楚辭》舊說。〔註 14〕今由聞一多、胡小石、饒宗頤、翁世華諸先生之研究，儘管論述不盡相同，〔註 15〕然皆指出昔郭璞所注《楚辭》之殘篇，洪氏曾引用於《補注》中，蓋保存之功實大矣。茲將洪書中所徵引之《楚辭》佚說，舉例如下：

〔註 12〕洪氏所引《說文》與今本異者，如〈離騷〉「女嬃之嬋媛兮」句下，洪注云：「《說文》云：『嬃，女字也。……賈侍中說：楚人謂女曰嬃。』」考今本（經韻樓藏版）《說文》於賈逵語作「楚人謂姊曰嬃」，二者不同。又洪氏所引《山海經》與今本異者，如〈離騷〉「啓九辯與九歌兮」句下，洪注云：「《山海經》云：『夏后上三嬪於天，得九辯與九歌以下。』」而今本（四部叢刊本）《山海經》於此作「開上三嬪于天」，知有不同。

〔註 13〕參見聞一多先生〈敦煌舊鈔楚辭音殘卷跋〉，載《敦煌古籍敍錄新編》，（台北：新文豐出版公司，西元 1986 年 6 月臺一版），第十五冊，頁 1 至 8。

〔註 14〕學者著意論述之《楚辭》佚書（指洪書中所引者），大抵集中於郭璞《楚辭注》及徐邈《楚辭音》，且論證較詳；而姜亮夫先生嘗於《楚辭書目五種》中提及洪氏所引《楚辭》佚書，尚有賈逵《離騷章句》、班固《離騷章句》、馬融《離騷註》（其書頁 8、9），唯因係列其略目而未加辨析，恐未臻明確，故僅誌其說於此，俟後詳考之。

〔註 15〕聞氏作有〈敦煌舊鈔楚辭音殘卷跋〉（同註 13）；胡氏作有〈楚辭郭注義徵〉（載《胡小石論文集》，上海古籍出版社西元 1982 年 6 月一版）；饒氏作有〈郭璞楚辭遺說摭佚〉（載《楚辭書錄》，香港蘇記書莊西元 1956 年 1 月出版）；翁氏作有〈郭璞楚辭註佚文拾補〉（載《南洋大學學報》第 6 期，西元 1972 年）。其中以翁氏所論最稱嚴謹，於洪書援引郭注遺說者去取顧當，不以郭璞注解他書時旁及之《楚辭》引文，雜入郭璞《楚辭注》之中，是以其說較為允妥。

1、郭璞《楚辭注》

（1）〈離騷〉：「扈江離與辟芷兮。」

洪補：補曰：扈，音戶。……郭璞云：「江離似水薺。」……。

按：據饒、翁二氏所論，此處郭注即屬《楚辭注》之原文，且翁氏以爲「江離」一詞，郭注各書均無，唯《文選・子虛賦》中「茳蘺蘪蕪」注曰：「郭璞云：江離似水薺。」然郭璞於所注《楚辭》及〈子虛賦〉中，分釋「江離」一詞，且注文相同，實有可能；又「水薺」一物，郭注各書亦未見，唯《爾雅》注中郭氏嘗云：「薺，葉細，俗呼之曰老薺。」又云：「薺子味甘」等，則「江離似水薺」一語，實非《爾雅》注之本文。〔註16〕準此，則洪氏當引自郭璞《楚辭注》也。

（2）〈離騷〉：「飄風屯其相離兮，帥雲霓而來御。」

洪補：補曰：御，讀若迓。……《爾雅》：「蜺爲挈貳。」《說文》：「霓，屈虹，青赤或白色，陰氣也。」郭氏曰：「雄曰虹，謂明盛者，雌曰蜺，謂暗微者。虹者，陰陽交會之氣，雲薄漏日，日照雨滴，則虹生也。」

按：「郭氏曰」前爲《說文》之釋文，然郭璞未嘗注此書，故不屬其下之注文。或以此乃《爾雅》中郭璞之注文，翁氏則謂《爾雅・釋天》云「蜺爲挈貳」，其下郭注：「蜺，雌虹也，見〈離騷〉。挈貳，其別名也，見《尸子》。」與洪氏所引者意合而較簡，此爲郭璞同釋《楚辭》、《爾雅》二書互見之例也。〔註17〕此外，郭注《山海經》、《穆天子傳》、《方言》等書中，均未見洪氏所引「郭氏曰」之語，則此當亦屬郭璞《楚辭注》之本文也。

（3）〈九歎・遠遊〉：「悉靈圉而來謁。」

洪補：補曰：並魚呂切。〈大人賦〉云：「悉徵靈圉而選之兮。」張揖曰：「靈圉，眾仙號也。」《淮南》云：「騎蜚廉而從敦圄。」注云：「敦圄，仙人名。」郭璞云：「靈圉，淳圉，仙人名也。」

按：郭璞所注之「靈圉」，除此處所引之外，餘如《史記》、《漢書》中亦見；翁氏以爲《史記・司馬相如列傳》中「靈圉燕於間館」句下，《集解》注云：「郭璞云：靈圉、淳圉，仙人名也。」此乃郭璞《楚辭注》；且郭注乃承自《淮南子》「騎蜚廉而從敦圄」句下之高誘注：「敦圄，似

〔註16〕參見翁世華先生〈郭璞楚辭註佚文拾補〉，載《南洋大學學報》第 6 期，頁 123。

〔註17〕同上，頁 124、125。

虎而小，一曰偓佺人名也。」至於《漢書・司馬相如列傳》中「鬼神接靈圉賓於閒館」句下，王先謙《補註》引郭璞曰：「靈圉，仙人名也。」則是郭氏所注〈司馬相如列傳〉之文也，與前述之《楚辭注》有別。〔註18〕據此，則此亦爲洪氏所引之郭璞《楚辭注》本文也。

2、徐邈《楚辭音》

〈離騷〉：「憑不猒乎求索。」

洪補：補曰：憑，皮冰切。索，求也，《書》序曰：「八卦之說，謂之八索。」徐邈讀作蘇故切，則索亦有素音。

按：洪氏引徐邈《楚辭音》，謂索字讀作蘇故切。考《隋書經籍志》、《舊唐書經籍志》及《新唐書藝文志》均錄有徐邈《楚辭音》一書，而宋以後各家書目則未載，當佚於南宋之世矣。今幸賴洪氏之徵引，而得見其一麟半爪也。

除此之外，第四章所提及之《楚辭釋文》，其書今已亡佚，而洪氏徵引者多達百餘則，實亦甚具價值。又時賢關於《楚辭》之佚說，如〈目錄〉後引鮑欽止語云：「〈辨騷〉非《楚辭》本書，不當錄。」〈七諫・謬諫〉題下則引鮑愼思言曰：「篇目當在亂曰之後。」凡此均乃保存《楚辭》佚說之成果也。

（一）非《楚辭》類者

1、《論語兼義》

〈離騷〉：「厥首用夫顚隕。」

洪補：補曰：顚，倒也。……《論語兼義》云：「羿逐后相自立，相依二斟，夏祚猶尚未滅。及寒浞殺羿，因羿室而生澆，澆長大，自能用師，始滅后相。相死之後，始生少康，少康生杼，杼又年長，始堪誘豷，方始滅浞而立少康。計太康失國，及少康紹國，向有百載乃滅有窮，而〈夏本紀〉云仲康崩，子相立，相　崩，子少康立，都不言羿浞之事，是馬遷之疏也。」

按：《論言兼義》一書，《宋史・藝文志》、《四庫全書總目》均未載，當佚失已久。

2、《樂府集》

〈離騷〉：「紉秋蘭以爲佩。」

洪補：補曰：紉，女鄰切。……近時劉次莊《樂府集》云：「〈離騷〉曰：『紉
　　　秋蘭以為佩。』又曰：『秋蘭兮青青，綠葉兮紫莖。』今沅澧所生，
　　　花在春則黃，在秋則紫，然而春黃不若秋紫之芬馥也。由是知屈原
　　　真所謂多識草木鳥獸，而能盡究其所以情狀者歟？」……

按：《樂府集》一書，《宋史‧藝文志》經部樂類錄為「劉次莊《樂府集》
　　十卷」，《四庫全書總目》等未載，則此書當已亡佚。

3、《湘中記》

　　〈離騷〉：「濟沅湘以南征兮。」

洪補：補曰：沅，音元。……《湘中記》云：「湘水之出於陽朔，則觴為之
　　　舟；至洞庭，則日月若出於其中。」

按：《宋史‧藝文志》史部地理類錄「盧求《湘中記》一卷」，《四庫全書總
　　目》等未載，則此書當已亡佚。

4、《詩緯含神霧》

　　〈天問〉：「日安不到，燭龍何照。」

洪補：補曰：《山海經》云……《詩含神霧》曰：「天不足西北，無陰陽消
　　　息，故有龍銜火精，以照天門中者也。

按：馬國翰《玉函山房輯佚書》中輯有《詩緯含神霧》一卷，其於此條云：
　　「……故有龍銜精，以往照天門中。」知與洪氏所引者文字略異。

5、《春秋緯合誠圖》

　　〈離騷〉：「雷師告余以未具。」

洪補：補曰：《春秋合誠圖》云：「軒轅主雷雨之神。」……

按：馬國翰書輯有《春秋合誠圖》一卷，其文與洪氏所引者同。

6、《孝經緯援神契》

　　〈遠遊〉：「乘間維以反顧。」

洪補：補曰：《孝經緯》云：「天有七衡，而六間相去合十一萬九千里。」……

按：馬國翰書輯有《孝經緯援神契》二卷，其於此條云：「周天有七衡，而
　　六間者相去一萬九千八百八十三里三分里之一，合十一萬九千里。從
　　內衡以至中衡，從中衡以至外衡，各五萬九千五百里。」知洪氏乃節
　　引之，且文字稍異。

7、《廣志》

〈九章・哀郢〉:「狐死必首丘。」

　　洪補:補注:《記》曰:「樂,樂其所自生,禮不忘其本。」……《廣志》
　　　　曰:「狐死首丘,豹死首山。」

　　按:馬國翰書輯有郭義恭《廣志》二卷,其於卷上此條云:「豹有赤豹,南
　　　　山有元豹,南多赤豹。狐死首邱,豹死首山,是性之異也。」知洪氏
　　　　乃節引此文。

8、《靈憲》

〈天問〉:「天何所沓,十二焉分。」

　　洪補:補曰:沓,徒合切。《靈憲》云:「天體於陽,攻圓以動,地體於陰,
　　　　故平以靜。動以行施,靜以合化,堙鬱構精,時育庶類,斯謂天
　　　　元。」……

　　按:馬國翰書輯有張衡《靈憲》一卷,其於此條云:「……斯謂太元。」知
　　　　文字稍異。

　　由上舉諸例可知,洪書由於徵引廣博,致有部分佚籍可藉此稍窺其鴻爪,
或據洪氏所引者與今之輯本,較其異同,於保存文獻而言,其貢獻匪淺。

八、注明音讀

　　王逸《章句》重在名物訓詁,於音讀方面僅有少數直音,而洪興祖則於
句中難字、句末韻字等處,多詳予注明其音讀。今歸納洪氏之注音方式約有
如下數端:

（一）反　切

　　運用反切方式以注明音讀,隋唐以來多已習見,北宋景德年間以《切韻》
爲本,修成《廣韻》一書,頒敕天下,景祐年間復因《廣韻》多用舊文,繁
略失當,是以丁度等人奉敕重修成《集韻》一書,至此兩宋取士悉依之爲準。
今按洪書中之反切音注,可考明出處者計有:

1、自云引《集韻》者

　　（1）〈離騷〉:「惟庚寅吾以降。」
　　　　洪補:補曰:降,乎攻切,下也,見《集韻》。

　　（2）〈離騷〉:「路曼曼其脩遠兮。」
　　　　洪補:補曰:《集韻》:曼曼,長也,謨官切。

（3）〈九辯〉：「自壓桉而學誦。」

洪補：補曰：《集韻》：壓，益涉切，按也。

2、取自《廣韻》者

（1）〈離騷〉：「恐年歲之不吾與。」

洪補：補曰：恐，區用切，疑也，下並同。

按：《廣韻》送韻：「恐，疑也，區用切。」與此處相同。

（2）〈離騷〉：「豈余身之憚殃兮。」

洪補：補曰：憚，徒案切。

按：《廣韻》翰韻：「憚，徒案切。」與此處相同。

（3）〈九辯〉：「右蒼龍之躣躣。」

洪補：補曰：躣躣，行貌。其俱切。《廣韻》引此。

按：《廣韻》虞韻：「躣，其俱切，行貌。楚詞曰右蒼龍之躣躣。」可知洪氏此處引自《廣韻》。

3、引《釋文》者

（1）〈離騷〉：「反信讒而齌怒。」

洪補：補曰：《釋文》：齊，或作齌，並相西切。

（2）〈九章‧懷沙〉：「鳳凰在笯兮。」

洪補：補曰：笯，音暮。《釋文》音奴，又女家切。

（3）〈遠遊〉：「夕始臨乎於微閭。」

洪補：補曰：《釋文》：於，於其切。

4、引《說文》注者

（1）〈九章‧懷沙〉：「孰察其撥正。」

洪補：補曰：《說文》曰：撥，治也，比末切，揆度也。

（2）〈九章‧懷沙〉：「滔滔孟夏兮。」

洪補：補曰：《說文》：滔，水漫漫大貌，他刀切。

5、引《方言》郭注者

（1）〈天問〉：「穆王巧梅，夫何為周流？」

洪補：補曰：《方言》云：梅，貪也，亡改切。

6、引《經典釋文》者

（1）〈離騷〉：「荃不察余之中情兮。」

洪補：補曰：荃與蓀同。《莊子》云：得魚而忘荃。音義云：七全切，崔音。孫，香草，可以餌魚。

7、引徐邈《楚辭音》者

（1）〈離騷〉：「憑不猒乎求索」。

洪補：補曰：憑，皮冰切。索，求也，《書》序曰：「八卦之說，謂之八索。」徐邈讀作蘇故切，則索亦有素音。

8、引《匡謬正俗》者

（1）〈天問〉：「斡維焉繫？天極焉加？」

洪補：斡，一作筦。補曰：顏師古《匡謬正俗》云：「《聲類》、《字林》並音管。」

由上舉諸例可知，洪氏除以《集韻》、《廣韻》爲注音依據外，亦參用晉唐以來諸書音注，是以其書反切多有根據，益可知洪氏訓釋之嚴謹。

（二）直 音

自周漢以來，注家即習以直音方式注意，洪氏沿之，書中亦多見直音之例，或以常用字注罕見字，或取他字以注某字之另讀，如：

1、〈離騷〉：「望崦嵫而勿迫。」

洪補：補曰：崦，音淹。嵫，音茲。

2、〈離騷〉：「懷椒糈而要之。」

洪補：補曰：糈音所，祭神米也。

3、〈九辯〉：「尚欲布名乎天下。」

洪補：補曰：下，音戶。

4、〈大招〉：「誅譏罷只。」

洪補：補曰：罷，音疲。

5、〈招魂〉：「引車右還。」

洪補：補曰：還。音旋。

除上述依文義自注音讀之外，洪氏亦引他書所注以明音讀：

1、〈九歌・湘夫人〉：「搴汀洲兮杜若，將以遺兮遠者。」

洪補：補曰：《集韻》：者，有覩音。

2、〈九歌・湘夫人〉：「與佳期兮夕張。」

洪補：補曰：《廣雅》云：佳，好也。張，音帳，陳設也。

3、〈招隱士〉：「岡兮泫。」

　　洪補：補曰：泫，潛藏也，美筆切。《文選》音勿。

4、〈離騷〉：「冀枝葉之峻茂兮。」

　　洪補：補曰：峻，長也。《文選》作葰。五臣云：茂盛貌，音俊。

5、〈招魂〉：「遺視綿些。」

　　洪補：補曰：《方言》：矑瞳之子謂之瞵。注云：瞵，邈也，音綿。

是以洪書直音之例，亦經用心考訂，足以與文義相合。

（三）叶　韻

「叶韻」之說，六朝已見，此因當世之人讀古書時，音讀難合，故有叶韻之說，其義乃指古人取韻較寬，或可不作本讀，而叶以他地方音耳。如公孫羅《文選音決》云：「凡協韻者，以中國為本，傍取四方之俗以韻，故謂之協韻。然於其本俗，則是正音，非協也。」〔註19〕則叶韻之義，乃以方音為主，凡讀不叶者，以方音讀之自協。洪氏承襲此一觀點，書中亦有若干「叶韻」之例，如：

1、〈離騷〉：「又重之以脩能。」

　　洪補：補曰：能，……此讀若耐，叶韻。

2、〈離騷〉：「申申其詈予。」

　　洪補：補曰：予，音與，叶韻。

3、〈離騷〉：「歷吉日兮吾將行。」

　　洪補：補曰：行，胡郎切，叶韻。

4、〈九歌〉：「杳冥冥兮以東行。」

　　洪補：補曰：行，胡岡切，叶韻。

5、〈招魂〉：「目極千里兮傷春心。」

　　洪補：補曰：心，舊音蘇含切。按《詩》「遠送于南」與「實勞我心」

　　　　　　叶韻，正與此同。

　　洪書中叶韻之例約僅十數條，居其全書音注之少部分，與敦煌殘卷《楚辭音》所載叶韻之例相較，敦煌《楚辭音》叶韻之例，洪書多以直音方式注其音讀，僅〈離騷〉：「歷吉日兮吾將行。」一條，敦煌殘卷云：「行叶胡剛反。」洪書云：「胡郎切。」二者皆同用叶韻注之，且音讀相同。復取與公孫羅《文

〔註19〕見公孫羅《文選音決》，引見周祖謨先生〈騫公楚辭音之協韻說與楚音〉一
　　　　文，載《輔仁學誌》九卷 2 期，西元 1940 年 12 月。頁 123。

選音決》所舉協韻楚音相較，《音決》云協楚音者，洪書亦多出以反切，而不言叶韻，〔註 20〕益可知洪氏音注多前有所承，若其音讀已經考訂，則不以叶韻視之，避免一字任意改讀之弊。此種慎重態度，當係受前代叶韻觀之影響，據姜亮夫先生〈敦煌寫本隋釋智騫楚辭音跋〉所考：「凡其協音，皆魏晉齊梁以來舊音，且大體皆見于《毛詩》、《尚書》、《周易》之中」，〔註 21〕可知騫公《楚辭音》所論之叶韻，多係前有所承，態度謹嚴，非泛泛之論。洪氏雖未必得見騫公《楚辭音》，然其叶韻之例不多，可知其於此頗為慎重，未若朱子之廣採黃銖《楚辭協韻》也，此亦後代音韻學家多不以朱子叶韻說為然，而於時代較前之洪書，卻未多加指責之故也。此外，洪氏亦論及楚地方音，其或據王注所言者加以補充，而於王逸所未及者，復另以《方言》、《說文》等所載，注明某字亦屬楚方言，〔註 22〕此亦洪書中注明音讀之另一特色。

綜觀上述八點，俱屬洪氏致力撰作之內容，由各點所寓含之著述本旨考之，益明興祖補正王注、闡釋屈賦及重視文獻之嚴謹態度，而《楚辭補注》一書之特色，實亦藉此以彰諸後世。

第二節　《楚辭補注》之不足

洪氏之作《楚辭補注》，洵以補正王逸《章句》為主，觀前節所言，可明其留意於王注者頗深；然而或因詮騷之角度有異，或因典籍之運用未周，洪書亦無法盡善盡美。朱子嘗云：「……顧王書之所取舍，與其題號離合之間，多可議者，而洪皆不能有所是正。至其大義，則又皆未嘗沈潛反復，嗟歎咏歌，以尋其文詞旨意之所出，而遽欲取喻立說，旁引曲證，以強附於其事之已然，是以或以迂滯而遠於性情，或以迫切而害於義理，使原之所為壹鬱而不得申於當年者，又晦昧而不見白於後世。」〔註 23〕朱子作《集注》之旨，

〔註 20〕公孫羅《文選音決》云及協韻之楚方言者，如〈離騷〉「夕攬洲之宿莽」句下，《音決》云：「莽，協韻亡古反，楚俗言也。」洪書則注為：「莽，莫補切。」不云叶韻。又如「傷靈脩之數化」句下，《音決》云：「化，協韻呼戈反，楚之南鄙言。」洪補則作：「化，音花。」亦不言叶韻。

〔註 21〕見姜亮夫先生〈敦煌寫本隋釋智騫楚辭音跋〉一文，載《楚辭學論文集》頁382。

〔註 22〕參見易重廉先生《中國楚辭學史》頁 273；又傅錫壬先生〈楚辭方言考辨〉一文亦有所論述。(《山川寂寞衣冠淚——屈原的悲歌世界》頁 164 至 199)

〔註 23〕見朱熹《楚辭集注》序，國立中央圖書館善本叢刊第六種，（台北：中央圖書

乃有感於宗臣趙汝愚被貶至死，因而注騷以寓其悲憤憂國之意，〔註24〕是以所述獨以申發章旨大意爲重；唯其名物訓詁，實亦多採洪說以爲據，〔註25〕故上引朱文之恰當與否，允宜三思。本節爰就洪氏所注，參諸歷來注家之考訂，列舉其說解欠妥者數例，冀明洪書中誠屬不足之處，以求瞭然於《補注》之缺失：

一、蹈襲王誤者

王注中誠見訓釋致誤之例，中有部分洪氏未予糾正，反依王說續加闡述，以故失其義旨者。如：

1、〈離騷〉：「和調度以自娛兮，聊浮游而求女。」

王注：言我雖不見用，猶和調己之行度，執守忠貞，以自娛樂，且徐徐浮游，以求同志也。

洪補：補曰：和調，重言之也。女，紐呂切。

按：王逸以「和調」二字連讀，視爲謂語，而以「度」字爲其賓語，洪氏從之，且謂「和調」乃重複而言也。然「調度」一詞亦見於〈九章‧悲回風〉，其云：「心調度而弗去兮，刻著志之無適。」洪氏云：「調度，見騷經。」似即以「調度」二字連讀，而異於此處所釋。觀朱熹云：「調，猶今人言格調之調；度，法度也。言我和此調度以自娛，而遂浮游以求女。」〔註26〕其以「和」爲謂語，「調度」連讀而爲賓語，義較圓足，復與〈悲回風〉句之用法相契，頗值參考。又汪瑗云：「和有不剛不柔，不甘不苦，不疾不徐之意。調猶今人言格調之調，度猶今人言態度之度。矩矱不改，中情好脩，芳雖虧而芬未沬，此屈子之調度也。」〔註27〕乃以「調度」指屈子好脩不倦之美德也。又黃文煥云：「和調度以自娛者，原自有原之聲調，自有原之制度也；

館，西元 1991 年 2 月初版），頁 11。

〔註24〕 參同註23，〈楚辭集注各家書目解題〉，頁 7、8。

〔註25〕 參見傅錫壬先生〈朱熹楚辭集注與王洪二家注的比較及其價值重估〉一文，載《山川寂寞衣冠淚——屈原的悲歌世界》，（台北：時報文化出版公司，西元 1987 年 6 月初版），頁 290 至 325。

〔註26〕 見同註23，頁 31。

〔註27〕 見汪瑗《楚辭集解‧離騷卷》，日本京都大學漢籍善本叢書第 1 期第五卷，（京都市：株式會社同朋舍，西元 1984 年 8 月初版），頁 315、316。

和者，合眾香而和之也。」〔註28〕其所釋「調度」一詞，雖與上二者稍異，然亦以之爲連文也。又錢澄之云：「調度，指玉音之璆然，有調有度也。古者佩玉，進則抑之，退則揚之，然後玉聲鏘鳴。和者，鳴之中節也。」〔註29〕此謂「調度」乃佩玉鏘鳴之節度，而以「和」字爲謂語也。又蔣驥云：「調，格調。度，器度也。」〔註30〕知其亦以「調度」二字連文，所釋則與朱、汪二氏相近。又林雲銘云：「和有不亢不隨之意，和其格調法度，自樂其身。」〔註31〕說乃本於汪瑗《集解》也。陳本禮則云：「和，諧也。求女仍是欲求兩美必合初意。此承上茲佩而言，《詩》：『佩玉鏘鏘。』《禮》：『君子佩玉，左徵角，右宮羽。』調者聲容，謂其從容中節也；度者身容，謂其周旋中規，折行中矩也。」〔註32〕陳氏推本錢澄之「玉音璆然」之說，釋之如上，實亦以「調度」爲連文也。綜上所述，復以〈悲回風〉「心調度而弗去兮」句相印證，「調度」一詞實當連讀，非如王注、洪補所言以「和調」爲一詞也。至於「調度」之義，上引各說不盡相同，唯揆諸上文：「推茲佩之可貴兮，委厥美而歷茲。芳菲菲而難虧兮，芬至今猶未沬。」屈子蓋言己身誠美，惜遭君王擯棄，然昭質仍存，持守猶正也；故此處之「調度」，似當承此文意，而釋爲與德養有關之格調、法度、器度等爲宜，錢、陳二說雖亦可通，於上下文旨終有未洽。要之，「調度」二字當屬連文，洪氏蓋承王注而致誤也。

2、〈九歌・山鬼〉：「怨公子兮悵忘歸。」

　　王注：公子，謂公子椒也。言己以怨公子椒者，以其知己忠信而不肯達，故我悵然失志而忘歸也。

　　洪補：補曰：怨椒蘭蔽賢，如葛石之於三秀，故悵然忘歸也。

　　按：王注此以公子椒釋「公子」，而洪氏亦承其說，且加入子蘭爲證。然朱

〔註28〕見黃文煥《楚辭聽直》卷一，載《楚辭彙編》第二冊，（台北：新文豐出版公司，西元1986年3月台一版），頁104。

〔註29〕見錢澄之《屈詁・離騷經》，載《五家楚辭注合編》，（台北：廣文書局，西元1972年4月初版），頁105。

〔註30〕見蔣驥《山帶閣注楚辭》卷一，載《清人楚辭注三種》，（台北：長安出版社，西元1975年4月初版），頁48。

〔註31〕見林雲銘《楚辭燈》卷一，（台北：廣文書局，西元1971年12月再版），頁72。

〔註32〕見陳本禮《屈辭精義》卷一，載《楚辭彙編》第五冊，頁104。

熹云：「九歌諸篇，賓主彼我之辭，最為難辨，舊說往往亂之，故文意多不屬。……〈山鬼〉一篇，謬說最多，不可勝辯，而以公子為公子椒者，尤可笑也。」〔註33〕蓋王注於〈山鬼〉篇中忽以「山鬼」為主角，忽以「屈原」為主角，致令文意不順，如此句即以「屈原」為句中主詞，故釋「公子」為公子椒，朱子則注云：「公子，即所欲留之靈修也。」〔註34〕此說確較前說通達。又王夫之云：「靈修、公子，皆山鬼稱人之辭，謂主人及巫也。」〔註35〕乃以巫所扮之角色釋「公子」，與其〈九歌〉篇前所謂「熟繹篇中之旨，但以頌其所祠之神，而婉娩纏綿，盡巫與主人之敬慕」〔註36〕等語，俱能點出九歌乃楚民祭祀歌舞之特色。又李光地云：「靈脩也，公子也，君也，一人而已，乃山鬼所思者也。」〔註37〕謂「公子」與「靈脩」同指山鬼思慕之人。又戴震云：「所留之人既去，而為離憂之辭也。」〔註38〕亦以「公子」為山鬼所留之人。又林雲銘云：「……句句說到思君上去，以致扭捏者矣。……公子，所思者之通稱也。」〔註39〕又劉夢鵬《屈子章句》云：「公子，即所思者。君，即指公子。」〔註40〕此同於李光地等說法。姜亮夫更考「公子」一詞之所出，而云：「春秋戰國以來，婦女稱其夫君、情人皆曰子，《詩》之『子佳』、『子國』、『送子於淇』、『子以車來』等，其記至多。……然公子一詞，儒家禮制以稱諸侯之子，或君之庶子。稱諸侯之子者，見《詩‧麟趾》及《豳風‧七月》之『殆及公子同歸』；《儀禮‧喪服記》『諸侯之子稱公子』；《論衡‧感類篇》『諸侯之子稱公子，諸侯之孫稱公孫』；與屈子所用三『公子』皆不合。實則〈九歌〉乃民間風習之產物，以禮家制度說，不盡可用。則公子者，盡楚俗女稱男之詞。」〔註41〕並謂〈山鬼〉之「公子」乃指對舞之男

〔註33〕見同註23，〈辯證上〉，頁242、246。
〔註34〕見同註23，〈集注〉卷二，頁53。
〔註35〕見王夫之《楚辭通釋》卷二，載《清人楚辭注三種》，頁42。
〔註36〕同上，頁25。
〔註37〕見李光地《離騷經‧九歌解義》，引自劉永濟先生《屈賦通箋》卷三，（台北：鼎文書局，西元1974年10月初版），頁85。
〔註38〕見戴震《屈原賦注》卷二，載《清人楚辭注三種》，頁17。
〔註39〕見同註31，卷二，頁136。
〔註40〕見劉夢鵬《屈子章句》卷二，載《楚辭彙編》第四冊，頁124。
〔註41〕見姜亮夫先生《楚辭通故》第二輯〈制度部〉，（濟南：齊魯書社，西元1985

巫而言，此說誠能切合通篇文意之轉折。是以「公子」之義，當謂山
鬼所思之人，於實際祀典中乃由一巫扮之，以與「山鬼」對舞，王、
洪二注均未得其實也。

3、〈天問〉：「稷維元子，帝何竺之？投之於冰上，鳥何燠之。」

王注：元，大也。帝，謂天帝也。竺，厚也。言后稷之母姜嫄，出見大人
之跡，怪而履之，遂有娠而生后稷。后稷生而仁賢，天帝獨何以厚
之乎？投，棄也。燠，溫也。言姜嫄以后稷無父而生，棄之於冰上，
有鳥以翼覆薦溫之，以為神，乃取而養之。《詩》曰：「誕寘之寒冰，
鳥覆翼之。」

洪補：補曰：《爾雅》云：「竺，厚也。」與篤同。《詩》曰：「厥初生民，
時維姜嫄，生民如何，克禋克祀。以弗無子，履帝武敏歆，攸介攸
止，載震載夙，載生載育，時維后稷。」注云：「姜嫄之生后稷，乃
禋祀上帝於郊禖，而得其福。」《史記》曰：「周后稷名棄，其母有
邰氏女，曰姜原，為帝嚳元妃。姜原出野，見巨人跡，心忻然悅，
欲踐之，踐之而身如孕者，居期而生子。」《左氏》曰：「微子啟，
帝乙之元子。」說者曰：「元子，首子也。姜嫄為帝嚳元妃，生后稷，
簡狄為次妃，生契，故曰稷維元子也。」燠，音郁，熱也，其字從
火；懊，貪也，無熱義。《詩》曰：「不康禋祀，居然生子，誕寘之
隘巷，牛羊腓字之；誕寘之平林，會伐平林；誕寘之寒冰，鳥覆翼
之。鳥乃去矣，后稷呱矣。」……天命玄鳥，降而生商，亦猶是也。

按：王逸訓「竺」為「厚」，洪氏因之，並引《爾雅》之言，謂竺、篤二字
同也。然朱熹云：「既是元子，則帝當愛之矣，何為而竺之耶？棄之冰
上，則人惡之矣，鳥何為而燠之耶？以此言之，則竺字當為『天祝予』
之『祝』，或為『天夭是椓』之『椓』，以聲近而訛耳。」〔註42〕朱熹以
「帝」指帝嚳，故有此說，若以「帝」指天帝，則四句之意又須多一轉
折。又蔣驥云：「按古竺、篤、毒三字通用，西域天竺亦曰天毒，《書》
「天毒降災」，《史記》作「天篤下災」。此文竺、篤宜皆從毒解，言稷
為元子，帝當愛之，何為而毒苦之耶？」〔註43〕其以竺與毒通，則「帝」

年10月一版），頁661、662。
〔註42〕見同註23，〈集注〉卷三，頁80。
〔註43〕見同註30，卷三，頁102。

為帝嚳之意愈明，此與下言「投之於冰上」相連繫，乃有「鳥何燠之」之問。又王邦采於《天問箋略》云：「《集注》云爾較之舊說為長，舊說以帝為天帝，竺為篤厚，與問意殊不合。案《漢書》：『身毒，西域國名，一名捐毒，又名天篤。』師古曰：『今之天竺，蓋身毒聲轉為天篤，篤省文作竺，又轉為竺音。』據此，得無竺為毒之聲轉而訛乎？」〔註44〕亦以竺訓為毒，為合於屈子之意。又胡文英《屈騷指掌》云：「竺與毒通，如《山海經》以天竺為天毒是也。元子，長子也。毒之，謂不肯收育而棄之也。既投之冰上，宜不能生矣，鳥何覆翼而燠之乎？君雖以為不祥而棄之，天乃憐而收之。」〔註45〕知其以棄后稷者為帝嚳，育后稷者為上天，不相殽混也。俞樾則云：「注未得屈子之意，帝謂帝嚳也，竺當為毒，古字通用，天竺之為天毒，即其證也。《廣雅‧釋言》曰：『毒，憎也。』此言稷乃嚳元子，帝嚳何為憎惡之，而棄之至再至三乎？下文曰：「投之於冰上，鳥何燠之」即承此而言，其義自見。」〔註46〕是以由諸家所訂，王注及洪補均有所蹇礙也。

二、誤訂王注者

洪氏嘗就王注之未當者加以重訂，意欲求取正解，今考其所論，大抵能得其確旨，惜有部分釋例未見妥切，蓋即王注無誤而洪氏誤訂者，抑或王注有誤而洪氏所訂仍失其真者。如：

1、〈離騷〉：「時曖曖其將罷兮，結幽蘭而延佇。」

王注：曖曖，昏昧貌。罷，極也。言時世昏昧，無有明君，周行罷極，不遇賢士，故結芳草，長立有還意也。

考異：罷，一作疲。以，一作而。

五臣注：五臣云：結芳草自潔，長立而無趣向。

洪補：補曰：曖，日不明也，音愛。罷，音皮。劉次莊云：「蘭喻君子，言其處於深林幽澗之中，而芬芳郁烈之不可掩，故《楚辭》云云。」

〔註44〕見王邦采《屈子雜文箋略‧天問箋略》，載《廣雅書局叢書》第五九四冊（藏中央研究院傅斯年圖書館），葉十四、十五。

〔註45〕見胡文英《屈騷指掌》卷二，載《楚辭彙編》第五冊，頁512。

〔註46〕見俞樾《俞樓雜纂‧讀楚辭》，載《春在堂全書》第三冊，（台北：中國文獻出版社，西元1968年9月初版），頁1904。

按：王逸訓「曖」爲昏昧貌，訓「罷」爲極。考「曖」字《說文》無，唯
竹部有「箋」字，曰：「蔽不見也。」此當即「曖」之本字，意謂受遮
蔽而不明也，初與日光並未相涉，而循諸句意，蓋即注所云「時世昏
昧」，乃與下文「世溷濁而不分兮」同指當時之世也，洪補所云「日不
明也」實誤。至於「罷」字，依王注則有盡也、止也之義，言屈子久
不遇良時明君，故欲暫止其周天之行也，觀汪瑗云：「罷，休也，讀如
欲罷不能之罷。」〔註47〕又夏大霖《屈騷心印》云：「罷，休歇也。」
〔註48〕蔣驥亦云：「將罷，意不欲前也。」〔註49〕均以休止之義釋「罷」
字，與王注實近，而洪氏謂「罷，音皮」，以「罷」爲「疲」之借字，
同於五臣注所謂「言時代昏闇，周行疲極不遇賢明，故結香草自潔，
長立而無趣向。」之意，二者實未得確解。是以洪氏於此例所補者，
不若王注適切。

2、〈離騷〉：「跪敷衽以陳辭兮，耿吾既得此中正。」

王注：敷，布也。衽，衣前也。陳辭於重華，道羿澆以下也。故下句云：
發軔於蒼梧也。耿，明也。言己上睹禹湯文武修德以興，下見羿澆
桀紂行惡以亡，中知龍逢比干執履忠直，身以葅醢，乃長跪布衽，
俛首自念，仰訴於天，則中心曉明，得此中正之道，精合眞人，神
與化游，故設乘雲駕龍，周歷天下，以慰己情，緩幽思也。

考異：辭，一作詞。

五臣注：五臣云：明我得此中正之道。

洪補：補曰：跪，巨委切。《爾雅》疏云：「衽，裳際也。」言己所以陳辭
於重華者，以吾得中正之道，耿然甚明故也。……不與投閣而生也。

按：王注謂屈子陳辭於帝舜，繼之曉然於已得此中正之道，遂有周遊上征之
舉。錢杲之《離騷集傳》釋此云：「衽，衣衽，掩裳際者，跪則敷布於
左右。陳詞，即上所陳於重華之詞也。耿，光也。吾所陳之詞，耿然既
得中正，不可變。」〔註50〕又朱熹云：「此言跪而敷衽，以陳如上之詞

〔註47〕見同註27，頁238。
〔註48〕見夏大霖《屈騷心印》，引自游國恩先生《離騷纂義》，（台北：洪葉文化公司，
　　　　西元1993年9月初版），頁284。
〔註49〕見同註30，卷一，頁42。
〔註50〕見錢杲之《離騷集傳》，載《宛委別藏》第九十八冊，（上海：江蘇古籍出版
　　　　社，西元1988年2月第一版），頁13。

於舜，而耿然自覺，吾心已得此中正之道，上與天通，無所間隔。」〔註51〕黃文煥《楚辭聽直》亦云：「依前聖以節中，則可以得中矣；量鑿以正柄，則可以得正矣。陳辭之中，參合世變，上下古今，蓋幾斟酌於其際，不敢爲一往不顧之思焉，視向之自信太過，又換一番參透，加一番明白矣，故曰至是而耿耿得之也。」〔註52〕馬其昶《屈賦微》則云：「梅曾亮曰：『就正重華而知中正之無可悔，則仍將以此道望吾君吾相矣。』」〔註53〕游國恩論云：「言己跪而敷衽，陳詞於舜，舜以爲然，故云明白得此中正之道也。」〔註54〕諸家所述，皆以屈子先陳辭，後感知己實具有中正之道，而洪氏乃云屈子因備中正之道，故而陳辭於重華，其文意次第適爲顛倒，誠乃誤訂王注也。又「中正」一詞，王以之與「精合眞人，神與化游」相繫，似謂與道家養生有關，洪氏亦僅云「吾得中正之道」，二者均失其實。蓋依汪瑗所云：「中者，無過不及之謂；正者，不偏不倚之謂。」〔註55〕則「中正」與行止有關也；又蔣驥云：「中正，理之不偏邪者。」〔註56〕知亦與天地至理相涉；至其具體詞義，可考諸《易履》：「剛中正，履帝位而不疚，光明也。」其疏云：「以剛處中得其正，位居九五之尊。」又《禮記・樂記》：「中正無邪，禮之質也。」以及《管子・五輔》：「其君子上中正而下讒諛，其士民貴武勇而賤得利。」〔註57〕等處，當可知「中正者」，實爲心性氣質正直光明且無私無邪之謂，此亦屈子所恃以周天歷行之憑藉也。〔註58〕由上所述，可明此例亦爲洪氏所誤訂者。

3、〈天問〉：「靡蓱九衢，枲華安在。」

　　王注：九交道曰衢。言寧有蓱草，生於水上無根，乃蔓衍爲九交之道，又有枲麻、垂草、華榮，何所有此物乎？

〔註51〕見同註23，〈集注〉卷一，頁19。

〔註52〕見同註28，卷一，頁65。

〔註53〕見馬其昶《屈賦微》卷上，載《楚辭彙編》第七冊，頁426。

〔註54〕見同註48，《離騷纂義》，頁249。

〔註55〕見同註27，頁221。

〔註56〕見同註30，卷一，頁42。

〔註57〕以上所引《易》、《禮記》、《管子》之言，均參自陳師怡良〈瀝血漚心，構思神奇——試探離騷及其神話天地之創作理念〉一文所論著，載《屈原文學論集》，（台北：文津出版社，西元1992年11月初版），頁146、147。

〔註58〕參同註57，頁147。

考異：荓，一作芾。

洪補：補曰：此謂麾荓與枲華皆安在也。《爾雅》：「萍，荓。」注云：「水中浮萍也。」《山海經》曰：「宣山上有桑焉，其枝曰衢。」（《四部備要》本與《四部叢刊》本亦作「曰衢」，然《山海經》原文作「四衢」，當從）注云：「枝交互四出。」又「少至之山有木，名帝休，其枝五衢。」注云：「言樹枝交錯，相重五出，有象路衢。」〈天對〉云：「有荓九歧，厥圖以詭。」注云：「衢，歧也。逸以為生九衢中，恐謬。」〈魏都賦〉云：「尋麾荓於中逵。」蓋用逸說也。李善云：「麾，蔓也。」枲，相里切。《爾雅》有枲麻，麻有子曰枲。〈天對〉云：「浮山孰產？赤華伊枲。」引《山海經》：「浮山有草焉，其葉如麻。赤華，即枲華也。」

按：王注以九衢為九交之道，因釋為荓草蔓生於此，洪氏疑其說，引《山海經》而謂九衢乃枝交互九出之意，並藉〈天對〉注以明王注之誤。然據胡文英云：「〈海內經〉有鹽長之國，有木青葉紫莖，元華黃實，名曰建木，百仞無枝，枝有九欘，下有九枸，其實如麻，其葉如芒。麾荓，建木類也。九衢，亦九欘九枸之意。」〔註59〕其於《山海經》中復得「建木」一物，並謂「九衢」與「九欘」、「九枸」同（《說文·木部》下云：「欘，斫也。齊謂之茲箕。一曰斤柄性自曲者。」），頗值參考；至若以麾荓為建木，則恐非是，姜亮夫於此論云：「按『麾荓、九衢，枲華安在』二句句法，與『黑水玄趾，三危安在』兩句同，而洪補乃以此為麾荓與枲華皆安在也，甚為不同，〈天問〉無此文法。……今謂若從洪說，則九衢之麾荓已足成一問，〈天問〉問例，一事為一問者至多，何用牽連枲華？故知此二句句法，與黑水二句同也。黑水等為三地名，故曰安在，則此麾荓，九衢、枲華亦謂三物安居也，是「九衢」當為草木名。按《山海經·海內經》云：『有木，青葉紫莖玄華黃實，名曰建木，百仞無枝，上有九欘，下有九枸（上字據郝校補），其實如麻，其葉如芒。』郭注九欘云：『枝回曲也。』注九枸云：『根盤錯也。』《淮南子》曰：『大木則根欋。』音劬，欋即衢之本文，欘則形異字，而枸則聲近字也。（依）《山經》說，則九衢即建木也，其木

蓋百仞無枝，而上則有九曲之枝，下則九曲之根。」〔註 60〕姜說考諸〈天問〉之文例，並舉出「衢」之本字乃「櫃」（《淮南子》曰：「大木則根櫃」。），用明「九衢」實指建木，其說甚允，而此二句之問意由此遂顯，故知洪氏所訂者猶未洽也。

三、補釋有誤者

王逸於若干正文之下未有訓解，或雖有解但部份字詞未詳其義，洪氏以其不可輕忽故而補釋之，然其中亦有不慎致誤者，如：

1、《離騷》：「不吾知其亦已兮，苟余情其信芳。」

五臣注：五臣云：言君不知我，我亦將止，然我情實美。

洪補：補曰：芳，敷芳切，香草也。

按：王逸無注，洪氏前引五臣注中以美訓「芳」，洪於補釋時則訓為香草，蓋屬名詞，此說於句意未愜。考錢杲之云：「信，猶實也。」〔註 61〕戴震亦云：「服退隱之服，但以自芳，不必求人知。」〔註 62〕是則「信」字之下不當接名詞，「芳」字宜為形容詞，以狀上文之「余情」也，汪瑗釋此云：「苟、信皆誠也，情，情實也，芳字是借芰荷芙蓉而言己德之馨香而不臭穢也，洪氏解作香草，非是。」〔註 63〕蓋已得屈意矣。游國恩則云：「信芳猶信姱之意，芳指香潔，承上荷衣蓉裳而言，洪興祖以為此處亦用作白芷之別名，故釋為香草。」〔註 64〕復指出洪氏致誤之因，是以「芳」字宜訓為芳美、芳香也。

2、〈離騷〉：「覽相觀於四極兮，周流乎天余乃下。」

王注：言我乃復往觀視四極，周流求賢，然後乃來下也。

考異：覽相，一作求覽。一云：周流天乎。一無「乎」字。

洪補：補曰：相，去聲。《爾雅》：「東至於泰遠，西至於邠國，南至於濮鉛，北至於祝栗，謂之四極。」邠，《說文》作汃。汃，西極之水也。又《淮南子》云：「東方東極之山曰開明之門，南方南極之山曰暑門，

〔註 60〕 見同註 41，第三輯〈博物部〉，頁 673、674。

〔註 61〕 見同註 50，頁 13。

〔註 62〕 見同註 38，卷一，頁 4。

〔註 63〕 見同註 27，頁 172。

〔註 64〕 見同註 48，《離騷纂義》，頁 170。

西方西極之山曰閶闔之間，北方北極之山曰寒門。」下，音戶。

按：王逸未注「四極」之義，洪氏則釋以《爾雅》、《淮南子》所言之四極，
然朱熹云：「四極，四方極遠之地。……《爾雅》說四極，恐未必然，
邠國近在秦隴，非絕遠之地也。」〔註65〕此疑洪引《爾雅》未必允當，
唯仍以「四極」指地之四極也。閔齊華《文選瀹注》則云：「四極，天
之四極也，前帝閽、白水、閬風、春宮皆在天也。」〔註66〕此說以四極
屬天，蓋慮及上文所言諸事，實較洪、朱之說通達。又劉夢鵬《屈子章
句》云：「四極，猶云四方春宮，天仙之府，故亦曰天。」〔註67〕其亦
以「四極」指天而不指地也。姜亮夫釋曰：「按就〈離騷〉四極句，下
云：『周流乎天余乃下。』〈惜誓〉亦云：『獨不見夫鸞鳳之高翔兮，乃
集大皇之壄，循四極而四周兮，見盛德而後下。』則兩「四極」皆指天
之四極，洪引《爾雅》說，乃地之四極，不得以解《楚辭》。此『極』
字猶曰天極。」〔註68〕姜氏與閔氏同，均由上下文一併觀之，實則屈子
所云「周流乎天而後下」，業已明言觀視「四極」時，乃值周天之際，
故「四極」確指天之四方極高極遠之處，非洪氏所補注者也。

3、〈招魂〉：「西方之害，流沙千里些，旋入雷淵，靡散而不可止些。」

王注：流沙，沙流而行也。《尚書》曰：「餘波入流沙。」言西方之地，厥
土不毛，流沙滑滑，晝夜流行，從廣千里，又無舟杭也。旋，轉也。
淵，室也。靡，碎也。言欲涉流沙，少止則回入雷公之室，轉還而
行，身雖靡碎，尚不得休息也。

考異：淵，《文選》作泉。靡，一作靡，《釋文》作糜，一作麋，非是。

洪補：補曰：旋，泉絹切。唐避諱，以淵爲泉。《山海經》云：「雷澤中有
雷神，龍身而人頭。」靡，靡爲切，爛也，壞也。

按：王逸訓「雷淵」爲雷公之室，洪氏引《山海經》謂乃雷澤中之雷神，
均與上「西方流沙」無涉。然據黃文煥云：「旋，回湍也。雷淵，淵之
旋聲如雷也。」〔註69〕則「雷淵」之雷，並非指雷公、雷神也。又胡

〔註65〕見同註23，〈辯證上〉，頁231。
〔註66〕見閔齊華《文選瀹注》引自游國恩先生《離騷纂義》，（台北：洪葉文化公司，
　　　　西元1993年9月初版），頁320。
〔註67〕見同註40，卷一，頁67。
〔註68〕見同註41，第一輯〈地部〉，頁445。
〔註69〕見同註28，卷八，頁545。

文英云：「雷淵，沙淵大旋，其聲如雷也。」〔註70〕知此雷淵即上文流沙所成之淵，因回旋甚疾而聲動若雷也。劉夢鵬亦云：「此言西方之不祥流沙，即鳴沙界，一名沙角山。沙如乾糠，天氣清朗時沙常鳴，殷殷如鳴，遇陷處人馬駝車應時皆沒去西海，纔二日程，所謂「范河淖沙」也。以其沙鳴如雷，而多淖陷，故曰雷淵。」〔註71〕其說頗詳，且信而有徵。姜亮夫釋此云：「細會文義，上言『流沙千里，旋入雷淵』，下言『麋散而不可止，幸而得脫，其外曠宇』云云，則『旋入雷淵』句，乃『流沙』句之補足語，而麋散句，又雷淵可畏之實象，幸而得脫者，脫於麋散。則雷淵者，蓋即指流沙言。」〔註72〕綜上所論，雷淵實乃西方流沙所成之旋淵也，洪氏所補釋者有誤。

四、述意牽強者

洪氏於補注之際，固以探求屈宋諸人之意為其本旨，是以訓詁求詳，釋義求當，唯或囿於所識所見，致有部分釋例，其名物雖已疏通無礙，然文意大旨猶顯窒塞迂曲，未得作者本心也，如：

1、〈九歌・東皇太一〉：「君欣欣兮樂康。」

王注：欣欣，喜貌。康，安也。言己動作眾樂，合會五音，紛然盛美，神以歡欣，猒飽喜樂，則身蒙慶祐，家受多福也。屈原以為神無形聲，難事易失，然人竭心盡禮，則猒其祀而惠以祉。自傷履行忠誠，以事於君，不見信用而身放棄，遂以危殆也。

五臣注：五臣云：君，謂東皇也。欣欣，和悅貌。

洪補：補曰：此章以東皇喻君，言人臣陳德義禮樂以事上，則其君樂康無憂患也。

按：洪氏所言，因以東皇譬況楚君，故歸之於君臣上下相接之道，然此則已不明〈九歌〉乃沅湘間祭歌之特性，屈原實僅為之潤飾耳，令其原有文詞不致淫雜無度，至若歌舞中之情節人物，當仍為楚地巫師之創作也。王夫之云：「按九歌皆楚俗所祠，不合於祀典，未可以禮證之。太一最貴，故但言陳設之盛，以徵神降，而無婉戀頌美之言。且如此

〔註70〕見同註45，卷四，頁626。
〔註71〕見同註40，卷五，頁209、210。
〔註72〕見同註41，第一輯〈地部〉，頁440。

篇，王逸寧得以冤結之意附會之邪？」〔註73〕徐英《楚辭札記》亦云：
「九歌蓋沅湘間民族祀神歌舞之詞，今本九歌各篇只題神名，洪曰一
本自東皇太一至國殤，上皆有祠字，蓋古本也。彼時沅湘，淪在蠻夷，
其民與今之苗黎等，今雲貴諸省苗夷，尚有祀神之詞，惜無屈原其才
爲之潤色鴻業耳。……〈東皇太一〉此章無比興，專寫迎神之事，洪
曰：此章以東皇喻君，言人臣陳德義禮樂以事上，則其君樂康無憂患
也。按之本義，恐不其然。」〔註74〕知此章所述，乃在備陳事神之誠，
以求歆享，故蔣驥論云：「九歌所祀之神，太一最貴，故作歌者但致其
莊敬，而不敢存慕戀怨憶之心，蓋頌體也。亦可知九歌之作，非特爲
君臣而托以鳴冤者矣，朱子以爲全篇之比，其說亦拘。」〔註75〕是以
洪補云云，於全章意旨即顯穿鑿矣。

2、〈九歌·河伯〉：「魚鱗屋兮龍堂，紫貝闕兮朱宮，靈何爲兮水中？」

  王注：言河伯所居，以魚鱗蓋屋，堂畫蛟龍之文，紫貝作闕，朱丹其宮，
    形容異制，甚鮮好也。言河伯之屋，殊好如是，何爲居水中而沈沒
    也？

  洪補：補曰：河伯，水神也，故託魚龍之類，以爲宮室闕門觀也。此喻賢
    人處非其所也。

  按：朱熹云：「舊說河伯位視大夫屈原，以官相友，故得汝之；其鑿如此。
    又云河伯之居，沈沒水中，喻賢人之不得其所也；夫謂之河伯，則居
    於水中固其所矣，而以爲失其所，則不知使之居於何處，乃爲得其所
    耶？」〔註76〕其以王逸所謂「何爲居水中而沈沒也」有悖常理，而洪
    補釋以「喻賢人處非其所」更欠允妥。黃文煥則云：「河伯應以水中爲
    居，乃曰『何爲兮水中』，人不能從河伯，反怨河伯不宜居水；恨得倒
    置最爲深情。」〔註77〕蓋此三句爲當爲主祭之巫所歌，前二句述河伯
    居室之美，至末句則爲一轉折，表祭巫熱切從遊於河伯，故出此言也，
    黃說頗能得其深意。實則王注不應增添「而沈沒也」等字爲訓，此適
    足害意，而洪氏所喻，復牽合於屈子之際遇，遂離題遠甚。

〔註73〕見同註35，卷二，頁27。
〔註74〕見徐英《楚辭札記》卷三，載《楚辭彙編》第四冊，頁421至423。
〔註75〕見同註30，卷二，頁52。
〔註76〕見同註23，〈辯證上〉，頁245。
〔註77〕見黃文煥《楚辭聽直》卷四，頁311、312。

3、〈天問〉:「鯀何所營?禹何所成。」

　　王注:言鯀治鴻水,何所營度,禹何所成就乎?

　　洪補:補曰:汩陳其五行,此鯀所營也;六府三事允治,此禹所成也。

　　按:屈子此處所問乃鯀禹治水事,王逸訓「營」爲營度,洪氏從之,然而補
　　　注中所云,實未達屈意。蓋此處之問,由「不任汩鴻,師何以尙之」啓
　　　之,而於此作結,故此二句有總括上文二十二句之用。考黃文煥云:「再
　　　言鯀禹者,總結前文也。不任汩鴻之人,而乃使營水,致曠然九載,究
　　　竟何所營乎?禹成考功,而無救於其父,究竟何所成乎?」〔註78〕已就
　　　鯀禹治水之始末重加審視,並非逕謂前者罪極而後者獨勞也。又林兆珂
　　　云:「懷山襄陵,鯀當其難,況方命堙遏乎?事蠱改圖,禹乘其易,況順
　　　下導疏乎?」〔註79〕謂鯀禹之成敗,實與時遷勢移有關,蓋《山海經》
　　　載曰:「鯀竊帝之息壤,以堙洪水,帝令祝融殺鯀於羽郊。」而《尙書·
　　　洪範》傳曰:「天與禹洛出書,神龜負文而出,列於背,有數至於九,禹
　　　遂因而第之,以成九類。」〔註80〕林說或即本此。又李陳玉《楚辭箋注》
　　　云:「應龍以尾畫地,即水泉流,禹豈有此神運邪?江海之廣,一一疏導
　　　而皆遍歷之,禹今成功,由孰知皆鯀所營哉?」〔註81〕乃直陳治水之功,
　　　由鯀導之也。周拱辰亦云:「鯀之營也何術?營之成也何功?鯀之治水也
　　　龜之,禹之治水也龍之。嗚呼!成敗之造鯀禹,豈鯀禹之能爲成敗耶?」
　　　〔註82〕此以鷗龜曳銜、應龍畫地爲平治洪水之關鍵,甚言其非鯀禹二人
　　　之所能定也。然則鯀敗而禹就之說,果確然無疑否?《尙書·洪範》曰:
　　　「鯀堙洪水,汩陳其五行,帝乃震怒,不畀洪範九疇,彝倫攸斁,鯀則
　　　殛死,禹乃嗣興,天乃錫禹洪範九疇,彝倫攸敘。」〔註83〕知鯀所盼者,
　　　乃在敷治洪水,而其所營者,則效爲鷗龜之曳銜而築爲長堤高城,〔註84〕

〔註78〕同上,卷三,頁182。

〔註79〕見林兆珂《楚辭述註》卷三,頁152。

〔註80〕《山海經》文見卷十八〈海內經〉,《尙書》文見卷十二〈周書〉。

〔註81〕見李陳玉《楚辭箋注》,引自游國恩先生《天問纂義》,(台北:洪葉文化公司,
　　　西元1993年9月初版),頁108。

〔註82〕見周拱辰《離騷草木史》,引自《天問纂義》,頁108。

〔註83〕見《尙書》卷十二〈周書·洪範〉,《十三經注疏》第一冊,(北京:中華書局,
　　　西元1980年9月第一版),頁187。

〔註84〕參見周拱辰《離騷草木史》所言:「鷗龜曳銜,《經》稱鯀湮洪水,《傳》稱鯀
　　　障洪水,《國語》又稱其墮高堙卑。蓋鷗龜曳銜,鯀障水法也,鯀觀鷗龜曳尾

以及藉息壤以堙洪水等法，凡此皆為屈子所熟知者，故發為「鴟龜曳銜，鯀何聽焉」、「順欲成功，帝何刑焉」、「纂就前緒，遂成考功，何續初繼業，而厥謀不同」等問，知其實不願以成敗論鯀禹之功過也，是以致疑於此。考洪氏所言，特乃依〈洪範〉之文以立說，遂至斥鯀而揚禹，斯乃未觀照本段之大旨，於屈子初意誠未見契合而顯牽強也。

綜觀上舉四點，可明洪書於詳贍之中，亦不免於疏漏，窺其致誤之由，泰半與王注有關，此緣洪氏專於疏通王注故也，一旦所參未周，便易有失。然今細繹其得失優劣，益知其蒐羅之富與注釋之勤，實非他家可比。至若前引朱子序中所評，猶有可辨者三：

一、朱子謂王注於取舍之間多可議者，洪氏皆未能是正之；按洪補中明言逸說非是者約十餘處，而引書以正王誤者約有六十處，未知朱子所言何據？

二、朱子謂王、洪注於《楚辭》之大義與詞旨均未能得其實，甚且旁引曲證，卒令屈意不張如昔；按王注囿於漢儒說經之習，其訓詁固時存古義，而闡述章旨句意則迂塞稍多，至於洪補，其申發屈賦之微旨者已如前節所述，尤有進者，其於各篇中段落章法亦嘗留意之，如〈離騷〉「湯禹嚴而求合兮」句下，洪云：「自此以下，皆屈原語。」又〈九章・橘頌〉「嗟爾幼志」句下，洪亦云：「自此以下，申前義以明己志也。」又〈遠遊〉「騫淹留而躊躇」句下，洪則云：「舊本自『霜露慘悽而交下』至此，為一章。」此均足以說明洪氏所補者，實未輕忽屈賦蘊含之義旨。要之，謂王注及〈九歌〉中若干洪補因不明屈意而時有曲說，此不為過；然以洪氏未嘗沈潛反復於屈賦，且目其釋義為迂滯迫切者，殆失厥中矣。

三、朱子又病王、洪二氏未嘗「嗟歎咏歌」於屈賦，以致遠於性情者也；今觀朱子《集注》，其〈離騷〉篇蓋析為九十四章，而於每章之下則標以「賦、比、興」，用以說明屈子之創作手法，[註85]此項確屬朱書特色之一。今細審洪書，類此專述屈賦文學特質者，比重誠少，〈離騷〉「啟九辯與九歌兮」句下，洪嘗云：「〈騷經〉、〈天問〉多用《山海經》，而劉勰〈辨騷〉以康回傾地、夷羿弊日為譎怪之談，異乎經典；如高宗夢得說，姜嫄履帝敏之類，皆見於

相銜，因而築為長堤高城，參差綿互，亦如鴟龜之曳尾相銜者然。」引自《天問纂義》頁85。

〔註85〕參見梁昇勳《朱子楚辭集注研究》第五章〈朱子集注之特別與價值〉，（台北：國立台灣師範大學碩士論文，西元1987年），頁123至129。

《詩》、《書》，豈誣也哉！」則洪氏自較王逸明瞭屈賦運用神話之藝術特色，無怪乎其亦廣引《山海經》、《淮南子》、《博物志》、《神仙傳》等書以助訓解，又〈九章〉敘下洪亦云：「〈騷經〉之辭緩，〈九章〉之辭切，淺深之序也。」此則概括二篇不同之風格也，除此之外，罕見洪氏有所發揮；揆其意，當是所重乃在補正王注，欲藉訓詁、考據之法以闡述屈賦意旨，進而揚其大義，故於屈賦之藝術表現著墨不多也。朱子此論，略能反映洪書之不足，然欲視其為屈賦不彰之導因，無乃太過乎？

第七章 《楚辭補注》之地位與價值

　　洪氏《楚辭補注》一書，承先啓後，成就輝煌，於楚辭學史上，地位崇高，因之本章所論，乃欲藉歷史之眼光與細部之考察，將洪書置於宋以來楚辭研究之長河中，探索其於擷取諸家所長之後，究予後學何種影響，從而確定此書之學術地位與價值。以下即依歷史評價及影響傳承二端，加以探討之。

第一節 歷來學者之評價

　　屈子之文，蓋爲抒發一己忠愛之情而作，是以篇中所見，多屬援引賢聖，慕其美政，擯斥群小，申言己志之辭。其雖遭闇逢亂，屢見疏放，然猶徘徊睠顧，不忍去國，此誠忠烈之士也，故梁啓超云：「彼之自殺，實其個性最猛烈最純潔之全部表現，非有此奇特之個性，不能產此文學，亦惟以最後一死，能使其人格與文學永不死也。」〔註1〕允哉斯言！後世誦其文而思其人者，鮮有不感泣於心也，洪氏之撰成此書，實亦肇因於此。揆諸洪氏身後，遇有權奸當道，忠直遭蹇，甚而國事日亟，山河易色之際，屈子憂國憂民，忠貞不二之情操，輒爲愛國詩人謳歌之對象，是以注騷闡騷，不遺餘力，如朱子《楚辭集注》、吳仁傑《離騷草木疏》、汪瑗《楚辭集解》、黃文煥《楚辭聽直》、陸時雍《楚辭疏》、李陳玉《楚辭箋注》、王夫之《楚辭通釋》、錢澄之《屈詁》等，均藉注解屈賦而有所寄託。康熙以降，學者漸重經世致用之學，且爲避免文字之獄，遂乃專力於古典學術之研究，《楚辭》亦屬其中之一環，而林雲

〔註1〕見梁啓超先生《飲冰室合集》，《專集》第七十二，第十五冊，（上海：中華書局，西元 1941 年 6 月再版），頁 80。

銘《楚辭燈》、王邦采《離騷彙訂》、《屈子雜文箋略》、徐煥龍《屈辭洗髓》、毛奇齡《天問補注》等於焉產生。迨至乾嘉之際，樸學大興，考證之風亦進入《楚辭》研究之中，乃有蔣驥《山帶閣注楚辭》、戴震《屈原賦注》、江有誥《楚辭韻讀》、方績《屈子正音》、朱駿聲《離騷賦補注》等作；此外復有顧成天《九歌解》、屈復《楚辭新注》、劉夢鵬《屈子章句》、陳本禮《屈辭精義》、胡文英《屈騷指掌》、龔景瀚《離騷箋》、胡濬源《楚辭新注求確》、魯筆《楚辭達》等相互輝映。其後道光以至清季，尚有賀性靈《三益齋離騷注》、丁晏《天問箋》、王闓運《楚辭釋》、畢大琛《離騷九歌釋》、馬其昶《屈賦微》等作出現，為有清一代之《楚辭》研究奉獻心力。近人易重廉氏嘗謂宋代為楚辭學之興盛期，明代為楚辭學之繼興期，而清代則為楚辭學之大盛期，〔註2〕揆諸三者之研究著作與學術氛圍，知其所論誠得其實矣。而民國以來，學者著述亦夥，舉凡論評、校勘、考古、音韻、注解等作，均見推陳出新，且論據詳贍，確已開創《楚辭》研究愈深愈廣之視野。

上述諸家之作，自有承襲前人成果之處，進而參詳考訂，出以己見，以成一家之言。其中部分學者亦嘗就前人注解加以評騭，所論或簡或詳，興祖之書亦在其列，今依朝代次序，迻錄於後，用資參考：

一、宋　代

1、朱熹《楚辭集注》自序云：

> 然自原著此辭，至漢未久，而說者已失其趣，如太史公蓋未能免，而劉安、班固、賈逵之書，世不復傳；及隋唐間為訓解者尚五、六家，又有僧道騫者，能為楚聲之讀，今亦漫不復存，無以考其說之得失。而獨東京王逸《章句》與近世洪興祖《補注》並行於世，其於訓詁名物之間，則已詳矣。顧王書之所取舍，與其題號離合之間，多可議者，而洪皆不能有所是正，至其大義，則又皆未嘗沈潛反覆，嗟歎咏歌，以尋其文詞指意之所出，而遽欲取喻立說，旁引曲證，以強附於其事之已然，是以或以迂滯而遠於性情，或以迫切而害於義理，使原之所為壹鬱而不得申於當年者，又晦昧而不見白於後世。予於是益有感焉，疾病呻吟之暇，聊據舊編，粗加隱括，定為

〔註 2〕 參見易重廉先生《中國楚辭學史》宋至清代部分，（長沙：湖南出版社，西元1991 年 5 月一版）。

集注八卷。〔註3〕

其《辯證》云：

> 若揚雄則尤刻意於楚學者，然其〈反騷〉，實乃屈子之罪人也，洪氏
> 譏之，當矣！……洪氏曰「偭規矩而改錯者，反常而妄作，背繩墨
> 以追曲者，枉道以從時。」論揚雄作〈反離騷〉，言「恐重華之不纍
> 與」而曰：「余恐重華與沈江而死，不與投閣而生也。」又釋〈懷沙〉
> 曰：「知死之不可讓，則舍生而取義可也；所惡有甚於死者，豈復愛
> 七尺之軀哉？」其言偉然可立懦夫之氣，此所以忤檜相而卒貶死也，
> 可悲也哉！近歲以來，風俗頹壞，士大夫間，據不復聞有道此等語
> 者，此又深可畏云。〔註4〕

按：朱子以爲王、洪之注於訓詁名物頗詳，然於大義文旨則曲引強附，有迂
　　滯迫切之病。惟朱子於洪氏之申發屈意、貶斥揚雄，迭有稱許，知其亦有
　　取於洪氏之部分立論也。

2、吳仁傑《離騷草木疏》自跋云：

> 凡芳草嘉木，一經品題者，謂皆可敬也，因按《爾雅》、《神農書》
> 所載，根莖華葉之相亂，名實之異同，悉本本元元，分別部居，次
> 之於槧，會萃成書，區以別矣。〔註5〕

又《四庫全書總目提要》卷一四八云：

> 是編大旨謂〈離騷〉之文，多本《山海經》，故書中引用，每以《山
> 海經》爲斷。若辨「夕攬州之宿莽」句，引「朝歌之山有莽草焉」
> 爲據，駁王逸舊註之非，其說甚辨。……以其徵引宏富，考辨典核，
> 實能補王逸訓詁所未及。〔註6〕

按：吳氏自跋中雖未道及洪書，然由其所述及館臣之言觀之，吳氏當以王、
　　洪所注於草木之屬尚略而未盡，故更引他書，以闡述屈賦藉草木以況善惡
　　之微旨，用稱其「蓀、芙蓉以下凡四十又四種，猶青史氏忠義獨行之有全

〔註3〕見朱熹《楚辭集注》，（台北：中央圖書館善本叢刊，西元1991年2月出版），
　　　　頁11。
〔註4〕同上，頁213、222。
〔註5〕見吳仁傑《離騷草木疏》，載《龍威秘書》第二集，（台北：新興書局，西元
　　　　1969年2月新一版），頁314。
〔註6〕見《四庫全書總目》卷一四八〈離騷草木疏〉條，（台北：商務印書館，西元
　　　　1986年3月出版），頁5。

傳也；蕡、菉、葹之類十一種，傅著卷末，猶佞倖姦臣傳也」之作意。

3、林至《楚辭故訓傳》、樓鑰〈林德久祕書寄楚辭故訓傳及叶音草木疏求序於余病中未暇因以詩寄謝〉詩云：

> 平時感歎屈靈均，離騷三誦涕欲零。問來傳注賴王逸，尚以舛陋遭譏評。河東天對最傑作，釋問多本山海經，練塘後出號詳備，晦翁集注尤精明。……深媿所報非瓊瑩。〔註7〕

按：樓鑰《攻媿集》卷六云：「林德久祕書寄《楚辭故訓傳》及《叶音》、《草木疏》，求序於余，病中未暇，因以詩寄謝。」（同上）據《郡齋讀書志・附志》所錄，林至撰有《楚辭故訓傳》六卷、《楚辭草木疏》一卷及《楚辭補音》一卷，〔註8〕書成求序於樓鑰，後者遂作此詩，而以「詳備」繫諸洪書也。

二、明　代

1、林兆珂《楚辭述註》、郭喬泰序云：

> 惟東京之王逸，爲南譯之靈光，興祖綜事於怪奇，元晦析理於忠孝；總之尸祝屈子，鼓吹騷坊者也。〔註9〕

其凡例云：

> 淮南、孟堅、景伯之傳，夐乎不復睹矣。及隋唐訓解尚五六家，亦漫不復存。惟是叔師之章句、慶善之補註、元晦之集註鼎具，王宏深魁偉，洪援據精博，朱擬議正、義理明，笙簧迭奏，總裨鈞天。
>
> 〔註10〕

按：郭氏以洪書中多引《山海經》、《淮南子》、《莊子》、《列子》及《穆天子傳》等言以助訓，故稱其「綜事怪奇」；至林氏之見，著眼於洪書之徵引，

〔註7〕見樓鑰《攻媿集》卷六〈古體詩〉，載《文淵閣四庫全書》集部九一、別集類，頁343。

〔註8〕林氏之作《宋志》未錄，此據《郡齋讀書志・附志拾遺》所載，其云：「《楚辭故訓傳》六卷，《楚辭草木疏》一卷，《楚辭補音》一卷。右建寧倅谷水林至所著也，李大異爲之序。」今均已亡佚。

〔註9〕見郭喬泰《楚辭述註》序，引自《楚辭書目五種續編》，（上海：上海古籍出版社，西元1993年2月一版），頁84。

〔註10〕見林兆珂《楚辭述註》，載《楚辭彙編》第一冊，（台北：新文豐出版公司，西元1986年3月台一版），頁24、25。

而曰其「援據精博」也。

2、陳第《屈宋古音義》自序云：

> 余獨慨夫注屈宋者，率不論其音，故聲韻不諧，間有論音者，又率
> 以叶韻概之，何其不思之甚也？〔註11〕

其凡例云：

> 從前註楚辭者，或以一二句、三四句斷章，雖解其義，而其韻混殽
> 未易曉也，如〈離騷〉屢次轉韻，其韻之多，有至八句、十二句爲
> 一韻者；〈招魂〉亦屢次轉韻，韻之多有至十六句、二十句爲一韻者。
> 今余一以韻爲斷，若〈惜往日〉、〈悲回風〉有以二十句、二十二句、
> 二十四句爲一韻者，其韻既長，不得不分而註之，然亦書於其下，
> 其他二句、三句者，亦明書之。〔註12〕

按：陳第有感於前人注騷，於韻字說解實欠周詳，故有駁斥叶韻之說。蓋王注
中未見「叶韻」之語，而敦煌殘卷《楚辭音》中則有之，洪氏於《補注》
中亦嘗以此法注明音韻，至朱子作《集注》則推用益廣，於古音今音不合
者，率以「叶韻」說之，陳氏謂此實有違悖音理之處也。又王逸逐句作解，
洪氏承而補之，朱子、錢杲之等乃分章而釋之，陳氏以諸法將令韻例不明，
是故一以韻腳爲分段之憑據也。

3、黃文煥《楚辭聽直》凡例云：

> 評楚辭者不註，註楚辭者不評，評與註分爲二家。余於評稱品，於
> 注稱箋，合發之，以非合不足盡楚辭之奧也。……余所紬譯，概屬
> 屈子深旨，與其作法之所在，從來埋沒未抉，特爲劍拈焉。凡複字
> 複句，或以後翻前，或以後應前，指法所關，尤倍致意。〔註13〕

按：王、洪所作皆乃注解楚騷，黃氏謂其「註而不評」，於屈賦作法未予深抉，
故《楚辭聽直》中特分品、箋二類，用明作者深旨與行文章法也。

4、蔣之翹《七十二家評楚辭》自序云：

> 若夫原情闡旨，則太史公猶未相知也，下而班固、顏之推之徒，烏
> 足置喙焉。有深獨契，惟留此朽墨數行，與汨羅一片悠悠，映對千

〔註11〕見陳第《屈宋古音義》，載《音韻學叢書》三，（台北：廣文書局，西元 1987
年 3 月再版），葉四。
〔註12〕同上，葉八。
〔註13〕見黃文煥《楚辭聽直》，載《楚辭彙編》第二冊，頁 8、9。

古耳。奈何世復乏佳刻，殊晦厥意，王逸、洪興祖二家訓詁僅詳，

會意處不無遺識。〔註14〕

按：蔣氏以舊注未能使屈意大明，王洪之作亦僅長於訓詁，於文旨深意猶有

未愜者，是以輯錄司馬遷以下諸家評論《楚辭》之語，冀發騷人之旨於千

載之下也。

三、清　代

1、周拱辰《離騷草木史》自序云：

竊睹騷中山川人物草木禽魚，一名一物，皆三閭之碧血枯淚，附物

而著其靈，而漢王叔師、宋洪慶善、朱元晦三家，雖遞有注疏，未

爲詳榷，陸昭仲新疏，仍涉訓詁習氣，于典故復多掛漏。〔註15〕

李際期序云：

自叔師氏首爲開鑿，附同里功臣，而憑臆射覆，聿多紕繆。考亭氏

近之矣，談及玄僻，即爲掩耳，不無含菽吐珠之歎。洪慶善《補註》，

間摭《山海經》，而總綷典故，尚餘腹儉。騷中之山川人物鳥獸草木，

千年來半埋漆炬，不無望後賢之發其覆也。〔註16〕

按：周氏由明入清，頗懷故國之思，故托意《楚辭》，廣爲搜訂，所詁實不止

於草木，其因浸淫日久，自謂弋獲實多，乃於王、洪、朱注有「未爲詳榷」

之歎。而李序所言，亦以洪氏之徵引補釋，猶有未善之病也。

2、林雲銘《楚辭燈》自序云：

治騷者向稱七十二家評本，大約惑於舊詁之傳訛，隨聲附和。而好奇

之士，又往往憑臆穿鑿，削趾適履，甚至有胸中感憤，借題抒洩，造

出辣句鈎章，武斷賣弄，懵然不知本題之層折，行文之步驟。〔註17〕

按：林氏雖未稱及洪書，然謂舊注於行文章法、層次貫串等方面未加深究，

此意甚明；是以其書欲求脈絡分明，且各篇首尾端緒不亂，以達屈子之志

爾。

〔註14〕見蔣之翹《七十二家評楚辭》自序，引自《楚辭書目五種》，（台北：明倫出

版社西元 1971 年 10 月出版），頁 323。

〔註15〕見周拱辰《離騷草木史》，引自《楚辭書目五種》，（台北：明倫出版社，西元

1971 年 10 月出版），頁 101。

〔註16〕同上，頁 102。

〔註17〕見林雲銘《楚辭燈》，（台北：廣文書局，西元 1971 年 12 月再版），頁 3。

3、朱冀《離騷辯》凡例云：

> 讀離騷須分段看，又須通長看，不分段看，則章法不清，不通長看，
> 則血脈不貫。舊註之失，在逐字逐句求其解，而於前後呼應闔闢處，
> 全欠理會，所以有重複總雜之疑。〔註18〕

按：朱氏以王、洪舊注乃逐字逐句作釋，易使〈離騷〉之文脈絡不清，旨意
不明，故有是評；且分〈離騷〉為四段，謂「守死善道」四字乃全篇骨子，
而「與為美政」四字則屬文中眼目也（見書前〈管窺總論〉）。

4、王邦采《離騷彙訂》姓氏六家目後云：

> 右所采者六家，朱子《集註》，大半本之王、洪兩家，間有改竄，未
> 見精融，天閑氏謂屬後人之假託，疑或然也。〔註19〕

其自序云：

> 所貴乎能讀者，非徒誦習其詞章聲調已也，必審其結構焉，尋其脈
> 絡焉，必考其性情焉。結構定而後段落清，脈絡通而後詞義貫，性
> 情得而後心氣平。若諸家評註，其于三閭大夫意指所在，尚多紕謬
> 弗安，吾未見其能讀也。〔註20〕

按：王氏《彙訂》所采者有王逸、洪興祖、朱熹、林雲銘、朱冀、徐煥龍六
家，其所重者乃在屈賦之結構、脈絡、性情也，故於洪氏等六家之作，謂
為不明屈意，猶有紕謬矣。

5、吳世尚《楚辭疏》敘目云：

> 離騷用意精深，立體高渾，文理血脈，最難尋覓。故先逐句悉其詁
> 訓，乃逐節清其義理，上下有接續，前後有貫通。〔註21〕

其自序云：

> 世所傳《楚辭註》，王逸、洪興祖逐句而晰，大義未明；朱子提挈綱
> 維，開示蘊奧，而於波瀾意度處，尚多略而未暢。〔註22〕

按：吳氏重視屈賦之義理與文旨，謂王、洪注於大義未明，尚待闡發，故於
己作中逐節釋之也。

〔註18〕見朱熹《離騷辯》，引自《楚辭書目五種》，頁142。
〔註19〕見王邦采《離騷彙訂》，引自《楚辭書目五種》頁153。
〔註20〕同上，頁155。
〔註21〕見吳世尚《楚辭疏》，引自《楚辭書目五種》頁158。
〔註22〕見吳世尚《楚辭疏》，引自《楚辭書目五種》頁127。

6、顧成天《九歌解》自序云：

> 而舊說但以不合於神爲不合於君，總以隱寫忠愛四字了之；他篇猶
> 可，至於湘君、湘夫人兩篇，誤解爲〈離騷〉求女之意，併爲一談，
> 牢不可破。〔註23〕

按：顧氏此書專解〈九歌〉之義，以爲〈九歌〉爲事神之辭，舊本於本題下
　　且有祠字，諸篇實皆照題以抒意，非即意以命題，故於王、洪注所謂「上
　　陳事臣之敬，下見己之冤結」，亦即隱寓忠愛之論法，深感不妥，遂有是
　　評。

7、奚祿詒《楚辭詳解》、王士瀚序云：

> 夫註《離騷》者，自漢以來，已非一家，若王逸、洪興祖，久傳
> 海內，究未爲完善，折衷於紫陽朱子，始得所依歸。〔註24〕

其自序云：

> 屈大夫非辭人也，王佐之才也。不幸生衰楚，不忍見其宗社之狐祥，
> 自沈於汨。心比干之心，而道周公之道也，彼揚雄、班固、顏之推
> 數人者，自滅其性，恕己而量人，其何損於屈大夫哉？……今所傳
> 者，王逸、洪興祖、朱紫陽三家，王、洪得不掩失，朱亦折衷於二
> 家之間，予以投簪之暇，猥參管蠡，以爲凡説之近於詭者，無當於
> 聖賢，即無當於大夫之旨，故過中之言，不敢揹摭。〔註25〕

按：王士瀚、奚祿詒二氏均謂王、洪之注，得失兼存，未盡完善，奚氏書前
　　〈序目〉且云：「此書存舊註，不及十之一二，非敢翻古人之案，求合理
　　云爾。」則其不依古人，自出己見，當可明矣。

8、張象津《離騷經章句義疏》自序云：

> 〈離騷〉，三百篇之變體也，屈子始創爲之，體雖變，其比興寄託，
> 猶然三百篇之遺也。然言雖比其正，意必有所指：詞有托其本，意
> 必有所存：正學者所當以意逆志也。幼好是書，覽王氏洪氏之註，
> 名物訓詁極爲詳博，至其釋詞之所寓，則疑其本旨有不然者，因以
> 己意疏之，錄爲《離騷疏》一卷。〔註26〕

〔註23〕見顧成天《九歌解》，引自《楚辭書目五種》頁167。
〔註24〕見奚祿詒《楚辭詳解》，引自《楚辭書目五種》頁193。
〔註25〕同上，頁194、195。
〔註26〕見張象津《離騷經章句義疏》，引自《楚辭書目五種續編》頁141、142。

按：張氏此作，分〈離騷〉爲十九節三大段，盡力闡述其章節大義，蓋其謂
王、洪注於訓詁則詳，而於〈離騷〉本旨則略矣。

9、陳本禮《屈辭精義》自序云：

昔漢孝武愛騷，命淮南作傳，而義以明，龍門作史，而旨益顯，此
亦千載一時之知遇也。迨王叔師《章句》出，而騷反晦，唐宋諸儒，
不能闖其藩籬，踵其悠謬，愈襲愈晦，使後之讀者，望洋向若，莫
之適從。〔註27〕

其自跋云：

前儒注釋紛紛，無不人自以爲握靈蛇之珠，家自以爲獲荊山之璧，
然求其旨趣合拍，機神洞達，識既不足以透徹精微，而學又不足以
鈎深致遠，故總無當於作者之心。〔註28〕

按：陳氏重於發揚屈賦之微言大義，謂王逸以來舊注所述，實未能與屈意合
拍，乃有違於作者之心也；故其所作，皆分章節，以爲章各有旨，句各有
意，字各有法，而欲申之以明屈賦之精義也。

10、龔景瀚《離騷箋》自敘云：

《楚辭》以王叔師《章句》爲最古，至洪氏《補注》、朱氏《集注》
而備矣；然〈離騷〉一篇，皆隨文訓詁，未能貫通其意義也。〔註29〕

按：龔氏謂王、洪、朱三家之注，詳於名物與音訓，而於全篇之大義脈絡猶
未貫通，故欲藉章節之分以闡發其中義旨也。

11、胡文英《屈騷指掌》、王鳴盛序云：

吾友晉陵胡文英質餘氏，博雅善著書，尤嗜屈騷，既斷取〈漁父〉以
上爲正文，復益以二招，其餘則置不錄。嘗慨王氏逸、洪氏興祖《補
注》紕漏甚多，即晦翁朱子，捃摭雖勤，往往於考據訓詁猶疏，遂手
自鈔撮，爲之解誼。〔註30〕

其凡例云：

屈騷字句，各本不同，要當以語句渾厚，上下文虛神和洽爲主，至
字之今古，酌之洪興祖、朱晦庵諸本。……屈騷之注，一壞於穿鑿，

〔註27〕見陳本禮《屈辭精義》，載《楚辭彙編》第五冊，頁4。
〔註28〕同上，頁370。
〔註29〕見龔景瀚《離騷箋》，引自《楚辭書目五種》頁231。
〔註30〕見胡文英《屈騷指掌》，載《楚辭彙編》第五冊，頁375。

再壞於詭隨，總於學、問、思、辨四字，有義襲蹠等諸弊。〔註31〕

按：據王序可知，胡氏謂王、洪之注謬者多矣，而朱子《集注》於訓詁猶嫌疏略，蓋於舊注有所不愜也；唯屈賦異文一項，則參諸洪、朱所考，知胡氏當以二者之論為足信，故援據之。

12、胡濬源《楚辭新注求確》自序云：

楚辭注家，傳者自漢王逸《章句》，後宋有蘇軾校本，洪炎等十五家本，洪興祖《補注》、《考異》，朱子《集注》、《辨證》，吳仁傑《草木疏》，明以來各家說《楚辭》本，國朝蔣驥《山帶閣》注，蕭雲從《離騷圖》以外，又若林雲銘《楚辭燈》之類，雖多執滯，亦間有所長；諸家詳賅，已無微不搜矣。然原文於經史子外，獨創一格，為詩之變而賦之祖，字句承轉恍惚，未易確以跡求，後之讀者，以其恢奇奧衍，不得不乞靈於注。而注家或專疏其辭，或渾括其指，或牽於古而曲為之說，遂至有累複扞隔，齟齬不合，揆諸情理，不安不確者。〔註32〕

按：胡氏謂王逸以下注家雖號詳賅，然屈賦文深旨遠，舊注於釋辭之外，多昧其微旨以致曲說附會也。

13、梅沖《離騷經解》自敘云：

朱文公《楚辭集注》序謂：「漢之說者，已失其趣，如太史公蓋未能免。……獨東京王逸《章句》與近世洪興祖《補注》並行，其於訓詁名物則詳，皆未能尋其文詞旨意之所出，因隱括舊補，定為集注。」然朱子所定，似亦難免於朱子之譏。朱子以來，說者益多，明以前大約皆如王世貞所云：「總雜重複，興寄不一，不暇致銓，胡亂其緒，以不可解解之而已。」〔註33〕

又管同〈與梅孝廉論離騷書〉云：

古今注騷者，如王逸、洪興祖，其用意固已勤矣，大要專心名物訓詁，置意不求；朱子欲求其意者也，牽於興賦，亦未能盡得。〔註34〕

按：梅氏以為王、洪、朱注皆僅詳於名物訓詁，至於文詞旨意猶未能明；而

〔註31〕同上，頁384。
〔註32〕見胡濬源《楚辭新註求確》，載《楚辭彙編》第六冊，頁3。
〔註33〕見梅沖《離騷經解》，引自《楚辭書目五種》頁233。
〔註34〕同上，頁234。

管氏亦謂三家所言，未能盡發屈賦深意也。

14、馬其昶《屈賦微》自敘云：

> 是故屈子書，人之讀之者，無不欷歔感泣，然眞知其文者蓋寡。自
> 王逸已見謂文義不次，今頗發其旨趣，務使節次曒如秩如。分上下
> 二卷，名曰《屈賦微》，人之讀之者，其益可興起，而決然袪其疑惑
> 乎？又非徒區區文字得失間也。〔註35〕

按：馬氏於此未具言洪書得失，然其以舊注所論之節次無序，且旨趣未發，
實耿耿於懷也，故除徵引王逸以下至清代四十餘家之注外，並以案語定
之，且時而闡發各篇內涵與章次結構等，蓋欲盡袪讀者之疑也。

四、民　國

1、梁啟超《要籍解題及其讀法》云：

> 《楚辭》多古字古言，非注釋或不能悉解。……及王逸乃爲《楚辭
> 章句》十六卷，遍釋諸篇，宋則有洪興祖爲之補注，而朱熹則加刪
> 訂爲《楚辭集註》。……吾以爲治《楚辭》者，對於諸家之注但取其
> 名物訓詁而足，其敷陳作者之旨意者宜悉屏勿觀也。〔註36〕

按：梁氏謂王、洪注泥於「忠君愛國」之旨，有穿鑿之失，朱注雖有芟汰，
亦未能盡，故有是評。知其乃重三家訓詁之成就，而深以諸本闡義未明爲
憾也。

2、劉師培《楚辭考異》自題云：

> 由漢迄宋，相傳各本，雖次第或殊，然均靡所損益，自紫陽注出，
> 篇目損益，遂更舊觀。今所傳王本，明刊而外，惟日本莊益恭刊本
> 較爲精善；然毛刊洪氏補注本，蓋屬宋人校記，於博考眾本外，恆
> 引《史記》、《文選》異文，亦間及《藝文類聚》，宋代之書，斯爲昭
> 實。〔註37〕

按：劉氏此作意在考證《楚辭》中文字之異同，以補宋人校記之缺。自題中
謂洪氏《考異》廣徵博引，昭實可憑，誠乃突出洪書之特色也。

〔註35〕見馬其昶《屈賦微》，載《楚辭彙編》第七冊，頁 411、412。
〔註36〕見同註 1，頁 80、81。
〔註37〕見劉師培先生《楚辭考異》，載《楚辭彙編》第八冊，頁 299。

3、聞一多《楚辭斠補》凡例云：

洪氏《補注》中有校語，王注後、補注前，蓋六朝唐以前諸家舊校，而洪氏輯存之，學者或稱王校，大謬。計所引除所謂「一本」者外，又有「古本」、「唐本」、某氏《釋文》、「孔逭《文苑》」等，今皆不傳；碩果僅存，惟見洪氏茲輯，故彌足珍貴。〔註38〕

按：聞氏此作涵蓋校正文字與詮釋詞義等內容，而以洪氏《補注》本為底本，旁及他書以參校之；此亦重視洪本中之考異文字，欲藉此舉以正今見《楚辭》傳本之誤也。

4、劉永濟《屈賦通箋》敍論云：

自西漢以來，說屈賦者，無慮數十家，由今觀之，有以得其用心者，亦殊不多覯。……王逸以下，今世所存，以洪氏《補注》為最古，其次則朱氏《集注》。〔註39〕

其〈箋屈餘義〉云：

叔師以後，為訓故者有郭璞、皇甫遵訓、劉杳諸氏，作音義者，有徐邈、孟奧諸氏，皆不傳，其目見《隋書經籍志》及《唐書藝文志》。宋人惟洪興祖《補注》及朱子《集注》為最佳，洪注此書，據陳振孫《直齋書錄解題》稱其「少時從柳展如得東坡手校《楚辭》十卷，凡諸本異同，皆兩出之。……校正以補《考異》之遺」，是洪氏於此書用力甚勤，蒐討亦富，故能傳世綿久如此。〔註40〕

按：劉氏推洪、朱二書為宋代注騷之鉅著，於洪書用力之勤與蒐羅之富，認識頗深，而其謂洪書乃王注之後傳世最古者，隱然肯定《補注》承先啟後之地位也。

5、游國恩《楚辭概論》云：

洪氏這書先列王注於前，一一疏通證明，再列補注於後，亦多所發明。他謂〈九歌〉十一首，〈九章〉九首，都以「九」為名者，乃取「簫韶九成」、「啟〈九辯〉〈九歌〉」之義，宋玉〈九辯〉以下，都出於此。這書在《楚辭》注總算是比較（疑脫「好」字）的善本，

〔註38〕見聞一多先生《楚辭斠補》，（台北：華正書局，西元1977年5月初版），頁3。
〔註39〕見劉永濟先生《屈賦通箋》，載《楚辭新義五種》，（台北：鼎文書局，西元1974年10月初版），頁22、23。
〔註40〕同上，頁147。

但也不免有穿鑿之處，後來朱子作《楚辭集注》多取其說。〔註41〕
又其《學術論文集》上編云：

> 《楚辭補注》主要是補王逸《章句》所未備者，其書體例，先列王
> 逸注於前，而一一疏通證明，補注於後，考證詳審，徵引宏富，不
> 僅《楚辭》文義時有闡發，且對舊解多所駁正，是一部極有價值的
> 楚辭注本。另外《補注》中也常常引用六朝隋唐和同時人的著作，
> 這些著作現在都已失傳，靠洪氏這部書保存了若干遺說，尤其是《楚
> 辭釋文》一書，自宋南渡以後，久已不爲注家所知，而《楚辭補注》
> 中尚保存不少。……《楚辭補注》一書，除了在名物訓詁等方面作
> 出了不小的貢獻之外，於洪氏的思想人格也往往有明顯的表現。〔註
> 42〕

按：游氏此論乃專爲洪書而發，肯定其訓詁、考據、徵引、補佚等方面之成
　　就，並謂洪氏亦有闡述屈賦文義之功，且能體現一己之人格思想，甚具價
　　值；此外，復能指出洪書缺失，在於時或穿鑿，以致文旨晦澀云云，故知
　　游說誠非泛泛之論，實較能彰顯洪書之眞貌也。

　　6、姜亮夫《楚辭書目五種》云：

> 洪書蓋補王逸《章句》之未詳者，故謂之「補注」，重點在補義。然
> 於《章句》之後，先雜引異本，以是正文字，蓋即陳氏所謂歐陽、東
> 坡、革老、廷輝諸家之校文，則宋所傳異文，已多入洪氏書中矣，朱
> 熹《集注》蓋多取之。其補義以申王爲主，或引書以證其事跡古義，
> 或辨解以明其要，皆列王注於前，而以己之所補者隨之，章明句顯，
> 既發王逸之幽微，亦抒個人之見解，爲後代研習者之所宗尚。〔註43〕

又其《屈原賦校注》凡例云：

> 《洪補》引隋唐舊本最多，亦最爲可貴，而朱熹《集注》引異文，
> 大體出於洪氏，其有增益，當亦唐以來所傳舊籍。〔註44〕

〔註41〕見游國恩先生《楚辭概論》，（台北：商務印書館，西元 1985 年 3 月四版），
　　　　頁 281。
〔註42〕見游國恩先生《游國恩學術論文集》，（北京：中華書局，西元 1989 年 1 月一
　　　　版），頁 238。
〔註43〕見同註 14，頁 32。
〔註44〕見姜亮夫先生《屈原賦校注》，（台北：文光圖書公司，西元 1974 年 8 月再版），
　　　　頁 1。

又其《楚辭通故》敘錄云：

> 洪興祖《補注》一本叔師舊說而申之，王氏《章句》通雅有諒，《洪
> 補》十得八九，且存唐以前遺說較多，故即以王本、洪補兩書爲依
> 據；朱熹《集注》實多采洪說，亦時有發明，故以爲輔車。〔註45〕

又其《楚辭今繹講錄》云：

> 《洪補》是承襲漢代王逸系統來的，他又采取了郭璞一派的方法，似
> 乎增加的是些奇奇怪怪的材料（這些材料是從郭璞開始用的，在以前
> 沒有，這是楚辭學的一個進步）。〔註46〕

按：姜氏指出洪書之考異文字，採自舊本與時人之說，極爲可貴，朱子之注
亦承襲於此；至其所補，不唯能疏通王注，亦且時具己見，尤以取法郭璞，
重視《山海經》、《淮南子》等書之說，用顯屈賦之旨，影響且及於後世注
家也。

7、湯炳正《楚辭類稿》云：

> 洪興祖《楚辭考異》，保存了宋以前有關《楚辭》的大量異文與異說，
> 應該說，其價值是超過了洪氏《楚辭補注》的。從內容看：一、多
> 舉名人校本，如東坡、林德祖等校本；二、多舉宋以前古本，如「古
> 本」、「唐本」；三、多舉當代異本，如「一本」、「或作」；四、采集
> 類書，如引《藝文類聚》；五、援引王勉《楚辭釋文》甚多，爲屈賦
> 研究提供了寶貴資料。〔註47〕

按：湯氏特重洪書中之《考異》，以其廣蒐眾本，可明《楚辭》流傳之跡，故
謂其價值居全書之最。

8、于省吾《詩經楚辭新證》云：

> 傳世《楚辭》舊解，以東漢王逸《楚辭章句》爲最古。宋洪興祖《楚
> 辭補注》，博綜典籍，不媿爲《楚辭》功臣。朱熹《楚辭補注》主要
> 以王、洪二注爲基礎，貫通義訓，時有見的。〔註48〕

〔註45〕見姜亮夫先生《楚辭通故》，（濟南：齊魯書社，西元1985年10月一版），頁3。

〔註46〕見姜亮夫先生《楚辭今繹講錄》，（北京：北京出版社，西元1981年10月一版），頁10。

〔註47〕見湯炳正先生《楚辭類稿》，（成都：巴蜀書社，西元1988年1月一版），頁98。

〔註48〕見于省吾先生《詩經楚辭新證》，（台北：木鐸出版社，西元1982年11月初

按：于氏舉出洪書廣博之特色，並許爲闡發《楚辭》義蘊之鉅著，亦隱寓其
　　影響朱子以後諸《楚辭》學者之意也。

　9、蘇雪林《屈原與九歌》自序云：

　　　各家《楚辭》箋註，若王逸陋則誠陋，然以其爲漢人，時代近古，其
　　　說亦間有可徵者。……而洪興祖多引《山海經》、《淮南子》、戰國子
　　　書及漢代緯書，其途徑尤爲正確。〔註49〕

按：蘇氏專研《楚辭》中之宗教神話與文化因子，成就頗高，故於此標舉洪
　　書廣引《山海經》、《淮南子》之特色，視爲洪氏突出於眾家之長處也。

　10、臺靜農《楚辭天問新箋》自序云：

　　　始解〈天問〉者有劉向、揚雄，叔師以爲濛瀆其說，厥義不昭；而叔
　　　師《章句》，自謂稽之舊章，合之經傳，章絕句斷，事事可曉。叔師
　　　固《楚辭》功臣，然闕義尚多，未能如其所云，後來解〈天問〉者多
　　　家，丁儉卿《天問箋》最爲詳贍，今觀其史料取舍與析述觀念，猶感
　　　不足。……〔註50〕

按：臺氏言王逸〈天問章句〉所闕仍多，而於其後諸家僅舉清丁晏《天問箋》
　　稱其詳贍，則其視洪書恐亦與王注同，以爲二者「拘於經傳，反失旨意」
　　（同上）也。

　11、傅錫壬《新譯楚辭讀本》緒論云：

　　　《補注》本的最大特色是列王逸注在前，而一一疏通證明，補注於
　　　後，對於王注多所闡發，都用「補曰」二字與王注分開，《補注》
　　　勝於王注的地方是標示了注釋和典故的原書出處。而另一特色是洪
　　　氏用力最深的考異部分，據陳振孫《直齋書錄解題》所說……所以
　　　宋以前的《楚辭》板本、異文以洪氏所見最爲完備，此爲《補注》
　　　的最大價值。〔註51〕

按：傅氏於此肯定洪書中徵引及考證之功，於王注多所闡發；而於《考異》

　　　版），頁 234。
〔註49〕見蘇雪林先生《屈原與九歌》，（台北：文津出版社，西元 1992 年 5 月初版），
　　　頁 10。
〔註50〕見臺靜農先生《楚辭天問新箋》，（台北：藝文印書館，西元 1972 年 5 月初版），
　　　頁 1。
〔註51〕見傅錫壬先生《新譯楚辭讀本》，（台北：三民書局，西元 1987 年 12 月五版），
　　　頁 22。

一節，更以其萃集珍貴諸本，殊屬不易，因目為最大之成就。

12、馬茂元、洪湛侯《楚辭要籍解題》云：

> 洪興祖於《補注》之中，主要作了以下幾方面工作：駁正舊解，並
> 重新闡發《楚辭》文義。……在文字校勘方面，洪氏也花費了不少
> 工夫。……《楚辭補注》援據賅博，徵引宏富，保存了現已失傳的
> 隋唐以前，以及與洪氏同時代人著作中的若干遺說，因而具有一定
> 的文獻價值。……《楚辭補注》牽強附會，不得當之處也有不少。……
> 此外，洪氏有的地方還承襲了王逸的訛誤。〔註52〕

按：馬、洪二氏以為洪書於闡述文義、校勘文字、保存佚說等方面頗有貢獻，
而其缺失則在若干說解附會失當，亦有誤襲王注之誤者。

13、董洪利〈幾種各具特色的楚辭古注〉一文云：

> 為了補充王逸《章句》之不足，洪興祖參閱徵引大量古籍，王逸引
> 書多不注出處，洪興祖不僅一一補充注明，還詳引原文加以疏通。《補
> 注》引書還兼有考據性質，比如對鳥獸蟲魚香花異草等名稱，王注
> 較為簡略，洪興祖則引用了各種不同的說法，作了精細的考證。王
> 注多不出六經的範圍，有一概以經書解之之嫌，……洪興祖則於六
> 經之外廣徵博引，諸如先秦諸子、《史記》、《漢書》、《山海經》、《淮
> 南子》等等。……特別應該指的是，洪氏《補注》所引用的書籍，
> 很多都已經散佚了，例如王勉的《楚辭釋文》，早在南宋初年就已失
> 傳，《補注》中則引用了七十餘條；再如東晉徐邈的《楚辭音》、郭
> 璞《楚辭注》以及同時代人的一些觀點，這些佚書遺說實賴《補注》
> 的徵引才得以留存。……《楚辭補注》的缺點是略有些煩瑣，另外，
> 由於重點在於訓詁考錄，因而對作者意旨的闡發也稍嫌不足。〔註53〕

按：董氏舉出洪書廣徵典籍，考證精細，且保存前賢佚說，實有功於王注；
而其缺失則在說解略嫌煩瑣，闡發屈意亦有不足之處。

14、王泗源《楚辭校釋》自序云：

> 洪興祖曲阿人，但他的注能按楚方言注意，例如〈離騷〉「紉秋蘭以

〔註52〕見馬茂元、洪湛侯《楚辭要籍解題》，（武昌：湖北人民出版社，西元 1984 年
11 月第一版），頁 11 至 15。

〔註53〕見董洪利先生〈幾種各具特色的楚辭古注〉，載《文史知識》1983 年第 5 期，
（北京：中華書局），頁 35。

爲佩」。紉注女鄰切，爲 nén。「邅吾道夫崑崙兮」，邅注池戰初，爲
chàn。〈招魂〉「旋入雷淵」，旋注泉絹切，爲 cüàn。……洪注的這些
音，至今還保存在故楚地有些地方的方言裡，我鄉（江西安福）也
就是這樣唸的。洪興祖注得極準確，可見他經過深入調查，古書作
注，這樣認真，非常可貴。〔註54〕

按：王氏於此論及洪書所注之音切，以爲其能顯出部分楚地方言之特色，正
　　與王逸《章句》同具發皇楚音之功也。

15、湯漳平、陸永品《楚辭析論》云：

王逸之後，最重要的《楚辭》訓詁之作是宋洪興祖的《楚辭補注》。……
洪興祖注意吸收王逸以後歷代楚辭注家的研究成果，在書中多處加
以引用，如郭璞的《楚辭注》、徐邈的《楚辭音》。……洪興祖還以
多種《楚辭》版本加以參校，並作有《楚辭考異》，用力甚勤，保存
了大量有價值的研究資料。〔註55〕

按：二氏於此指出洪書嘗汲取前人成果，並參校眾本，考異精詳，遂能補王
　　注之未備，或考其失誤，或闡其義理也。

16、易重廉《中國楚辭學史》云：

《楚辭補注》，這是在東漢王逸《楚辭章句》的基礎上的補注，也是
王逸以後有幸留傳下來的又一個最完備的《楚辭》注本。……洪補表
現出兩個明顯的特點：一、提出王逸未曾見到的典籍，加強王注的根
據。……二、提出王逸未及闡發的問題，加深王注的意義。〔註56〕

又云：

《楚辭補注》的成就，可以歸納爲下面數項：一、精校異文。二、
遍考方言。三、廣徵文獻。四、研究《楚辭》的思想內容和藝術特
點。〔註57〕

按：易氏論述洪書之特點，頗爲詳細，且於洪氏能發揮《楚辭》思想與屈賦

〔註54〕見王泗源先生《楚辭校釋》，（北京：人民教育出版社，西元 1990 年 2 月一版），
　　　　頁 5、6。
〔註55〕見湯漳平、陸永品《楚辭論析》，（太原：山西教育出版社，西元 1990 年 6 月
　　　　一版），頁 233。
〔註56〕見易重廉先生《中國楚辭學史》，（長沙：湖南出版社，西元 1991 年 5 月一版），
　　　　頁 269 至 271。
〔註57〕同上，頁 271 至 275。

義旨，未嘗勿視；至於《楚辭》之表現手法，則謂洪氏所論，猶存儒家之文藝觀，尚未能曲盡其妙也。知易氏之言乃有所得而發，非泛泛之說。

17、郭在貽《語言文學論稿》云：

> 綜觀其書（洪補），優點約有四端：（一）注釋詳明。（二）敢於破除舊說，自立新解。（三）徵引浩博，不唯有助於讀楚辭，且足爲文獻學之所取資。（四）洪書所錄《楚辭》異文極多，頗有助於《楚辭》之校勘。〔註 58〕

按：郭氏此論，亦以洪書之徵引蒐羅立言，除稱許其詳贍、存佚外，並指出洪氏擇取眾說，出以己見，於王注、五臣注之不妥者，輒予修正之，此點誠屬洪書特色之一。

18、朱碧蓮《楚辭論稿》云：

> 王逸的《章句》過於簡略，而且對於典故、神話傳說等或者不引出處，或者侷限於用經書記載來加以解釋，而《補注》則彌補王注之不足，對於典故、神話傳說無不一一注明出處，旁徵博引，不受經書的束縛。……《補注》還糾正了王注不少錯誤，提出了自己的看法。……由於洪興祖運用多種《楚辭》注本進行對照校閱，所以往往能發現一些問題，如〈離騷〉中有「曰黃昏以爲期，羌中道而改路」，兩句係從〈抽思〉篇中竄入，這一說法爲《楚辭》研究者所普遍接受。《補注》反對班固和顏之推妄評屈原揭露楚國黑暗的現實政治爲「露才揚己，顯暴君過」，他讚美屈原「慨然發憤，不顧其死，特立獨行，自信而不回」、「屈原雖死，猶不死也」。駁斥班、顏二人所說「無異妾婦兒童之見」。……《補注》引用材料極爲豐富，保存了很多至今已佚的資料，但由此也帶來了頗爲煩瑣的缺點。同時，在釋義時也未能避免穿鑿之弊，不能擺脫說教的習氣。〔註 59〕

按：朱氏所言，與上舉董、郭二說相類，並強調洪氏力斥班、顏之論，實乃與屈子感同身受之故，是以書中愛憎極爲明顯；至其缺失，則亦以說解煩瑣、釋義穿鑿爲病。

〔註 58〕見郭在貽先生《語言文學論稿・楚辭要籍述評》，（杭州：浙江古籍出版社，西元 1992 年 1 月一版），頁 378、379。

〔註 59〕見朱碧蓮先生《楚辭論稿》，（上海：三聯書店，西元 1993 年 1 月一版），頁 227。

　　綜上所述，可知洪氏書成之後，確爲歷代《楚辭》學者所重視，儘管所評褒貶任聲，得失互見，而諸家關切此書之程度則一。大致而言，由宋至清，專論洪書得失者幾無，要以王逸《章句》、洪氏《補注》、朱子《集注》三者合評爲主，或以舊注云云統言之，則其所述未見周密，殆可想見。至於此期諸家之說，承自朱子自序者頗多，亦即以名物訓詁爲王、洪之長，而病其疏於大義文旨也，如林兆珂、黃文煥、蔣之翹、張象津、龔景瀚、管同等；此外以通解屈賦之文理脈絡爲重，因而不滿於王、洪注者亦見，如林雲銘、朱冀、王邦采、吳世尙等；復有謂王、洪之訓詁未詳且致漏者，如周拱辰、李際期、胡文英等。諸家實皆就王、洪一體觀之，然則於洪之異於王，乃至勝於王者，恐未及領略於心也；至以王、洪之逐句訓解，爲殽亂　文意、大旨、章法、脈絡之由，此固能發王、洪之不足，然若案諸其本，洪氏作書旨在疏通王注，是以大體依其注例補之，事出自然，故視之爲憾事可也，蓋洪氏未能分章立節以使屈意愈彰，若斤斤於所謂「文理血脈」、「前後呼應」，則不啻以時文況屈騷，而洪氏孜孜不懈之意復將置於何地耶？

　　民國以來，學者探索愈力，專論洪書者於焉出現。或以特舉之例出之，言其《考異》之精詳可貴，如劉師培、聞一多、姜亮夫、湯炳正、傅錫壬諸學者；或以全面觀照論之，列其得失優劣，俾便瞭然，如游國恩、馬茂元、董洪利、易重廉、朱碧蓮諸學者；此外，劉永濟與姜亮夫二氏之說，於洪書之學術地位亦具提點之意。諸家所評，確較前賢深入而細密，其參考價值亦愈顯著；唯藉諸宋代以來各家之見，吾人固可窺知歷來評估洪書之得失概況，然於此書究竟賦予後世學人何種影響，仍有探究之必要，庶幾能體認《楚辭補注》之實際價值。

第二節　《楚辭補注》之影響

　　屈原創作〈離騷〉諸篇，遺風逸響，彌綸百代。漢自淮南王劉安以下，司馬遷、劉向、揚雄、班固、賈逵等人，或爲注解，或爲立傳，皆以明屈子其人其文爲主旨，至王逸《章句》出，遂有首部訓釋《楚辭》各篇之作，堪稱《楚辭》研究不祧之祖。魏晉以降，學者致力於此者不絕如縷，據隋唐書志所載，有皇甫遵訓、郭璞、徐邈、劉杳、孟奧、釋道騫等人繼之，〔註60〕

〔註60〕參見《隋書》卷三十五〈經籍志四〉，共列《楚辭》之書計十部二十九卷。又

續為此專門之學奠下基礎。有宋一代，《楚辭》研究興盛，洪興祖《楚辭補注》於焉產生，其書固已汲取前人成果，著重於補正王注，闡述屈賦，而因其體例完備，徵引宏富，後人鮮有不參酌其說以立論者。前節所述，乃後世注家之品評，雖可藉之以探洪書於《楚辭》學史之地位，然細審由宋迄清諸家所言，或因偏嗜文理，或因特重意旨，致所論嫌於籠統，未若民國以來學者較為客觀也。今擬擇取宋、明、清重要注本若干，略考其與洪書之關係，以確知《補注》於後學之具體影響何在：

一、朱熹《楚辭集注》

1、卷一〈離騷〉：「因時俗之工巧兮，偭規矩而改錯。背繩墨以追曲兮，競周容以為度。」

　　朱注：「偭，音面。錯，七故反。追，古隨字。……言爭以苟合求容，為常法也。」洪曰：「偭規矩而改錯者，反常而妄作；背繩墨以追曲者，枉道以從時。」

　　按：《洪補》云「偭，音面」、「追，古隨字」，知朱注與洪書全同。又此朱子闡述章旨，亦引洪說為補充，當係贊同其言也。

2、〈辯證〉上目錄條云：

　　若揚雄則尤刻意於楚學者，然其〈反騷〉實乃屈子之罪人也；洪氏譏之，當矣。

　　又〈後語〉目錄後云：

　　「至於揚雄，則未有議其罪者，而余獨以為是其失節，亦蔡琰之儔耳。然琰猶知愧而自訟，若雄則反訕前哲以自文，宜又不得與琰比矣。今皆取之，豈不以夫琰之母子無絕道，而於雄則欲因〈反騷〉而著蘇氏、洪氏之貶詞，以明天下之大戒也。」

　　又〈反離騷〉篇後云：

　　「嗚呼！余觀洪氏之論，其所以發屈原之心者至矣！……且凡洪氏所以為辨者三：其一，以為忠臣之行，發其心之所不得已者，而不暇顧世俗之毀譽，則幾矣；其一，引仲山甫、寧武子事，而不論其所遭之時、所處之位有不同者，則疏矣；其一，欲以原比於三仁，則夫父師、少師者，

《舊唐書》卷四十七〈經籍志下〉，列《楚辭》之書計七部三十一卷，而《新唐書》卷六十〈藝文志〉則載七部三十二卷。

皆以諫而見殺、見囚耳，非故捐生以赴死，如原之所爲也。蓋原之所爲
雖過，而其忠終非世間偷生幸死者所可及，洪之所言，雖有未至，而其
正終非雄、固、之推之徒所可比，余是以取而附之〈反騷〉之篇。」

按：朱子力拆揚雄〈反離騷〉之文，屢引洪氏之說以申失節之過；其中雖
於洪氏所闡之屈子大義不無商榷，然揚棄貪生惜死之溺論，欲發士庶
英烈之氣，實與洪氏所言無異。

3、卷三〈天問〉：「湯謀易旅，何以厚之？覆舟斟尋，何道取之？」

朱注：斟，職深反。取，此苟反。……斟尋，國名也，杜預云：「斟灌、斟
尋，夏同姓諸侯。相失國，依於二斟，爲澆所滅，其子少康爲虞庖
正，有一田一成，有眾一旅，遂滅過澆，祀夏配天，不失舊物也。」
旅，謂一旅，五百人也。言夏后相已傾覆於斟尋之國，今少康以何
道而能復取澆乎？

按：《洪補》云：「斟，職深切。《左傳》：『有過澆殺斟灌，以伐斟
尋，滅夏后相。』注云：『二斟，夏同姓諸侯，相失國，依於二斟，爲澆所滅。』
然則取斟尋者，乃有過澆，非少康也。……取，此苟反。」洪氏於此
引《左傳》以明王逸之誤，朱子之釋「斟尋」一事，亦引杜預注，謂
二斟乃爲澆所滅，其辨實同於洪說也。

二、吳仁傑《離騷草木疏》

1、卷一「芝」下：

「采三秀兮於山間。王逸注：『三秀，謂芝草也。』《爾雅》：『茵，芝。』
邢昺曰：『瑞草名也，一歲三華，一名茵，一名芝。《論衡》云：芝生於
土，土氣和，故芝草生。』〈思元賦〉：『冀一年之三秀。』近時王令逢原
作〈藏芝賦〉序云：『〈離騷〉、〈九歌〉，自詩人所紀之外，地所常產，目
所同識之草書矣，而芝復獨遺。說者遂以〈九歌〉之三秀爲芝，予以其
不明。又其辭曰適山而采之。芝非獨山草，蓋未足據信也。』洪慶善曰：
『《本草》引《五芝經》云：皆以五色生於五岳。又《淮南》云：紫芝生
於山，不能生於盤石之上。則芝正生於山間耳，逢原之說豈其然乎？』
仁傑按：『《禮記》：芝栭。庾蔚云：無華葉而生者曰芝栭。……《本草》
五芝之外，別出紫芝，唐本注云：多黃白，稀有黑青者，諸方所獻白芝，
未必華山黑芝，又非常岳，然紫芝最多，非五芝類。……《本草》：赤芝

生霍山。……』」

按：吳氏於此條下所引述者，如《爾雅》、〈思玄賦〉、〈藏芝賦〉序等，均
同於《洪補》。又洪氏謂芝草實生於山間，駁王令之說，而吳氏於按語
中即援引《本草》之言，用明芝草有生於華山、霍山者，此亦與洪說
無異。

2、卷二「華」下：

「華采衣兮若英。仁傑按：上下文『浴蘭兮沐芳』、『華采衣兮若英』，蘭
也、芳也、華也、若也，四者皆香草，洪慶善以芳爲白芷固當，至以華
采爲五色采，則因王逸之誤而莫之能正。《山海經》：『單狐之山多華草，
潩水出焉。』《爾雅》：『葭，一名華。』……」

按：吳氏以爲「華」指葭華也，引《山海經》、《爾雅》等爲證，明王、洪
之誤；然其釋「芳」字，亦與洪說同，均謂香草也。

3、卷四「艾」下：

「戶服艾以盈要兮，謂幽蘭其不可佩。王逸注：『艾，白蒿也，言楚國戶服
白蒿，以爲芬芳，反謂幽蘭臭惡，爲不可佩。以言君愛昵讒佞，憎遠忠直，
而不肯近也。』仁傑按：王度《記》：『大夫鬯酒以蘭芝，庶人以艾。』則
蘭艾之分尙矣。《爾雅》：『艾，一名冰臺。』郭璞注：『即今艾蒿也。』逸
以艾爲白蒿，按艾蒿與白蒿不同，白蒿，《詩》所謂蘩也，《詩》有采蘩，
有采艾。《本草》有白蒿條，又別出艾葉條。《嘉祐圖經》云：『艾，初春布
地生，苗莖類蒿而葉背白。』又云：『白蒿，葉上有白毛，從初生至枯，白
於眾蒿，頗似細艾。』按艾與白蒿相似耳，便以艾爲白蒿，誤矣。」

按：《洪補》云「《爾雅》：『艾，冰臺。』注云：『今艾蒿。』」是洪氏已謂
王注非矣；吳氏復引眾說以明「艾」爲艾蒿，非指白蒿，當亦有本於
洪書也。

三、汪瑗《楚辭集解》

1、〈離騷卷〉：「怨靈脩之浩蕩兮，終不察夫人心。眾女嫉余之蛾眉兮，謠諑
謂余以善淫。」

汪注：浩蕩，言君心之縱放，如水之浩蕩無涯，靡所底止也，狂惑不定之
意。……上二句怨君，下二句怨黨人。瑗按此上三章，一章言己脩

飾之勤，二章言己脩飾之堅，三章言己以此得罪於君而見讒於眾也。
夫屈子既曰「余心之所善」，又曰「雖九死而猶未悔也」，然則又何
怨乎？洪氏曰：「孔子曰：『詩可以怨。』孟子曰『〈小弁〉之怨，親
親也，親之過大而不怨，是愈疏也。』屈子於楚王，其猶〈小弁〉
之怨乎？」又曰：「〈反離騷〉云：『眾媌之嫉妒兮，何必揚纍之蛾眉。』
此亦班孟堅、顏之推以為露才揚己之意。夫冶容誨淫，目挑心與，
孟子所謂不由其道者，而以污原何哉？詩人稱莊姜之賢曰：『螓首蛾
眉。』蓋言其質之美耳。」二說甚善，讀者不可不知也。

　按：汪氏謂此章寓有屈子之怨，並詳引洪氏二說，以明怨所從來及揚班之
　　　誤，知其贊同洪書之論也。

2、〈九章卷〉：「刓方以為圓兮，常度永替；易初本迪兮，君子所鄙。章畫志
　　墨兮，前圖未改；內厚質正兮，大人所盛。巧倕不斲兮，孰察其揆正。」

　　汪注：刓，削也。常度，謂工師授受之常法，規矩繩墨之類也。……瑗按：
　　　　刓方為圓，天下之賤工也，章畫志墨，天下之良工也。巧倕不斲，
　　　　孰從而察之乎？鮮有不以賤工為能，以良工為拘矣。易初本迪，天
　　　　下之小人也；內厚質正，天下之君子也。聖人不作，孰從而察之乎？
　　　　鮮有不以小人為通，以君子為迂矣。惟其不知察之也，是故以玄文
　　　　為不章，以微睇為不明，亂白黑而倒上下，囚鳳凰而舞雞鶩，同糅
　　　　玉石而一概相量也。噫！此黨人鄙固之甚矣，世無大人君子矣，慨
　　　　重華而慕湯禹之心，屈子其容己乎？瑗按篇首至此，即洪氏所謂己
　　　　雖放逐，不以窮困易其行也是矣。

　　按：汪氏闡述本章之旨，謂乃屈子慨歎巧倕與聖人不興，則是非黑白焉得
　　　　分明？末更據洪氏之言，點出此篇所隱含之屈子高志，蓋亦以洪說為
　　　　切中屈賦深意也。

3、〈漁父卷〉：「漁父莞爾而笑，鼓枻而去，歌曰：滄浪之水清兮，可以濯吾
　　纓；滄浪之水濁兮，可以濯吾足。遂去，不復與言。」

　　汪注：嗚呼！觀漁父遇屈子之初，始則怪而問之，中則寬以解之，終則歌
　　　　以諷之，眷戀懇切而不忍遽去，其愛屈子之心，亦已至矣。屈子既
　　　　答其由，再表其志，而又申言其詳，從容反覆，而不肯輕扣，其待
　　　　漁父亦已厚矣。洪氏曰：「《藝文志》云：屈原賦二十五篇，然則自
　　　　〈離騷〉至〈漁父〉皆賦也。後之作者苟得其一體，可以名家矣。

而梁蕭統作《文選》……統所去取，未必當也。自漢以來，靡麗之賦勸百而諷一，無復惻隱古詩之義，故子雲有曲終奏雅之譏，而統乃以屈子與後世詞人同日而論，其識如此，則其文可知矣。」瑗按：洪氏所論，雖為文章而設，無繫此篇之旨，可見屈子文章為詞賦之祖，其妙處後世且不能窺見其一二，況其義之奧乎，因採附於此，亦覽者所當知也。

按：汪氏以為屈子之文辭采閎博，而義旨淵雅，後人遽欲入其堂室，擷其菁華，豈易得哉？蓋有感於洪氏論屈之言，故詳加援引，冀後人無惑於統之去取，而盡識屈賦諸篇之善。

四、佚名《楚辭疑字直音補》

1、卷一：「蜷音拳。」

按：〈離騷〉：「蜷局顧而不行。」下洪注云：「補曰，蜷音拳。」與此全同，《直音補》中類此者多矣，疑皆參考洪氏音注。

2、卷一：「藑音瓊。筳音廷。篿音專。」

按：〈離騷〉：「索藑茅以筳篿兮。」下洪注云：「補曰，藑音瓊。……筳音廷。篿音專。」亦與之全同。

3、卷四：「瞀音茂。」

按：〈九章·惜誦〉：「中悶瞀之忳忳。」下洪注云：「補曰，瞀音茂。」與《直音補》所載相同，可知是書所注音讀，多有取自洪書者。

五、黃文煥《楚辭聽直》

1、卷首〈凡例〉：

「『離騷』下舊有經字，王逸本、朱子本皆然，今刪之，洪興祖曰：『古人引〈離騷〉，未有言經者，蓋後世之士祖述其詞，尊之耳，非屈子意也。』此論良確。王逸釋『離騷經』之義曰：『離，別也。騷，愁也。經，徑也。言己放逐離別，中心愁思，猶陳直徑以風諫也。』夫尊騷比於五經，故以經名，若釋經為徑，歸於原之自名之，牽強彌晦矣。」

按：洪氏於王逸〈離騷〉前序之補注中，嘗明斥王注之誤，而黃氏於此即發揮洪說，益明王逸所釋嫌於穿鑿，「經」字實非屈子自名之也。

2、卷四〈九歌・東皇太乙〉：「揚枹兮拊鼓，疏緩節兮安歌，陳竽瑟兮浩倡。
　　靈偃蹇兮姣服，芳菲菲兮滿堂，五音紛兮繁會，君欣欣兮樂康。」

　　黃注：緩節安歌，樂之始作而從容也，神猶未來，遲以俟之也。五音繁會，
　　　　　樂之合奏而大成也，神之既來，盛以娛之也。靈，即東皇也，芳霏
　　　　　霏者，靈之芳也，所謂竟體皆芳也。……

　　按：洪氏云：「古者巫以降神，『靈偃蹇兮姣服』，言神降而託於巫也。」王
　　　　逸則云：「靈，謂巫也。」知洪氏所釋較爲妥切，而黃氏以東皇訓靈，
　　　　實與洪說相通，均以此巫所飾即表東皇太一神也。

3、卷四〈九歌・湘夫人〉：「聞佳人兮召予，……白玉兮爲鎮，疏石蘭兮爲芳。
　　芷葺兮荷屋，繚之兮杜衡。合百草兮實庭，建芳馨兮廡門。九嶷繽兮並迎，
　　靈之來兮如雲。」

　　黃注：白玉爲鎮，芳屋之中非俗玩所可列也，有總聚之芳，有散布之芳，
　　　　　疏以石蘭，言散布也。有初葺之芳，有再葺之芳，既曰「葺之兮荷
　　　　　蓋」，而又曰芷葺荷屋，繚之杜衡，加功以致堅也。

　　按：洪氏云：「謂以荷爲屋，以芷覆之，又以杜衡繚之也。五臣云束縛杜衡，
　　　　置於水中，非是。」其說頗具層遞修飾之意，而黃注於此謂初葺、再
　　　　葺，復總結以加功致堅之言，知與洪說相近也。

六、錢澄之《屈詁》

1、〈離騷經〉：「女嬃之嬋媛兮，申申其詈予，曰鯀婞直以亡身兮，終然殀乎
　　羽之野。」

　　錢注：原自信心不可懲，忽述女嬃之詈，通國惟一姊關切耳。言女嬃知原
　　　　　終鮮兄弟，此身關係非輕，故深慮其殀死也。原志體解不懲，嬃乃
　　　　　欲以死懲之，凡原之自命爲德美者，姊皆詈之爲禍端，原一無可置
　　　　　辨，蓋於姊情之切，益見原志之貞，自是女嬃實語，非設詞也。

　　按：洪氏云：「《說文》云：『嬃，女字也，音須。賈侍中說：楚人謂女曰嬃。』
　　　　前漢有呂須，取此爲名。嬋媛，音蟬爰。《水經》引袁崧云：『屈原有
　　　　賢姊，聞原放逐，亦來歸，喻令自寬全。鄉人冀其見從，因名曰秭
　　　　歸。……』秭與姊同。觀女嬃之意，蓋欲原爲寧武子之愚，不欲爲史
　　　　魚之直耳，非責其不能爲上官、椒蘭也。」又曰：「女嬃詈原，有親親
　　　　之意焉。」則洪氏乃以女嬃爲屈原姊，且謂所詈俱出至親之情也。錢

氏於此亦詳加闡述女嬃關愛之意，用明屈子之貞而不移，實即發揮洪
說而來。

2、〈離騷經〉：「羿淫遊以佚畋兮，又好射夫封狐。固亂流其鮮終兮，浞又貪
夫厥家。」

錢注：羿相康而浞相羿，羿以淫遊導康而代其政，復自即於淫遊，浞以佚
畋導羿而貪其家，其子復亡身於康娛，娛之不可縱如此。亂流，謂
亂逆之流，統諸凶言也。

按：洪氏云：「《傳》曰：『以德和民，不聞以亂；以亂易亂，其流鮮終。』
浞、澆之事也。」其以浞、澆之行印證《左傳》所言，蓋深以亂政相
因為鑒也。錢氏亦舉羿、浞、澆旋起旋滅之事，以為亂流之義，說乃
同於洪氏也。

3、〈九章·惜誦〉：「思君其莫我忠兮，忽忘身之賤貧，事君而不貳兮，迷不
知寵之門。」

錢注：君不我忠，言不以我為忠也。賤貧之身，言豈足動君聽，行豈足為國
家重輕乎？而忽忘身為之，誠有不自覺者也。本圖事君，非以干寵，
寵自有門，不在效忠，此己之所迷也。

按：洪氏云：「此言君不以我為忠也。」王逸原注曰：「言眾人思君，皆欲自
利，無若己欲盡忠信之節。」則洪氏以為王說不妥，是以更釋如上。錢
氏於此逕採洪說，蓋見其較為明確無疑也。

七、王夫之《楚辭通釋》

1、卷一〈離騷經〉：「依前聖以節中兮，……澆身被服彊圉兮，縱欲而不忍。……
循繩墨而不頗。」

王注：澆，寒浞子。圉，與禦通，謂力可禦人。被服彊圉，負彊捍眾也。……
按：洪氏云：「《詩》曰：『曾是彊禦。』彊禦，彊梁也。」知洪氏以「彊禦」
釋「彊圉」，王氏於此更申之以「圉，與禦通」，實同於洪說也。

2、卷三〈天問〉：「中央共牧，后何怒？蟓蛾微命，力何固？驚女采薇，鹿何
祐？北至回水，萃何喜？兄有噬犬，弟何欲？易之百兩，卒無祿。」

王注：以上未詳，當時稗官所記，今亡考矣。蛾，洪興祖謂古蟻字。
按：洪氏云「蛾，古蟻字，《記》曰：『蛾子時術之。』是也。」知王注承

此說而來。

3、卷十〈大招〉:「五穀六仞,設菰粱只。鼎臑盈望,和致芳只。內鶬鴿鵠,
味豺羹只。魂乎歸徠,恣所嘗只。」

　　王注:六仞,言倉廩之積高也。設,揀其美而進之。……

　　按:洪氏云:「此言積穀之多爾,非謂穗長六仞也。」而王逸原注:「言楚
　　　　國土地肥美,堪用種植五穀,其穗長六仞。」實不若洪說之允當,故
　　　　王氏於此亦採洪氏之訓也。

八、蔣驥《山帶閣注楚辭》

1、卷一〈離騷〉:「朝吾將濟於白水兮,……吾令豐隆乘雲兮,求虙妃之所
在。……好蔽美而稱惡。」

　　蔣注:豐隆,雲師;使之求者,以雲行最疾也。

　　按:洪氏云:「據《楚辭》則以豐隆爲雲師,飛廉爲風伯,屏翳爲雨師耳。」
　　　　蔣氏〈餘論〉亦云:「豐隆,或曰雲師,或曰雷師,洪氏援引甚詳。〈離
　　　　騷〉曰『豐隆乘雲』,〈思美人〉曰『願寄言於浮雲,遇豐隆而不將』,蓋
　　　　皆以爲雲師也。朱子專以豐隆爲雷師,故於此有雷威求而不獲之解,然
　　　　亦迂矣;其註〈思美人〉又以爲雲師,何自相戾也。」知蔣氏於此尊洪
　　　　氏之說也。

2、卷五〈卜居〉:「屈原曰:吾寧悃悃款款朴以忠乎?將送往勞來斯無窮
乎?……寧超然高舉以保貞乎?將哫訾栗斯、喔咿儒兒,以事婦人乎?……
此孰吉孰凶,何去何從?」

　　蔣注:喔咿,欲言不言之貌。儒,侏儒。兒,嬰兒。皆柔媚之容也。儒兒,
　　　　一作嚅唲,洪注:「喔咿嚅唲,皆強笑之貌。」

　　按:此處蔣氏援引洪補以助訓,又其〈餘論〉云:「〈卜居〉本意,蓋以惡
　　　　既不可爲,而善又不蒙福,故向神而號之,猶阮籍途窮之泣也。」所
　　　　謂「惡既不可爲,善又不蒙福」云云,實與洪氏所言「上句皆原所從
　　　　也,下句皆原所去也。卜以決疑,不疑何卜?而以問詹尹何哉?時之
　　　　人去其所當從,從其所當去,其所謂吉,乃吾所謂凶也,此〈卜居〉
　　　　所以作也。」同旨,蓋洪氏指出原所從者爲善爲吉,原所去者爲惡爲
　　　　凶,唯世人倒行之,致令屈子鬱結而訴於神;蔣氏乃發揮此意,言善

　　惡不辨正爲屈子衷心之痛也。

3、卷五〈遠遊〉：「聞至貴而遂徂兮，忽乎吾將行。仍羽人於丹丘兮，留不死之舊鄉。……神要眇以淫放。」

　　蔣注：至貴，上所言之要道也。仍，就也。羽人，飛仙也。丹丘，晝夜常明之處。不死之鄉，仙靈所宅也。既得要道，故能直往仙鄉。

　　按：洪氏云：「《莊子》曰：『獨有之人，是之謂至貴。』屈子聞其風而往焉。……羽人，飛仙也。……忽臨睨夫舊鄉，謂楚國也；留不死之舊鄉，其仙聖之所宅乎？」王逸釋「聞至貴而遂徂兮」曰：「見彼王侯而奔驚也。」與下文不甚相合，知蔣氏乃本洪說爲訓，同以往趨仙鄉爲得其旨也。

九、戴震《屈原賦注》

1、卷首〈自序〉云：

　　「《漢藝文志》：『屈原賦二十五篇。』自〈離騷〉迄〈漁父〉，屈原所著書是也。漢初傳其書，不名楚辭，故《志》列之賦首，又稱其作賦以諷，有惻隱古詩之義。……」

　　按：洪氏於〈漁父〉篇後明云：「《藝文志》云：『屈原賦二十五篇。』然則自〈騷經〉至〈漁父〉，皆賦也。」又於〈大招〉序下云：「屈原賦二十五篇，〈漁父〉以上是也，〈大招〉恐非屈原作。」是則洪氏以〈離騷〉至〈漁父〉共七題二十五篇屬之屈原，而戴氏此說亦同於洪氏也。

2、卷四〈九章・懷沙〉：「重仁襲義兮，……古固有不竝兮，豈知其故也。願志之有象。」

　　戴注：不竝，洪興祖以爲聖賢不竝時而生，是也。

　　按：王逸釋「不竝」曰：「竝，俱。言往古之世，忠佞之臣不可俱竝事君，必相剋害，故曰：豈知其何故。」洪氏以其未當，易「忠佞」爲「聖賢」，戴氏從之。

3、卷四〈九章・惜往日〉：「何貞臣之無罪兮，被讒謗而見尤。慚光景之誠信兮，身幽隱而備之。……惜雝君之不昭。」

　　戴注：光景，謂白日之可覩也。誠信，猶言誠然。小人害忠亂國，事理明顯，慚於知之而被其禍。幽隱，謂放廢。備之，備受尤謗也。……

　　按：洪氏云：「《說文》云：『景，光也。』此言己誠信甚著，小人所慚也。」

又云：「此言身被放棄，多讒謗也。」而王逸注「身幽隱而備之」云：
「雖處草野，行彌篤也。」乃以「備」指德行彌備，洪氏予以補正，
戴氏亦贊同洪說。

十、陳本禮《屈辭精義》

1、卷二〈天問〉：「浞娶純狐，眩妻爰謀，何羿之射革，而交吞揆之。」

　　陳注：《路史》：「浞，寒君伯明之讒子弟，羿篡夏自立，任以爲相，浞烝娶
　　　　羿妻嫦娥，小字純狐，內媚外賂，娛羿於畋，與逢蒙共謀殺羿。」此
　　　　言羿以貫革之勇，何以不能脫交吞之厄耶？

　　按：洪氏云：「《禮》云：『貫革之射。』《左傳》云：『蹲甲而射之，徹七札
　　　　焉。』言有力也，羿之射藝如此，唯不恤國事，故其眾交合而吞滅之，
　　　　且揆度其必可取也。」陳氏所言羿具貫革之勇，實與洪說同旨也。

2、卷二〈天問〉：「馮翼惟像，何以識之？」

　　陳注：《淮南子》：「天地未分，憑翼惟像。」何以識之者，謂於絪縕窈冥中
　　　　見有若飛者、伏者、植者、動者，恍兮惚兮，其中有像，然未能名
　　　　其狀而識之也。

　　按：洪氏云：「《淮南》言：『天地未形，馮馮翼翼，洞洞灟灟，故曰大昭。』
　　　　注云：『馮翼，無形之貌。』又曰：『古未有天地之時，惟像無形，窈
　　　　窈冥冥，茫芠漠閔，澒濛鴻洞，莫知其門。』」異於王逸所言「天地既
　　　　分，陰陽運轉」云云，而陳氏於此亦引《淮南子》，藉申天地未形之意，
　　　　所述實同於洪說。

3、卷四〈九章・橘頌〉：「曾枝剡棘，圓果摶兮。青黃雜揉，文章爛兮。」

　　陳注：曾枝剡棘，喻廉隅。圓果，喻實德。摶，同團。青黃，青實未熟，
　　　　黃已熟時。爛，吐蘭，文章燦爛，喻德之發於外者。

　　按：洪氏云：「橘實初青，既熟則黃，若以青爲葉，則上文已言綠葉矣。」
　　　　蓋王逸謂橘葉青，其實黃，二者雜揉俱盛，爛然而明；洪氏則以青黃
　　　　皆指橘實而言；陳氏於此亦同洪說，並喻青黃爲德性外發者也。

　　上引十家，均爲洪氏之後重要之《楚辭》注本，若依游國恩、湯漳平二
氏所論，諸家可約之爲四派：一爲訓詁派，如錢澄之《屈詁》、戴震《屈原賦
注》；一爲義理派，如朱熹《楚辭集注》、王夫之《楚辭通釋》；一爲考據派，

如吳仁傑《離騷草木疏》、蔣驥《山帶閣注楚辭》；一爲音韻派，如佚名《楚辭疑字直音補》。〔註61〕此項分法，並非絕對，亦有一書而兼具其他特色者，如汪瑗《楚辭集解》乃以義理而兼訓詁，黃文煥《楚辭聽直》乃以義理而兼考據，陳本禮《屈辭精義》則以義理而兼論文旨。諸家各有其著重之處，令《楚辭》研究愈爲深廣，而據上舉各例觀之，洪氏《補注》影響所及，實不容忽視。蓋諸家或直採其文，或稍易其字，用以訓解音義；或直承其說，或暗寓其論，用以闡述文旨，至若屈子其人其作，亦因洪氏之見而多所發揮。此外，鑒於洪書體例分明，學者亦援其法而將他作與己作標出，使不相殽亂，如吳仁傑《離騷草木疏》、錢澄之《屈詁》、朱駿聲《離騷補注》及陳本禮《屈辭精義》等。又洪書中之考異文字，向爲學者所重，於詮釋詞義，進而通曉屈賦，良有助益，故後繼者亦不乏其人，如劉師培《楚辭考異》、聞一多《楚辭斠補》。要之，《楚辭補注》一書上承王逸《楚辭章句》，中採六朝隋唐諸說，近取宋時學者之言，薈萃考訂，廣徵博引，復汰粗存菁，明於訓詁，不唯功在王注，亦且羽翼屈賦；儘管缺失難免，然小瑕不足以掩大瑜，後之探求《楚辭》者，無論直接間接，或贊同洪說與否，鮮有不參及此書也。觀《四庫全書總目提要》云：「漢人註書，大抵簡直，又往往舉其訓詁而不備列其考據，興祖是編，列逸註於前，而一一疏通證明，補註於後，於逸註多所闡發，又皆以『補曰』二字別之，使與原文不亂，亦異乎明代諸人妄改古書，恣情損益，於《楚辭》諸註之中，特爲善本，故陳振孫稱其用力之勤，而朱子作《集註》，亦多取其說云。」〔註62〕其譽《楚辭補注》「特爲善本」，洵屬至論，而直齋所謂「用力之勤」，猶足譬況洪氏一生撰作之跡也。是故《補注》一書，誠爲有宋一代研究《楚辭》之偉大成就，自朱熹《集注》以下，舉凡訓詁、義理、考據、音韻等派之作，莫不受其影響，則其承先啓後之學術地位，與夫詳贍通博之學術價值，實爲楚辭學史上繼王逸《章句》而起之巍然豐碑也！

〔註61〕 參見游國恩先生《楚辭概論》第六篇〈楚辭的注家〉，（台北：商務印書館，西元 1985 年 3 月四版），頁 280。又湯漳平、陸永品合著《楚辭析論》第五章〈歷代楚辭研究概述〉，（太原：山西教育出版社，西元 1990 年 6 月一版），頁 232 至 241。
〔註62〕 見《四庫全書總目》卷一四八〈楚辭補注〉條，（台北：商務印書館，西元 1986 年 3 月出版），頁 3、4。

第八章　結　論

　　屈子之文，血淚所成，王逸云：「凡百君子，莫不慕其清高，嘉其文采，哀其不遇，而愍其志焉。」〔註1〕劉勰云：「（屈賦）氣往轢古，辭來切今，驚采絕豔，難與並能矣。」〔註2〕杜甫云：「不薄今人愛古人，清詞麗句必爲鄰，竊攀屈宋宜方駕，恐與齊梁作後塵。」〔註3〕蘇軾則云：「吾文終其身企慕而不能及萬一者，惟屈子一人耳。」〔註4〕可見由漢至宋，屈賦衣被詞人既深且廣矣。不唯如此，其進而探索《楚辭》者此呼彼應，雖成果有殊，然存志無異，大抵以彰顯屈宋諸賦之特色與價值爲主，而揚班諸人所言，適足提升各家論辨之層面，予《楚辭》之研究裨益匪淺。至興祖《補注》出，遂能盡採眾說，並發揮所長，爲後代楚辭之學創下不朽貢獻。

　　今歸納各章所論，吾人可得以下六端，當有助於明瞭《楚辭補注》之特質所在：

一、就時代背景言

　　洪書之作，與所處之時代環境有關。緣自趙宋立國，以強幹弱枝爲政策，雖得享有百年安樂，然腐象已呈，根基已鬆。自哲宗以迄高宗，政治方面乃

〔註1〕見王逸〈離騷〉前序，惜陰軒叢書本《楚辭補註》，（台北：藝文印書館，西元1986年12月七版），頁12。

〔註2〕見劉勰《文心雕龍・辨騷》，（台北：里仁書局，西元1984年5月出版），頁64。

〔註3〕見杜甫〈戲爲六絕句〉，《杜詩詳註》卷一一，（台北：文史哲出版社，西元1985年9月再版），頁562。

〔註4〕見馬茂元編《楚辭評論資料選》，（台北：長安出版社，西元1988年9月出版），頁63。

黨爭迭起、和戰未決之局，先有新舊黨人之相互傾軋，後有權奸小人之弄權竊國，忠直之士誠有無力回天之歎；經濟方面則財用趨緊，民生日絀，尤以朝廷用侈、冗員耗蠹與納幣求和三者，剝蝕民生甚鉅，而南渡之後，復因軍費浩繁，賦稅奇重，百姓生活未見長足改善；社會方面則佛道流行，安逸成習，徽宗且溺於道教而普立宮觀，無視外患日亟，於是邊防不修，士紳貪樂，豪奢之舉，時有所聞，以致南渡後士大夫高風亮節之氣，亦漸趨沈寂。諸般亂象，皆令興祖感慨於心。

至於此期之學術氛圍，則承自北宋以來儒學振興之態勢，亦即由疑辨思潮之勃興，促進疑經辨偽學風之發展，學者敢於懷疑且勇於創造之精神，確為宋代學術添注新力，於是治學範圍愈見廣闊，舉凡哲學、史學、文學、目錄學、校勘學等，均有可觀之成果；同時，藉由官學與私學之蓬勃，教育事業得以普及，而雕印技術之改良，亦使典籍流通愈加迅速。凡此均令此期學術蘊涵探求真理、創新立說之特色，興祖身處其中，薰陶再三，故亦具疑辨創新之觀念，為學重有己見，且範圍包含經、史、子、集諸類，或闡義理，或考名物，或重訓詁，實已建立一己治學之風格，《楚辭補注》一書，即其心有所感，致力論述之作也。

二、就人品學養言

興祖家風誠篤，祖父洪固與祖母鄧氏均獲朝廷勳贈，惜父母行誼，無由查考，然其叔洪擬同朝為官，清廉自持，興祖耳濡目染，亦以忠義事君。南渡前後，上疏乞收人心，納謀策，以圖安民情，壯國威；紹興元年，經高宗召試於學士院，以讜直而擢為第一；紹興三年，卻因力陳時政之弊，觸怒宰執，貶為江州太平觀提舉，然報國之志未嘗稍改；紹興五年後，起知廣德軍，首治陂塘，使民無旱憂，復興學立校，俾為國舉才，故政聲卓著；紹興十年後，復歷提點江東刑獄、知真州等職，尤以居真州之際，安撫流民，寬減租役，於振興農業貢獻甚大；紹興十七年左右，嘗與權相秦檜會於府第，席間論辯經義，出乎至誠，雖令檜相拂然，而面不改色，蓋其英烈之氣沛然無禦也；後更與程瑀、葛勝仲等忠直之士相知相勉，以河清自任，其人品之高，與檜黨何啻天壤！而《楚辭補注》之作，適足寄寓其滿腔赤忱也。

觀此書大旨，義例謹嚴，考證詳審，誠乃學力深厚者始能為之，而興祖自少至老，未嘗一日去書，是以根柢甚固，且著述頗豐，計經、史、子、集

四部之作均論道之,朱子稱其優於考訂訓釋之學,良有以也。又《補注》中駁正王注者不少,此則興祖承襲宋代求真求實、獨立自主之學術精神,復能借重訓詁考據之傳統方法,融合古今,創發新見,有以致之。故知洪書之所以受人重視,亦與興祖高潔之人品及深湛之學養密切相關。

三、就創作流傳言

興祖之作《楚辭補注》,蓋基於以下諸因:一曰慕屈子之忠節;二曰痛朝政之不修;三曰感己身之遭貶;四曰補前賢之不足。興祖所憂者爲上下苟安,不圖恢復,所冀者爲君民同心,再造盛世,遂欲藉屈子之典範以匡正時局,故作此書,不唯己情得申,亦袪王注之蔽,庶幾令屈賦發皇於後世也。至如此書撰作之過程,興祖當先參校各本,求得近真之《楚辭》,進而參考他書,補充或是正王注之未備者,書成且嘗加以修訂,以示不苟,此即屬於《補注》十七卷之部分;其後興祖復據所蒐諸本之異同文字,撰爲《考異》一卷,附於《楚辭釋文》之後,經再三校補始刊行之,此即《考異》一卷之部分。然而今見之《楚辭補注》並非原貌,《釋文》、《考異》之內容約於宋末已散入《補注》十七卷之中,且散入之際誠有未當,如誤將《考異》之完整內容分置「補曰」二字前後,又如誤將興祖於《補注》中所引之五臣注,改置於「補曰」之前,致其雜廁於《考異》之中,卒令洪氏所撰之《補注》與《考異》愈益難辨。實則《補注》先成,興祖廣引《文選》五臣注在內之諸般典籍,針對字音、字義、全句大旨疏通訂正,冀補《章句》之未備;而《考異》後作,內容大抵爲所校各本之異文,興祖且提出己見以是正各本,故亦引及《釋文》、《集韻》中之部分音切與字義,以便參據之,是以《考異》一卷當包含字形、字音與字義之內容也。

今日所見之《楚辭補注》,率爲明以後所刊,《考異》均已散入《補注》中,大別之則有明佚名之繙宋本(或謂嘉靖之際),及清初毛表之重刻宋本(康熙元年)二系統。前者南京圖書館、浙江圖書館均藏,台北中央圖書館、傅斯年圖書館及故宮博物院圖書館亦藏,後三本中且以央圖本印刷較早,而故宮本較晚;後者北京圖書館、山東博物館均藏,後世據之重印者頗多。今日通行者則有商務印書館《四部叢刊》影印之明繙宋本「《楚辭》十七卷」、中華書局《四部備要》聚珍版汲古閣本「《楚辭》十七卷」及藝文印書館影印《惜陰軒叢書》仿汲古閣本「《楚辭補注》十七卷」等。

四、就體製義例言

依今本《楚辭補注》，興祖撰作之體例可區分如下：

（一）訓解補釋之例

此例共分十四類，計有〔王注＋考異＋洪補〕、〔王注＋考異＋五臣注＋洪補〕、〔王注＋考異＋五臣注〕、〔王注＋考異〕、〔王注＋五臣注＋洪補〕、〔王注＋洪補〕、〔王注＋五臣注〕、〔王注＋考異＋〈天對〉＋洪補〕、〔考異＋洪補〕、〔考異＋五臣注＋洪補〕、〔洪補〕、〔五臣注＋洪補〕、〔考異〕、〔考異＋五臣注〕等，其中以第一類、第二類及第六類居多，而以第十二類、第十四類最少。

（二）詮釋用語之例

此例共分十三類，計有〔某，某也〕、〔某，謂某也〕、〔某，言某〕、〔某，猶某〕、〔某，喻某〕、〔某，與某同〕、〔某，通作某〕、〔某，古某字〕、〔某，俗作某〕、〔某，讀若某〕、〔某，已見上〕、〔某，疑某〕、〔某，未詳〕等，實乃分屬肯定與未定兩種釋語也。

（三）徵引典籍之例

此例共分八類，計有〔某篇云〕、〔見某篇〕、〔下文云〕（以上乃引用《楚辭》本書之例）、〔某書云〕、〔某人云〕、〔見某書〕、〔一曰、一云、或曰、說者曰〕、〔某人某文用此〕（以上乃引用他書之例）。至其引用典籍之方法，則有實引、連引、節引、併引、述引等類別，以適切疏通王注。

由上述體例觀之，興祖確能掌握名物訓詁之道，並藉由諸家之說，詳細比勘，儘量求其正解；倘若其書原貌尚存，當愈能瞭然於興祖苦心撰作之跡也。

五、就優劣得失言

興祖撰作此書之特色，乃在熔訓詁、義理、考據於一爐，針對王注逐條檢視，於是考其出處者有之，正其訛誤者有之，明其句意者有之，通其大旨者有之，若細繹洪氏所作，則其成就當有如下諸端：

（一）廣徵典籍

興祖為求補正無誤，竭力蒐羅相關典籍，若不計部分無法覆按之徵引，其所涉獵者約有一百七十三種之多，其中經部作品四十二種，史部作品二十五種，子部作品六十一種，集部作品四十五種，總計徵引各書逾二千條，堪

稱繁富。

（二）疏通王注

興祖於王注中遇說解未明者，大抵能加以疏通，使之句顯意暢，細分之則有闡王注之義、明王注之源、補王注之遺等三類，亦有綜合上述三法以通解王注者。

（三）訂正王注

興祖遇王注有誤時，一則於「補曰」之後引據他書以正之，且明言逸說誤也；一則於「補曰」之後未明言逸誤，唯於其中申述己說耳。觀其所考訂於王誤者，一曰文義未當，二曰釋詞未確，三曰考據未實，興祖即依此三端，釐清王注之誤也。

（四）商榷他說

興祖不唯專力於補正王注，亦留意於部分典籍訓解《楚辭》之妥當與否，如《文選》五臣注、《文選》李善注、柳宗元〈天對〉等，洪氏均作有考辨之內容。此外，其所徵引之諸家說法中，若有未盡允當者，興祖亦加以論證，期明《楚辭》正文之義。

（五）申發屈意

興祖特慕屈子之忠節，故於屈賦中之文句詮釋、名物訓詁之外，亦專就若干內容加以闡揚，令屈賦之深意得以彰明於世，其類有三：一曰申屈賦之用字遣詞，二曰明屈賦之創作背景，三曰揚屈子之忠節大義。興祖即循此三途，開示後人諸多探究屈子其人其文之良法也。

（六）考錄異文

興祖蒐集眾本，復詳予比勘，故據其書得以略窺宋以前所傳《楚辭》之貌。書中所見之考異內容，可分為校《楚辭》正文、校王逸注文、辨異文正誤等類，由於洪氏之努力讎校，部分經後人傳錄而致誤之正文，亦得重歸於正。

（七）保存佚說

興祖廣事徵引，卒令若干今已亡佚之典籍，猶得見其一麟半爪，如《楚辭》類之書中，郭璞注與徐邈音已佚，幸經興祖之徵引而留存數條，又《楚辭》以外之典籍，如《論語兼義》、《樂府集》、《湘中記》、《詩緯含神霧》等，亦賴洪書而得見部分內容，其於保存文獻而言，實貢獻匪淺。

（八）注明音讀

　　興祖除依大宋官修之《集韻》、《廣韻》注明音讀外，亦參考晉唐以來舊音，是以所注音讀多經考定，前有所承。且書中所用叶韻之例甚少，可知其態度之慎重，與朱子一字多叶者大異其趣，故其所注音讀頗受後人肯定，如李翹《屈宋方言考》敘中，論及《楚辭》各注家音讀優劣云：「王叔師生于炎漢，又爲楚人，所釋楚人之語，凡二十一則。予嘗繙紵舊籍，益以佐證，依類區分，得六十八字。他若逸說之紕繆舛違，均爲訂正。研覈推尋，古誼益明。宋代注家，如洪氏興祖，潛心究索，亦頗足觀。清儒明于通假，諸家札記，時或兼采。至于《朱子集註》，以其撰集斯篇，意非箋釋故訓，簡略疏漏，故少酌取。」〔註5〕可見洪氏所注之音讀，亦有其可觀之處，影響且及於後世矣。

　　至於此書之缺失與不足，則或因興祖詮騷之角度有異，或因典籍之運用未周，致有如下數種缺憾：

　　（一）蹈襲王誤者

　　王注中誠見訓釋致誤之例，中有部分洪氏未予糾正，反依王說而續加闡述，以故失其義旨。

　　（二）誤訂王注者

　　洪氏嘗就王注之誤者加以重訂，意在求其正解，今考其所論，仍有部分釋例未見妥切，蓋王注無誤而洪氏誤訂者，抑或王注有誤而洪氏所訂仍失其真也。

　　（三）補釋有誤者

　　王逸於若干正文之下未有訓解，或雖有解但部分字詞未詳其義，洪氏以其不可輕忽而補釋之，然其中亦有不慎而致誤者。

　　（四）述意牽強者

　　洪氏於補注之際，因以探求屈宋諸人之意旨爲要，是以訓詁求詳，釋義求當，唯或囿於所識所見，致有部分釋例，其名物訓詁雖已無礙，然文意大旨猶顯窒塞，未切作者本心也。

六、就學術價值言

　　興祖所撰《楚辭補注》一書，擷取前人之長，並參酌時賢之見，補正王注，闡發屈意，不唯詳於名物訓詁，亦盡量發揮義理，要以導正人心爲主。

〔註5〕見李翹《屈宋方言考》自敘，引見《楚辭書目五種》頁310。

由歷來學者之評價中，顯見時代愈後，則愈能客觀體認此書之得失，亦即民國以來學者所言，較能彰顯《補注》崇高之地位，此為宏觀之考察；其次，由後人承襲洪說之種種跡象觀之，南宋至清之重要注家，鮮有不受其影響啓發，從而創立一家之言者，此則微觀之探究。准此，吾人可知《楚辭補注》雖於刊行之初，作者之名即因故而埋沒不彰，其後原書體例復經人改易而喪失原貌，然其博綜詳審，與夫持論篤正，在在引領後學探索《楚辭》義蘊，影響至為深遠。是以書中誠有若干不足之處，唯此小瑕實不能掩其大瑜，興祖此作，於楚辭學史上正乃承先啓後之鉅著，自朱熹以下，凡訓詁、義理、考據、音韻等派注家，均於是書有所取資，堪稱王逸《章句》之後極具參考價值之《楚辭》專著。

主要參考書目

壹、專門著作

（一）楚辭之屬

1. 《楚辭章句》，王逸，明嘉靖吳郡黃省曾校刊本，中央圖書館藏。

2. 《楚辭章句》，王逸，明隆慶辛未豫章王氏夫容館刊本，中央圖書館藏。

3. 《楚辭章句》，王逸，明萬曆丙戌馮紹祖觀妙齋刊本，，藝文印書館，1974年4月再版。

4. 《楚辭補注》，洪興祖，明繙宋本，臺灣商務印書館，四部叢刊。

5. 《楚辭補注》，洪興祖，明繙宋本，中央圖書館藏。

6. 《楚辭補注》，洪興祖，明繙宋本，中研院傅斯年圖書館藏。

7. 《楚辭補注》，洪興祖，明繙宋本，故宮博物院圖書館藏。

8. 《楚辭補注》，洪興祖，清毛表汲古閣重刊宋本、王念孫校，北京圖書館藏。

9. 《楚辭補注》，洪興祖，清毛表汲古閣重刊宋本、王國維校，北京圖書館藏。

10. 《楚辭補注》，洪興祖，汲古閣宋刻校刊本，中華書局，四部備要。

11. 《楚辭補注》，洪興祖，惜陰軒叢書本，藝文印書館，1981年3月六版。

12. 《楚辭補注附索引》，竹治貞夫編輯，中文出版社，1971年11月出版。

13. 《楚辭新論》，謝无量，商務印書館，1923年5月初版。

14. 《離騷九歌輯評》，王瀣，中華叢書委員會，1955年9月出版。

15. 《楚辭書錄》，饒宗頤，香港蘇記書莊，1956年1月出版。

16. 《離騷草木疏》，吳仁傑，新興書局，龍威秘書，1969年2月新一版。

17. 《楚辭語法研究》，傅錫壬，嘉新水泥公司文化基金會，1969 年 8 月初版。

18. 《九歌天問二招的成立背景與楚辭文學精神的探討》，施淑女，臺灣大學文史叢刊，1969 年初版。

19. 《山帶閣注楚辭》，蔣驥，廣文書局，1971 年 7 月三版。

20. 《楚辭書目五種》，姜亮夫，明倫出版社，1971 年 10 月出版。

21. 《楚辭燈》，林雲銘，廣文書局，1971 年 12 月再版。

22. 《屈辭精義》，陳本禮，廣文書局，1971 年 12 月再版。

23. 《楚辭釋》，王闓運，廣文書局，1972 年元月初版。

24. 《屈詁》，錢澄之，廣文書局，五家楚辭注合編，1972 年 4 月初版。

25. 《楚辭天問新箋》，臺靜農，藝文印書館，1972 年 5 月初版。

26. 《楚辭解故》，朱季海，宏業書局，1972 年 11 月再軏。

27. 《楚辭古韻考釋》，傅錫壬，淡江文理學院，淡江文史叢書，1973 年 6 月出版。

28. 《屈原賦校注》，姜亮夫，文光圖書有限公司，1974 年 8 月再版。

29. 《屈賦通箋》，劉永濟，鼎文書局，楚辭新義五種，1974 年 10 月初版。

30. 《楚辭新義五種》，楊家駱編，鼎文書局，1974 年 10 月初版。

31. 《天問正簡》，蘇雪林，廣東出版社，1974 年 11 月初版。

32. 《離騷天問考辨》，何錡章，廣東出版社，1976 年 4 月初版。

33. 《楚辭斠補》，聞一多，華正書局，1977 年 5 月初版。

34. 《楚辭新詁》，蘇雪林，國立編譯館中華叢書編審委員會，1978 年 3 月初版。

35. 《離騷九歌九章淺釋》，繆天華，東大圖書有限公司，1978 年 11 月修訂初版。

36. 《楚辭通釋》，王夫之，廣文書局，1979 年 5 月再版。

37. 《屈賦新箋》，楊胤宗，自印本，1979 年 10 月初版。

38. 《楚辭選注》，金開誠，北京出版社，1980 年 5 月第一版。

39. 《楚辭九章集釋》，王家歆，臺灣商務印書館，人人文庫，1980 年 9 月初版。

40. 《屈賦論叢》，蘇雪林，國立編譯館中華叢書編審委員會，1980 年 12 月初版。

41. 《屈原賦注》，戴震，世界書局，楚辭注八種，1981 年 2 月四版。

42. 《詩人屈原及其作品研究》，林庚，上海古籍出版社，1981 年 7 月第一版。

43. 《九歌辨證》，馬承驌，文津出版社，1981 年 7 月出版。

44. 《楚辭今繹講錄》，姜亮夫，北京出版社，1981 年 10 月第一版。

45. 《屈賦新編》，譚介甫，里仁書局，1982 年 2 月初版。

46. 《天問疏證》，聞一多，木鐸出版社，1982 年 2 月初版。

47. 《詩經楚辭新證》，于省吾，木鐸出版社，1982 年 11 月初版。

48. 《離騷與天問銓疑》，魏子高，廣文書局，1983 年 3 月初版。

49. 《天問新注》，程嘉哲，四川人民出版社，1984 年 8 月第一版。

50. 《楚辭集解》，汪瑗撰、汪仲弘補輯，日・同朋舍，大學漢籍善本叢書，1984 年 8 月出版。

51. 《離騷引義》，史墨卿，華正書局，1984 年 9 月再版。

52. 《楚辭要籍解題》，洪湛侯等，湖北人民出版社，1984 年 11 月第一版。

53. 《楚辭學論文集》，姜亮夫，上海古籍出版社，1984 年 12 月第一版。

54. 《楚辭研究論文選集》，余崇生編，學海出版社，1985 年 1 月初版。

55. 《楚辭概論》，游國恩，臺灣商務印書館，人人文庫，1985 年 3 月臺四版。

56. 《楚辭論文集》，蔣天樞，崧高書社，1985 年 4 月出版。

57. 《屈賦音注詳解》，劉永濟，崧高書社，1985 年 5 月出版。

58. 《楚辭通故》，姜亮夫，齊魯書社，1985 年 10 月第一版。

59. 《楚辭聽直》，黃文煥，新文豐出版公司，楚辭彙編，1986 年 3 月臺一版。

60. 《屈賦微》，馬其昶，新文豐出版公司，楚辭彙編，1986 年 3 月臺一版。

61. 《楚辭疏》，陸時雍，新文豐出版公司，楚辭彙編，1986 年 3 月臺一版。

62. 《屈子章句》，劉夢鵬，新文豐出版公司，楚辭彙編，1986 年 3 月臺一版。

63. 《屈騷指掌》，胡文英，新文豐出版公司，楚辭彙編，1986 年 3 月臺一版。

64. 《楚辭新注求確》，胡濬源，新文豐出版公司，楚辭彙編，1986 年 3 月臺一版。

65. 《楚辭音殘卷》，釋道騫，新文豐出版公司，敦煌古籍敘錄新編，1986 年 6 月臺一版。

66. 《九歌新考》，周勛初，上海古籍出版社，1986 年 8 月第一版。

67. 《楚辭講讀》，朱碧蓮，華東師範大學出版社，1986 年 10 月第一版。

68. 《屈荀辭賦論稿》，李金錫，春風文藝出版社，1986 年 12 月初版。

69. 《楚辭韻讀》，江有誥，廣文書局，音韻學叢書，1987 年 3 月再版。

70. 《楚辭考校》，翁世華，文史哲出版社，1987 年 5 月初版。

71. 《山川寂寞衣冠淚——屈原的悲歌世界》，傅錫壬，1987 年 6 月初版。

72. 《屈原問題論爭史稿》，黃中模，北京十月文藝出版社，1987 年 7 月第一版。

73. 《楚辭集注》，朱熹，文津出版社，1987 年 10 月出版。

74. 《楚辭類稿》，湯炳正，巴蜀書社，1988 年 1 月第一版。

75. 《楚辭直解》，陳子展，江蘇古籍出版社，1988 年 2 月第一版。

76. 《離騷集傳》，錢杲之，江蘇古籍出版社，宛委別藏，1988 年 2 月第一版。

77. 《楚辭評論資料選》，司馬遷等，長安出版社，1988 年 9 月初版。

78. 《新譯楚辭讀本》，傅錫壬，三民書局，1988 年 12 月五版。

79. 《楚辭論集》，翁世華，文史哲出版社，1988 年 12 月初版。

80. 《楚辭新探》，蕭兵，天津古籍出版社，1988 年 12 月第一版。

81. 《天問研究》，孫作雲，中華書局，1989 年 3 月第一版。

82. 《楚辭文藝觀》，史墨卿，華正書局，1989 年 3 月初版。

83. 《楚辭芳草譜》，謝翱，新文豐出版公司，叢書集成續編，1989 年 7 月臺一版。

84. 《楚辭新注》，屈復，新文豐出版公司，叢書集成續編，1989 年 7 月臺一版。

85. 《楚辭校釋》，蔣天樞，上海古籍出版社，1989 年 11 月第一版。

86. 《楚辭校辨》，王泗源，北京人民教育出版社，1990 年 2 月初版。

87. 《楚辭論析》，湯漳平等，山西教育出版社，1990 年 6 月第一版。

88. 《中日學者屈原問題論爭集》，黃中模編，山東教育出版社，1990 年 7 月第一版。

89. 《現代楚辭批評史》，黃中模，湖北教育出版社，1990 年 7 月第一版。

90. 《楚騷：華夏文明之光》，殷光熹，雲南大學出版社，1990 年 10 月第一版。

91. 《屈賦新探》，湯炳正，貫雅文化事業有限公司，1991 年 2 月初版。

92. 《楚辭集注》，朱熹，國立中央圖書館，善本叢刊，1991 年 2 月出版。

93. 《楚辭新論》，張正體，臺灣商務印書館，1991 年 3 月初版。

94. 《屈原的思想與文學藝術》，曹大中，湖南出版社，1991 年 5 月第一版。

95. 《中國楚辭學史》，易重廉，湖南出版社，1991 年 5 月一版。

96. 《歷代詩話論詩經楚辭》，蔡守湘，武漢出版社，1991 年 6 月第一版。

97. 《九歌論箋》，李大明，四川大學出版社，1992 年 4 月第一版。

98. 《屈原論稿》，聶石樵，人民文學出版社，1992 年 4 月第二版。

99. 《屈原與九歌》，蘇雪林，文津出版社，1992 年 5 月初版。

100. 《屈原辭研究》，金開誠，江蘇古籍出版社，1992 年 6 月第一版。

101. 《當代楚辭研究論綱》，周建忠，湖北教育出版社，1992 年 8 月第一版。

102. 《楚辭研究》，中國屈原學會編，文津出版社，1992 年 9 月第一版。

103. 《屈原文學論集》，陳師怡良，文津出版社，1992 年 11 月初版。

104. 《楚辭論稿》，朱碧蓮，上海三聯書店，1993 年 1 月第一版。

105. 《楚辭書目五種續編》，上海古籍出版社，1993 年 2 月第一版。

106. 《屈原賦研究論衡》，趙沛霖，天津教育出版社，1993 年 4 月第一版。

107. 《天問纂義》，游國恩，洪葉文化公司，1993 年 9 月初版。

108. 《離騷纂義》，游國恩，洪葉文化公司，1993 年 9 月初版。

109. 《楚辭綜論》，徐志嘯，東大圖書公司，1994 年 6 月初版。

110. 《屈子雜文箋略》，王邦采，廣雅書局叢書，中研院傅斯年圖書館藏。

111. 《楚辭地理考》，饒宗頤，九思出版社，1978 年 4 月臺一版。

112. 《楚史論叢初集》，張正明主編，湖北人民出版社，1984 年 7 月第一版。

113. 《楚文化史》，張正明，上海人民出版社，1987 年 8 月第一版。

114. 《楚文化志》，張正明主編，湖北人民出版社，1988 年 7 月第一版。

115. 《古代荊楚地理新探》，石泉，武漢大學出版社，1988 年 10 月第一版。

116. 《楚文化源流新證》，王光鎬，武漢大學出版社，1988 年 11 月第一版。

117. 《楚文化史研究》，文崇一，東大圖書公司，1990 年 4 月重印初版。

118. 《《九歌》與沅湘民俗》，林河，上海三聯書店，1990 年 7 月第一版。

119. 《楚文化尋繹》，姚漢榮，學林出版社，1990 年 11 月第一版。

120. 《楚辭文化》，蕭兵，中國社會科學出版社，1990 年 12 月第一版。

121. 《楚文化研究論集》（第二集），楚文化研究會編，湖北人民出版社，1991 年 3 月第一版。

122. 《湘西儺文化之謎》，張子偉主編，湖南師範大學出版社，1991 年 12 月第一版。

123. 《玄妙奇麗的楚文化》，徐志嘯，新華出版社，1991 年 12 月第一版。

（二）經部之屬

1. 《尚書》，藝文印書館，十三經注疏本。

2. 《詩經》，藝文印書館，十三經注疏本。

3. 《禮記》，藝文印書館，十三經注疏本。

4. 《左傳》，藝文印書館，十三經注疏本。

5. 《爾雅》，藝文印書館，十三經注疏本。

6. 《集韻》，丁度等，新興書局，四部集要，1959 年 10 月初版。

7. 《經學歷史》，皮錫瑞，河洛出版社，1974 年 9 月初版。

8. 《說文解字箋正》，謝師一民，蘭臺書局，1980 年 1 月再版。

9. 《四書集注》，朱熹，學海出版社，1982 年 3 月五版。

10. 《說文解字注》，許慎撰、段玉裁注，漢京文化事業公司，四部刊要，1983 年 9 月出版。

11. 《新校正切宋本廣韻》，陳彭年撰、林尹校訂，黎明文化事業公司，1985 年 9 月七版。

12. 《中國經學史》，馬宗霍，臺灣商務印書館，1986 年 2 月臺七版。

13. 《中國經學發展史論》，李威熊，文史哲出版社，1988 年 2 月初版。

14. 《詩草木蟲魚疏》，陸璣，大化書局，漢魏叢書，1988 年 4 月再版。

15. 《方言》，揚雄撰、郭璞注，大化書局，漢魏叢書，1988 年 4 月再版。

16. 《博雅》，張揖，大化書局，漢魏叢書，1988 年 4 月再版。

（三）史部之屬

1. 《文史通義》，章學誠，世界書局，1962 年 4 月初版。

2. 《三朝北盟會編》，徐夢莘，文海出版社，1962 年 9 月初版。

3. 《宋會要輯稿》，世界書局，1964 年 6 月初版。

4. 《國史經籍志》，焦竑，華文書局，粵雅堂叢書，1965 年 5 月出版。

5. 《歷代統紀表》，段長基，中華書局，1966 年臺一版。

6. 《宋朝事實》，李攸，文海出版社，1967 年 1 月初版。

7. 《通鑑長編紀事本末》，楊仲良，文海出版社，1967 年 11 月初版。

8. 《建炎以來繫年要錄》，李心傳，文海出版社，1968 年 1 月初版。

9. 《中興小紀》，熊克，文海出版社，1968 年 1 月初版。

10. 《郡齋讀書志》，晁公武，廣文書局，書目續編，1968 年 3 月初版。

11. 《直齋書錄解題》，陳振孫，廣文書局，書目續編，1968 年 3 月初版。

12. 《遂初堂書目》，尤袤，廣文書局，書目續編，1968 年 3 月初版。

13. 《善本書室藏書志》，丁丙，廣文書局，書目續編，1968 年 3 月初版。

14. 《天祿琳琅書目續編》，廣文書局，書目續編，1968 年 3 月初版。

15. 《中國近三百年學術史》，錢穆，臺灣商務印書館，1968 年 4 月臺四版。

16. 《諸臣奏議》，趙汝愚，文海出版社，1970 年 5 月初版。

17. 《十七史商榷》，王鳴盛，廣文書局，1971 年 5 月初版。

18. 《宋代政教史》，劉伯驥，中華書局，1971 年 12 月初版。

19. 《書林清話》，葉德輝，文史哲出版社，1973 年 12 月初版。

20. 《續資治通鑑長編》，李燾，世界書局，1974 年 6 月三版。

21. 《舊唐書》，劉昫，新文豐出版公司，1975 年 4 月初版。

22. 《新唐書》，宋祈等，新文豐出版公司，1975 年 4 月初版。

23. 《宋史》，脫脫，新文豐出版公司，1975 年 4 月初版。

24. 《五代兩宋監本考》，王國維，臺灣商務印書館，1976 年 12 月臺一版。

25. 《二十二史劄記》，趙翼，華世出版社，1977 年 9 月新一版。

26. 《玉函山房輯佚書》，馬國翰，中文出版社，1979 年 9 月出版。

27. 《晉書》，房玄齡等，鼎文書局，1980 年 3 月初版。

28. 《隋書》，魏徵，鼎文書局，1980 年 3 月初版。

29. 《史通》，劉知幾，里仁書局，1980 年 9 月出版。

30. 《史記會注考證》，司馬遷撰、瀧川龜太郎考證，洪氏出版社，1982 年 10 月再版。

31. 《中國思想史》，錢穆，臺灣學生書局，1983 年 9 月四版。

32. 《漢書》，班固，鼎文書局，1984 年 1 月三版。

33. 《宋人傳記資料索引》，王德毅，鼎文書局，1984 年 4 月增訂二版。

34. 《宋論》，王夫之，里仁書局，1985 年 2 月出版。

35. 《中國目錄學史稿》，呂紹虞，丹青圖書公司，1986 年臺一版。

36. 《水經注》，酈道元，臺灣商務印書館，四庫全書，1986 年 3 月出版。

37. 《京口耆舊傳》，臺灣商務印書館，四庫全書，1986 年 3 月出版。

38. 《南宋館閣錄》，陳騤，臺灣商務印書館，四庫全書，1986 年 3 月出版。

39. 《文淵閣書目》，楊士奇，臺灣商務印書館，四庫全書，1986 年 3 月出版。

40. 《古書板本鑑定研究》，李清志，文史哲出版社，1986 年 9 月初版。

41. 《宋朝史話》，吳泰，北京出版社，1987 年 9 月第一版。

42. 《宋元地方志叢書》，大化書局，1987 年 10 月再版。

43. 《通志》，鄭樵，臺灣商務印書館，十通，1987 年 12 月臺一版。

44. 《文獻通考》，馬端臨，臺灣商務印書館，十通，1987 年 12 月臺一版。

45. 《中國目錄學史》，姚名達，臺灣商務印書館，1988 年 2 月臺九版。

46. 《水經》，桑欽，大化書局，漢魏叢書，1988 年 4 月再版。

47. 《越絕書》，大化書局，漢魏叢書，1988 年 4 月再版。

48. 《四庫提要辨證》，余嘉錫，藝文印書館，1989 年 1 月六版。

49. 《結一盧書目》，朱學勤，新文豐出版公司，叢書集成續編，1989 年 7 月臺一版。

50. 《宋代書院與宋代學術之關係》，吳萬居，文史哲出版社，1991 年 9 月初版。

51. 《北宋文化史述論》，陳植鍔，中國社會科學出版社，1992 年 3 月第一版。

52. 《宋代史學思想史》，吳懷祺，黃山書社，1992 年 8 月第一版。

53. 《稀見中國地方志匯刊》，中國書店，1992 年 12 月第一版。

（四）子部之屬

1. 《宋元學案》，黃宗羲，世界書局，1961 年 11 月初版。

2. 《困學紀聞》，王應麟，世界書局，1961 年 11 月初版。

3. 《宋元學案補遺》，王梓材，世界書局，1962 年 6 月初版。

4. 《玉海》，王應麟，華文書局，1964 年 1 月初版。

5. 《莊子集解》，莊周撰、王先謙集解，文光圖書公司，1966 年 2 月再版。

6. 《容齋隨筆》，洪邁，臺灣商務印書館，四部叢刊續編，1966 年 10 月臺一版。

7. 《管子》，臺灣商務印書館，國學基本叢書四百種，1968 年 3 月臺一版。

8. 《淮南子注》，高誘注，世界書局，1974 年 5 月六版。

9. 《荀子》，荀況撰、楊倞注，中華書局，四部備要，1976 年 9 月臺四版。

10. 《呂氏春秋》，呂不韋輯，中華書局，四部備要，1976 年 9 月臺四版。

11. 《老子讀本》，余師培林註譯，三民書局，1975 年 7 月再版。

12. 《日知錄》，顧炎武，臺灣商務印書館，人人文庫，1978 年 6 月臺一版。

13. 《管錐編》，錢鍾書，香港太平圖書公司，1980 年二月初版。

14. 《山海經校注》，袁珂，里仁書局，1982 年 8 月出版。

15. 《中國政治思想史》，蕭公權，中國文化大學出版部印行，1982 年 9 月新二版。

16. 《東京夢華錄》，孟元老，臺灣商務印書館，四庫全書，1986 年 3 月出版。

17. 《周易參同契考異》，朱熹，臺灣商務印書館，四庫全書，1986 年 3 月出版。

18. 《二程遺書》，朱熹編，臺灣商務印書館，四庫全書，1986 年 3 月出版。

19. 《麈史》，王得臣，臺灣商務印書館，四庫全書，1986 年 3 月出版。

20. 《麟臺故事》，程俱，臺灣商務印書館，四庫全書，1986 年 3 月出版。

21. 《朱子語類》，黎靖德編，文津出版社，1986 年 12 月出版。

22. 《神異經》，東方朔，大化書局，漢魏叢書，1988 年 4 月再版。

23. 《十洲記》，東方朔，大化書局，漢魏叢書，1988 年 4 月再版。

24. 《顏氏家訓》，顏之推，大化書局，漢魏叢書，1988 年 4 月再版。

25. 《穆天子傳》，郭璞注，大化書局，漢魏叢書，1988 年 4 月再版。

26. 《先秦諸子繫年》，錢穆，東大圖書公司，1990 年 9 月再版。

（五）集部之屬

1. 《韓文類譜卷》，魏仲舉輯，華文書局，粵雅堂叢書，1965 年 5 月出版。

2. 《劉申叔先生遺書》，劉師培，臺灣大新書局，1965 年 8 月出版。

3. 《濟北晁先生雞肋集》，晁補之，臺灣商務印書館，四部叢刊初編，1967 年 9 月臺二版。

4. 《歐陽文忠公文集》，歐陽修，臺灣商務印書館，四部叢刊初編，1967 年 9 月臺二版。

5. 《經進東坡文集事略》，郎曄，臺灣商務印書館，四部叢刊初編，1967 年 9 月臺二版。

6. 《朱文公文集》，朱熹，臺灣商務印書館，四部叢刊初編，1967 年 9 月臺二版。

7. 《鶴山先生大全文集》，魏了翁，臺灣商務印書館，四部叢刊初編，1967 年 9 月臺二版。

8. 《豫章黃先生文集》，黃庭堅，臺灣商務印書館，四部叢刊初編，1967 年 9 月臺二版。

9. 《宋詩紀事補遺》，陸心源，鼎文書局，1971 年 9 月初版。

10. 《中國文學發展史》，劉大杰，華正書局，1975 年 8 月初版。

11. 《文心雕龍注》，劉勰著、范文瀾注，學海出版社，1977 年 8 月初版。

12. 《漢魏六朝百三名家集》，張溥輯，文津出版社，1979 年 8 月出版。

13. 《全上古三代秦漢三國六朝文》，嚴可均輯，中文出版社，1981 年 6 月三版。

14. 《昭明文選注》，蕭統編、李善注，華正書局，1982 年 11 月初版。

15. 《文心雕龍》，劉勰，里仁書局，1984 年 5 月出版。

16. 《杜詩詳註》，仇兆鰲，文史哲出版社，1985 年 9 月再版。

17. 《昭明文選注》，蕭統編、六臣注，臺灣商務印書館，四庫全書，1986

年 3 月出版。

18. 《椒丘文集》，何喬新，臺灣商務印書館，四庫全書，1986 年 3 月出版。

19. 《淮海集》，秦觀，臺灣商務印書館，四庫全書，1986 年 3 月出版。

20. 《東萊集》，呂祖謙，臺灣商務印書館，四庫全書，1986 年 3 月出版。

21. 《騎省集》，徐鉉，臺灣商務印書館，四庫全書，1986 年 3 月出版。

22. 《北山集》，程俱，臺灣商務印書館，四庫全書，1986 年 3 月出版。

23. 《東窗集》，張擴，臺灣商務印書館，四庫全書，1986 年 3 月出版。

24. 《攻媿集》，樓鑰，臺灣商務印書館，四庫全書，1986 年 3 月出版。

25. 《浮溪集》，江藻，臺灣商務印書館，四庫全書，1986 年 3 月出版。

26. 《欒城集》，蘇轍，臺灣商務印書館，四庫全書，1986 年 3 月出版。

27. 《廣陵集》，王令，臺灣商務印書館，四庫全書，1986 年 3 月出版。

28. 《傳家集》，司馬光，臺灣商務印書館，四庫全書，1986 年 3 月出版。

29. 《丹陽集》，葛勝仲，臺灣商務印書館，四庫全書，1986 年 3 月出版。

30. 《海陵集》，周麟之，臺灣商務印書館，四庫全書，1986 年 3 月出版。

31. 《渭南文集》，陸游，臺灣商務印書館，四庫全書，1986 年 3 月出版。

32. 《宛陵文集》，梅堯臣，臺灣商務印書館，四庫全書，1986 年 3 月出版。

33. 《陸侃如古典文學論文集》，陸侃如，上海古籍出版社，1987 年 1 月第一版。

34. 《辭賦流變史》，李曰剛，文津出版社，1987 年 2 月出版。

35. 《游國恩學術論文集》，游國恩，中華書局，1989 年 1 月第一版。

36. 《宋明理學與文學》，馬積高，湖南師範大學出版社，1989 年 10 月第一版。

37. 《韓昌黎全集》，韓愈，中國書店，1991 年 6 月第一版。

38. 《柳河東全集》，柳宗元，中國書店，1991 年 8 月第一版。

39. 《訒庵學術講論集》，張舜徽，嶽麓書社，1992 年 5 月第一版。

二、單篇論文

1. 〈讀楚辭〉，胡適，《努力周報讀書雜誌》，4 期，1911。

2. 〈讀讀楚辭〉，陸侃如，《努力周報讀書雜誌》，4 期，1911。

3. 〈騫公楚辭音之協韻說與楚音〉，周祖謨，《輔仁學誌》九卷 2 期，1940 年 12 月。

4. 〈屈原為儒家考〉，楊胤宗，《孔孟月刊》，三卷 11 期，1965 年 7 月。

5. 〈宋人疑經的風氣〉，屈萬里，《大陸雜誌史學叢書》第二輯第二冊。

6. 〈屈原與楚辭〉，黃勗吾，《南洋大學學報》，創刊號，1967 年。

7. 〈楚辭洪氏補注義例〉，王先漢，《中正學報》，2 期，1967 年 12 月。

8. 〈郭璞楚辭註佚文拾補〉，翁世華，《南洋大學學報》，6 期，1972 年。

9. 〈論屈賦淵源於詩三百篇〉，魏子高，《中華文化復興月刊》，十一卷 10 期，1978 年 10 月。

10. 〈楚辭虛字藝術觀〉，史墨卿，《高雄師院學報》，8 期，1980 年 1 月。

11. 〈楚辭之影響〉，史墨卿，《中國國學》，8 期，1980 年 7 月。

12. 〈鄧廣銘宋史職官志考證序〉，陳寅恪，《陳寅恪先生文集》，里仁書局，1981 年 5 月出版。

13. 〈楚辭郭注義徵〉，胡光煒，《胡小石論文集》，上海古籍出版社，1982 年 6 月。

14. 〈朱熹楚辭學略說〉，莫礪鋒，《求索》，1983 年 3 期。

15. 〈屈平詞賦懸日月〉，金開誠，《文史知識》，1983 年 5 期。

16. 〈幾種各具特色的楚辭古注〉，董洪利等，《文史知識》，1983 年 5 期。

17. 〈郡齋讀書志研究〉，喬衍琯，《政治大學學報》49 期，1984 年。

18. 〈淺論離騷王注與洪補的異同〉，劉永耕，《新疆大學學報》，1984 年 1 期。

19. 〈劉向編集楚辭初探〉，林維純，《暨南學報》，1984 年 3 期。

20. 〈歷代楚辭品評要略〉，史墨卿，《中國國學》，12 期，1985 年。

21. 〈對楚辭補注點校本的一些意見〉，俞明芳，《上海師範大學學報》，1985 年 1 期。

22. 〈宋代楚辭學概說〉，丁冰，《古籍整理研究學刊》，1985 年 2 期。

23. 〈略述歷代評論屈原的『爲人』〉，劉禹昌，《武漢大學學報》，1985 年 3 期。

24. 〈論王逸對評價屈原不正確觀點的批評〉，李大明，《四川師範大學學報》，1985 年 4 期。

25. 〈楚辭校勘述例〉，周復綱，《杭州大學學報》，十五卷 4 期，1985 年 12 月。

26. 〈楚辭中的夏族神話解析〉，傅錫壬，《中外文學》，十五卷 3 期，1986 年。

27. 〈日本楚辭研究前史述評〉，稻畑耕一郎，《江漢論壇》，1986 年 7 期。

28. 〈宋史藝文志考評〉，喬衍琯，《政治大學學報》56 期，1987 年。

29. 〈聞一多先生的楚辭研究〉，費振剛，《古籍整理研究學刊》，1987 年 1 期。

30. 〈讀王逸楚辭章句〉，劉利，《徐州師院學報》，1987 年 2 期。

31. 〈王逸生平事跡考略〉，李大明，《楚辭研究》，齊魯書社，1988 年 1 月。

32. 〈讀王逸楚辭章句〉，楊鋼，《四川師範大學學報》，1988 年 1 期。

33. 〈洪興祖生平事跡及著述考〉，李大明，《四川師範大學學報》，1989 年 2 期。

34. 〈宋代圖書政策〉，封思毅，《國立中央圖書館館刊》，新二十二卷 1 期，1989 年 6 月。

35. 〈魏晉南北朝文人論屈原與楚辭〉，李大明，《四川師範大學學報》，1990 年 2 期。

36. 〈淺論郡齋讀書志在古籍版本學史上的貢獻〉，劉國珺，《古籍整理研究學刊》，1990 年 6 期。

37. 〈楚辭研究方法論之經緯〉，曹毓英，《華中師範大學學報》，1991 年 2 期。

38. 〈略論宋初學術思潮的演變〉，董健橋，《西北大學學報》，1991 年 3 期。

39. 〈楚辭釋文補苴〉，張來芳，《江西大學學報》，1991 年 4 期。

40. 〈宋詩話中的楚辭評論〉，李大明，《四川師範大學學報》，1991 年 4 期。

41. 〈從古文獻學看宋代思想文化的基本特徵〉，孫欽善，《國際宋代文化研討會論文集》，四川大學出版社，1991 年 10 月第一版。

42. 〈楚辭要籍述評〉，郭在貽，《郭在貽語言文學論稿》，《浙江古籍出版社》，1992 年 1 月。

43. 〈楚辭「亂辭」考論稿〉，史墨卿，《第一屆先秦學術國際研討會論文集》，高雄師範大學，1992 年 4 月。

44. 〈楚辭天問中周族神話解析〉，傅錫壬，《第一屆先秦學術國際研討會論文集》，高雄師範大學，1992 年 4 月。

45. 〈論班固評屈〉，李誠，《四川師範大學學報》，1992 年 2 期。

46. 〈宋代疑古主義與文學批評〉，祝振玉，《文學評論》，1992 年 5 期。

47. 〈關于楚辭釋文的作者問題〉，竹治貞夫原著、趙曉蘭譯，《成都大學學報》，1993 年 1 期。

48. 〈鄭樵在文獻學方面的成就〉，曾貽芬，《史學史研究》，1993 年 1 期。

49. 〈說北宋中期儒學嬗變與史學的變化〉，劉復生，《史學史研究》，1993 年 2 期。

50. 〈宋代的金石學〉，崔文印，《史學史研究》，1993 年 2 期。

51. 〈北宋對古代文獻注釋的變革〉，崔文印，《史學史研究》，1993 年 3 期。

52. 〈宋代哲學的歷史地位〉，張岱年，《中州學刊》，1993 年 4 期。

53. 〈十三經注疏板刻述略〉，屈萬里，《中國圖書文獻學論集》，明文書局，1983 年 9 月初版。

三、學位論文

1. 《屈原及其作品研究》，王雪蘭，臺灣大學中文研究所碩士論文，1971 年。

2. 《六十年來之楚辭學》，黃志高，臺灣師範大學國文研究所碩士論文，1977 年。

3. 《楚辭二招析論》，張春榮，臺灣師範大學國文研究所碩士論文，1983 年。

4. 《楚辭三九暨後世以九名篇擬作之研探，高秋鳳，臺灣師範大學國文研究所碩士論文，1986 年。

5. 《朱子楚辭集注研究》，梁昇勳，臺灣師範大學國文研究所碩士論文，1987 年。

6. 《天問研究》，高秋鳳，臺灣師範大學國文研究所博士論文，1991 年。

附　錄

書影一　明嘉靖吳郡黃省曾校刊本王逸《楚辭章句》

（中央圖書館藏）

楚辭卷第一

漢劉向子政編集王逸叔師章句

後學西蜀高第吳郡黃省曾校正

離騷經章句第一

離騷經者屈原之所作也屈原與楚同姓仕於

懷王爲三閭大夫三閭之職掌王族三姓曰昭

屈景屈原序其譜屬率其賢良以屬國士入則

與王圖議政事決定嫌疑出則監察群下應對

諸侯謀行職修王甚珍之同列大夫上官靳尚

妬害其能共譖毀之王乃疏屈原屈原就履忠

書影二　明隆慶辛未豫章王氏夫容館刊本王逸《楚辭章句》

（中央圖書館藏）

楚辭卷之一

漢劉向編集

王逸章句

離騷經章句第一

離騷經者屈原之所作也屈原與楚同姓
仕於懷王爲三閭大夫三閭之職掌王族
三姓曰昭屈景屈原序其譜屬率其賢良
以厲國士入則與王圖議政事決定嫌疑

書影三　明萬曆丙戌馮紹祖觀妙齋刊本王逸《楚辭章句》

（無求備齋藏）

楚辭卷第一

漢劉向子政編集王逸叔師章句

明後學武林馮紹祖繩武父校正

離騷經章句第一

離騷經者屈原之所作也屈原與楚同姓仕於

懷王爲三閭大夫三閭之職掌王族三姓曰昭

屈景屈原序其譜屬率其賢良以厲國士入則

與王圖議政事決定嫌疑出則監察群下應對

諸侯謀行職修王甚珍之同列大夫上官靳尚

書影四　明繙宋本洪興祖《楚辭補注》

（江南圖書館藏）

書影五　明繙宋本洪興祖《楚辭補注》
（中央圖書館藏）

楚辭目錄

班孟堅云班固賢臣頌原初始

作離騷諸賦以自傷悼後有作

數之墨莫有述之皆以顯王之

後漢王逸于樂成于淮南王天子文

之際而淮南王安郡壽春楚辭

書顯莫角嚴故未賈臣

貴顯莫翻故故傳楚辭

漢護左都水使者光祿大夫臣劉向集

後漢校書郎臣王逸章句 一本云校書郎中

後漢文苑傳云逸

字权師南郡宜城人元初中舉上

計吏為校書郎順帝時為侍中著

楚辭章句

行於世

離騷經第一 釋文第一無經字

屈原

書影六　明繙宋本洪興祖《楚辭補注》

（故宮博物院藏）

離騷經第一〔一〕（屈原　釋文第一無經字）

楚辭章句

行於世

後漢校書郎臣王逸章句（後漢文苑傳云逸一本云校書郎中〔一〕校書郎中舉上孝廉師南郡宜城人順帝時為侍中著楚辭章句為校書郎）

漢護左都水使者光祿大夫臣劉向集

弟牧采邪陽嚴火子之徒錄致天之際而淮南王安都壽春春招賓客著書而吳有嚴助朱買臣貴顯漢朝故世傳楚辭

勒之作離〔一〕王……之皆……名

楚辭目録

書影七　清毛表汲古閣重刊宋本王念孫校洪興祖《楚辭補注》

（北京圖書館藏）

楚辭卷第一

離騷經章句第一

離騷

書影八　清毛表汲古閣重刊宋本王國維校洪興祖《楚辭補注》
（北京圖書館藏）

書影九　清道光二十六年丙午惜陰軒叢書仿汲古閣本洪興祖
《楚辭補注》(藝文印書館影)

楚辭補註卷第一　汲古閣本

三原李錫齡校刊

隋唐書志有皇甫遵訓參解楚辭七卷郭
璞註十卷宋處士諸葛亡楚辭音一卷
草木蟲魚疏二卷孟奧音一卷徐邈音一卷劉杳
卷始皇漢武帝命淮南王安為離騷傳其書一
今亡而不屈原傳云國風好色而不淫小雅
怨誹而不亂若離騷者可謂兼之矣又曰
蟬蛻於濁穢以浮游塵埃之外不獲世之
滋垢也皭然泥而不滓推此志雖與日月爭
光太史公取其語以作班固以作傳
被楚公能為楚辭隋有僧道騫善讀之能
為楚聲音韻清切至唐傳楚辭者皆祖騫
公之音

校書郎臣王逸上

曲阿洪興祖補註